Claudia Jelbke Folkers
Geisteslicht

Claudia Jelbke-Folkers

Geisteslicht

Rediroma-Verlag

Bibliografische Information der Deutschen Nationalbibliothek:
Die Deutsche Nationalbibliothek verzeichnet diese Publikation in der Deutschen Nationalbibliografie; detaillierte bibliografische Daten sind im Internet über http://portal.dnb.de abrufbar.

ISBN 978-3-96103-536-6

www.rediroma-verlag.de
11,95 Euro (D)

Inhalt

„Es war, als hätte der Himmel

die Erde still geküsst,
dass sie im Blütenschimmer
von ihm nun träumen müsst.

Die Luft ging durch die Felder,
die Ähren wogten sacht,
es rauschten leis' die Wälder,
so sternklar war die Nacht.

Und meine Seele spannte
weit die Flügel aus,
flog durch die stillen Lande,
als flöge sie nach Haus."

Josef von Eichendorff

Das Flüstern

Margarete Heider glaubte nicht an Geister. Sie glaubte ausschließlich an ihren Verstand und ein bisschen an Gott. Wichtig war, dass man ehrlich und sauber blieb, sodass die Nachbarn wenig zu reden hatten.

Sie hatte im Laufe ihres Lebens wenige Turbulenzen und schon gar keine Leidenschaft erlebt. Dennoch war sie zufrieden. Der Witwenstatus entband sie von so mancher gesellschaftlichen Verpflichtung, die ihr ohnehin unangenehm gewesen wäre. Sie lebte zurückgezogen in ihrem kleinen, sauberen Häuschen am Rande des niedersächsischen Dorfes, in dem sie auch vor 67 Jahren geboren war.

Der Abend, der ihr Weltbild auf den Kopf stellen sollte, begann wie jeder andere Abend seit drei Jahren, nachdem ihr Klaus an einem Herzinfarkt verstorben war.

Die Hühner waren ein Teil seines Vermächtnisses. Er hatte sie geliebt – wahrscheinlich sogar mehr als seine Frau – und ihnen Namen gegeben. Solange Klaus lebte, nahm Margarete den Hühnern ein wenig übel, dass sie so viel Aufmerksamkeit erhielten. Nach seinem Tod war ihr erster Gedanke, sie zu verkaufen oder schnellstmöglich zu einem Sonntagsessen zu verarbeiten. Nachdem sie jedoch das erste Mal die Körner unter das gackernde Vieh gestreut hatte, überkam sie ein überraschender Frieden. Irgendwie war Klaus in dem Gehege noch ein Stück weit gegenwärtig und sie begann, den Tieren regelmäßig von ihrem Tag zu erzählen. Nach kurzer Zeit war die Fütterung des stolzen Hahns – Klaus hatte ihn Fritz getauft – und seiner vier Gefährtinnen ein wichtiger Teil ihres Abendrituals geworden.

So auch an diesem Tag. Der Herbst neigte sich dem Ende zu, obwohl der Sommer noch ein wenig nachklang. Selbst zum Abend hin war die Luft noch ungewöhnlich mild und die Sonne verabschiedete sich mit einem beeindruckenden Farbenspiel, als wolle sie den Bäumen Konkurrenz machen.

Margarete war friedlich zumute. Sie freute sich auf den eingelegten Hering zum Abendbrot und den Spielfilm um Viertel nach acht. Das Haus war sauber und der Kühlschrank voll.

Die Hühner warteten wie immer aufgeregt hinter dem Zaun, als sie das Gehege betrat. Beinahe hätte sie sogar einen alten Schlager gesummt, während sie die Brotreste verstreute. Der plötzliche Windhauch an ihrem rechten Arm irritierte sie nur kurz. Es wird nun doch kälter, dachte sie flüchtig. Dann jedoch setzte das Flüstern ein. Ein feines, hohes, körperloses Stimmchen an ihrem rechten Ohr. Die Worte waren unverständlich – wenn es denn Worte waren, die sich da einen Weg durch Margaretes Gehörgang bahnten und in ihrem Kopf nicht verarbeitet werden konnten. Allein schon deshalb, weil es einfach nicht sein konnte, dass das Nichts flüsterte.

Margarete schlug instinktiv mit ihrer Hand nach dem unsichtbaren Verursacher. Ihr Herz machte einen schmerzhaften Satz und die Haare auf ihren Armen stellten sich auf.

Das Flüstern verstummte so plötzlich, wie es angefangen hatte, und Margarete stellte fest, dass ihre rechte Hand das restliche Brot komplett zerdrückt hatte. Mit geweiteten Pupillen starrte sie in die Dämmerung, einige Sekunden lang unfähig, sich zu bewegen. Dann setzte langsam wieder ihr guter Freund, der Verstand ein. Entweder hatte der aufkommende Wind ein außergewöhnliches Geräusch verursacht oder sie hatte die Vorzeichen eines Tinnitus zu spüren bekommen. Wahrscheinlich war sie in letzter Zeit auch einfach zu oft allein gewesen.

Margarete zwang sich, die verkrampfte Hand zu lockern und das restliche Brot zu verteilen. Der Anblick der friedlich pickenden Hühner vermochte sie etwas zu beruhigen. Mit ungewohnt heiserer Stimme trieb sie das Federvieh schließlich in den Verschlag für die Nacht und ging zum Haus zurück. Die Sonne war inzwischen fast untergegangen und hatte alle Farben mitgenommen.

Zum ersten Mal in ihrem Leben ging Margarete Heider mit einem Gefühl von Angst unter den Bäumen zum Kücheneingang ihres Hauses. Obwohl sie sich tapfer bemühte, das irrationale Gefühl der Bedrohung zu unterdrücken und ihre Gedanken wieder auf den Hering zu lenken, gelang es ihr kaum. Am liebsten hätte sie sich wie ein Kind die Ohren zugehalten, um ja nicht wieder dieses unheimliche Flüstern hören zu müssen. Was oder wer auch immer dieses Geräusch verursacht hatte: Es hatte sich nicht gut angefühlt. Und das im doppelten Sinne des Wortes.

Sebastian Steiger war immer schon ein körperbetonter Mann gewesen. Er zelebrierte Bodybuilding mit der gleichen Hingabe, mit der er ein exzellentes, ausgewogenes Mahl genoss. Er liebte es zu schwitzen, genoss sogar den Muskelkater, der ihm sagte, dass er sich genug abverlangt hatte, und zeigte seinen stilisierten Körper gern minimal bekleidet.

Sebastian wusste, dass er gut aussah und dass Frauen ihn interessant fanden und er tat viel dafür, diesen Status zu erhalten. Er war in keiner Hinsicht ein Kostverächter. Mit Mitte dreißig lebte er noch immer allein in einer Eigentumswohnung mitten in der Stadt. Die Arbeit als Personal

Trainer verschaffte ihm die Befriedigung, seiner Leidenschaft nachzugehen und sich gleichzeitig einer ausreichenden Menge an Bewunderern präsentieren zu können. Er hielt nichts von übertriebener Bescheidenheit und jeglicher Art von Stoizismus. Er nahm, was das Leben ihm bot, und er nahm es als selbstverständlich.

Die Frauen, denen er das Vergnügen seines Körpers gönnte, tauschte er nach angemessener Zeit und ohne Reue aus. Schließlich schwor er keiner ewige Liebe, sondern beglückte sie eben so lange, wie es beiden Seiten gefiel. Vor allem seiner Seite.

Das Leben war einfach und randvoll mit Chancen. Die kleine Sybille, die nun schon seit fast einem Monat sein Bett wärmte, verstand es erstaunlich lange, ihn zu fesseln.

Während er an diesem Tag, bereits schweiß überströmt vom abendlichen Fünfkilometerlauf, die Treppen zu seiner Wohnung hoch joggte, überkam ihn wohlige Vorfreude auf den festen kleinen Körper der jungen Frau. Er konnte sicher sein, dass sie wie immer in seinem ausladenden Doppelbett auf ihn wartete. Er war über sich selbst erstaunt gewesen, als er ihr einen Zweitschlüssel überreicht hatte. Aber schließlich hatte er ja auch vor, demnächst in den Urlaub zu fahren. Da brauchte er jemanden, der sich um die Post kümmerte.

Sebastian nahm die Schultern zurück und reckte die schweiß glänzende Brust vor, als er seine Wohnung betrat.

„Süße! Ich bin da! Ich dusche nur kurz."

Aus dem Schlafzimmer gurrte es verheißungsvoll zurück: „Ich warte!"

Selbstzufrieden entledigte er sich rasch der Sportkleidung und betrat das Bad. Ein kritischer Blick in den Spiegel zeigte ihm das Bild eines nicht mehr ganz jungen, aber attraktiven und athletischen Mannes. Er lächelte sich selbst zufrieden zu. Der Feierabend konnte beginnen.

Die Dusche tat gut. Das warme Wasser lockerte die geschundenen Muskeln. Sebastian genoss den Moment in vollen Zügen.

Als das Wasser langsam immer kälter wurde, schlug seine Überraschung zunächst in Ärger, dann in Unwohlsein um. Sebastian begann, hektisch und erfolglos an den Armaturen zu drehen. Das Gefühl der Hilflosigkeit war ihm relativ unbekannt und verstärkte die Wut noch. Schließlich stellte er das Wasser aus. Gerade wollte er nach Sybille rufen, die ja sicher irgendetwas mit der Dusche angestellt haben musste, als das Flüstern begann. Ganz leise zunächst. Hingehauchte, hohe Töne, die merkwürdig intensiv wirkten. So, als wolle ihm jemand etwas unbedingt mitteilen, das aber nur er hören sollte.

Sebastian konnte die Worte nicht deuten. Er blickte sich irritiert um. Seine Wut fiel in sich zusammen und machte einem ganz und gar neuen Gefühl Platz. Er hatte Angst. Panische Angst. Er war allein und doch nicht mehr allein im Bad.

Als er aus der Dusche stürzte und tropfnass tatsächlich nach Sybille rief, wurde der Ton wieder etwas leiser. Er schüttelte den Kopf, als wollte er eine lästige Fliege abwehren. Das Flüstern war fast verstummt, das Klopfen seines Herzens wurde immer lauter.

Ein furchtbarer Gedanke überwältigte ihn und verhinderte, dass er sich für die heraneilende Sybille beruhigen und in Positur stellen konnte: Wie sollte er seine Ohren davor bewahren, jemals wieder von diesen unheimlichen Tönen heimgesucht zu werden?

Nadim war klein für seine acht Jahre. Sein Vater war auch kein großer Mann, aber seitdem seine Familie so viel Leid und Tod in ihrem Heimatland Syrien gesehen hatte, schien er tatsächlich noch mehr geschrumpft zu sein. Omar hatte als Architekt gearbeitet. Ein kluger Mann, der seiner Familie einiges hatte bieten können. Dann war der Krieg gekommen und alles war zerbrochen.

Hier in Deutschland wusste er manchmal gar nichts mehr mit sich anzufangen. Die Mutter sprach kaum noch. Nadim hörte sie nur Gebete murmeln. Er wusste, sie sorgte sich um die zurück gebliebenen Eltern. Der kleine Bruder weinte viel und die beiden Ältesten waren entweder im Sprachkurs oder bei einem ihrer Hilfsjobs.

Nadim hatte inzwischen manchmal sogar Angst einzuschlafen, weil in seinen Träumen Schüsse und Bomben fielen und Menschen schrien.

Die Frau von der Hilfsorganisation hatte ihm neulich über die Haare gestrichen und gemeint, dass alles wieder gut werden würde. Nadim würde so gern daran glauben!

Ein paar seiner Klassenkameraden in der neuen Schule waren nett zu ihm. Er hatte sogar schon mit ihnen zusammen Fußball gespielt und dabei versehentlich gelacht. Danach hatte er sich sofort schlecht gefühlt, weil seine Eltern litten und er lachte.

Vieles war jetzt so kompliziert und unsicher. Trotzdem war er froh, dass er nicht mehr Angst haben musste, verletzt zu werden oder zu sterben. Vielleicht konnte er ja bald sogar ohne schlechtes Gewissen lachen.

An diesem außergewöhnlich milden Herbstnachmittag war Nadim noch auf der Straße: Dabei war es langsam Zeit für das Abendessen. Obwohl er erst acht Jahre alt war, war ihm klar, dass er es absichtlich hinauszögerte, nach oben zu gehen.

Die Mutter hatte lange nichts von den Großeltern gehört und war verzweifelter denn je. Nadim fürchtete sich vor ihren verweinten Augen. Deshalb kickte er halbherzig ein paar Kieselsteine über den Gehweg. Der Luftzug an seinen nackten Armen störte ihn zunächst nicht. Er wurde von ihm wahrgenommen, tauchte aber nicht aus seinen Gedanken auf. Als das Flüstern begann, wäre er beinahe gestolpert, so sehr erschrak er.

Im ersten Moment dachte Nadim, dass seine Mutter ihn leise rief, dann merkte er schnell, dass diese Töne wenig Menschliches an sich hatten. Waren das Worte? Nadim strengte sich so sehr an, die Botschaft dahinter zu verstehen, dass er sich auf die Unterlippe biss, ohne es wahrzunehmen.

„Oma?" Nahmen die Großeltern Kontakt auf? Waren sie verstorben, wie die Mutter befürchtete?

Ja, das Flüstern war unheimlich, aber der kleine Junge hatte schon Unheimlicheres erlebt und war selbst überrascht, dass sich zu dem Herzklopfen Neugier gesellte.

„Wer bist du?" Nadim flüsterte nun ebenfalls.

Die Töne schienen jetzt anders zu klingen. Wurden weicher, dann wieder drängender, veränderten die Sequenz wie Wellen, die an einen Strand spülten. Einmal glaubte er, sogar ein Wort herauszuhören. Es klang wie „Gefahr".

Nadim merkte nicht, dass er mit offenem Mund und hoch konzentriert halb auf der Straße stand. „Bist du in Gefahr?"

Er versank mehr und mehr und in der Konzentration auf die körperlose Stimme. Den viel zu schnellen roten Golf sah er erst in letzter Sekunde. Bei dem Hechtsprung zurück auf den Bürgersteig landete der Junge auf dem rechten

Knie. Der Sturz und der aufheulende Motor des sich entfernenden Wagens wirkten wie eine kalte Dusche. Nadim tauchte wieder auf aus der unheimlichen Zwiesprache. Die zunehmende Dunkelheit und die abgekühlten Temperaturen drangen in sein Bewusstsein. Er schüttelte sich, als wollte er einen Traum vertreiben.

Das Flüstern an seinem Ohr war verstummt. Nadim verspürte fast ein wenig Bedauern und fragte sich, ob er die Botschaft hätte deuten können, wenn er nur etwas länger und genauer zugehört hätte. Er suchte nach einem Taschentuch und wischte die feine Blutspur von seiner Lippe. Dann beeilte er sich, durch den nach Knoblauch und Schweiß riechenden Hausflur mit dem abblätternden Putz an den Wänden zu seiner Wohnung zu gelangen, um keinen Ärger zu bekommen. Das Flüstern würde sein Geheimnis bleiben. Etwas, das nur ihm gehörte. Vielleicht kam es ja wieder. Vielleicht würde er irgendwann lernen zu verstehen. Manchmal dauerte das Begreifen ein wenig länger.

So, wie er schließlich auch unfreiwillig gelernt hatte, dass die Welt, in der er lebte, nicht nur gut und gerecht war.

Psychose

Serena Arnheim genoss den freien Tag in vollen Zügen! Sie liebte den Herbst! Die Natur zeigte sich in ihrem schönsten Gewand und die noch immer kraftvolle Sonne ließ die warmen Farben der Blätter aufleuchten, als würden sie von innen ausgeleuchtet.

Serena war noch nie besonders sportlich gewesen, allerdings lernte sie mit zunehmendem Alter die heilsame Kraft der Bewegung zu schätzen. Es fühlte sich gut an, sich selbst zu fühlen. Eine winzige Portion Stolz darauf zu empfinden, die Faulheit überwunden zu haben.

Während sie leise lächelnd durch die Allee dem Feldenkrais Entspannungskurs entgegen radelte, glaubte sie beinahe ihre Großmutter sagen zu hören: *Siehst du, Rena – Kind. Du musst es dir nur wert sein!*

Ihre 14jährige Tochter Lucy war schon den ganzen Tag bei einer Freundin. Vorgeblich zum Lernen. Aber Serena machte sich da nichts vor: So wie die beiden gekichert hatten, als sie das Haus am Morgen verlassen hatten, gab es bestimmt auch noch wichtigere Themen. Zum Beispiel die gutaussehenden Zwillinge aus der Parallelklasse.

Und wenn schon! Sie fühlte sich mit Anfang 40 auch noch nicht zu alt, um sich Schmetterlinge im Bauch vorstellen zu können. Sie gönnte es der Tochter nicht nur, sondern hätte auch gar nichts dagegen gehabt, selbst mal wieder diese prickelnde Lebendigkeit des Verliebtseins zu spüren.

Lucys Vater war für Serena die ganz große Liebe und der Mittelpunkt ihres Universums gewesen. Zumindest für ganze acht Monate lang. Dann wusste sie, dass sie schwanger war, und Lars war vor ihr zurückgeschreckt wie vor einer Leprakranken. Er hatte es plötzlich sehr eilig gehabt, sich selbst zu verwirklichen, indem er einen Job in Kanada annahm.

Trotz allen Herzschmerzes war es Serena gelungen zu erkennen, dass dieser Mann zwar der Vater ihres Kindes, nicht aber wirklich ihre große Liebe sein konnte. Die hatte er nämlich ganz und gar nicht verdient. *„Siehst du, Rena-Kind. Du musst es dir nur wert sein!"*

Es war in all den Jahren nie wirklich leicht gewesen. Weder finanziell noch emotional. Ganz zu schweigen von all den durchwachten Nächten, unterdrückten Wutanfällen und Selbstzweifeln.

Und natürlich von der allgegenwärtigen Erschöpfung!

Aber Lucy war all das wert gewesen! Sie war tatsächlich ein lohnenswerter Universumsmittelpunkt und entwickelte sich prächtig! Ein hübsches, intelligentes Mädchen, auf das Serena sehr stolz war. Sicher, Männern gegenüber empfand sie noch heute Misstrauen. Keine Beziehung nach Lars hatte länger als ein halbes Jahr gedauert. Es waren ja auch nur zwei gewesen. Und keinen dieser Männer hatte sie Lucy als ihren Freund vorgestellt.

Inzwischen erlaubte sie sich aber immer häufiger auch wieder den Gedanken an eine Partnerschaft. Vor allem, da Lucy nun mehr und mehr ihre eigenen Wege ging.

Die Arbeit im Reisebüro machte ihr Freude. Die Kollegen waren nett, mit dem Geld kam sie über die Runden. Ja. Sie war sich wieder und immer öfter etwas wert ...

Vielleicht sollte sie ja doch die Einladung ihrer Kollegin annehmen, die ihr ständig von dem attraktiven, alleinstehenden Nachbarn erzählte …

In diese angenehmen Gedanken drängte sich die Wahrnehmung einer Person, die am Straßenrand kauerte. Eine sehr junge Frau, die mit beiden Armen ihre Knie umschlungen hielt. Das ungewöhnlich lange, blonde Haar fiel wie ein Vorhang über ihr Gesicht. Schlief sie? Serena stieg vom Fahrrad und sah sich unschlüssig auf der menschenleeren Straße um.

Was, wenn die Frau so etwas wie ein Lockvogel war? Man hörte ja immer wieder von gefährlichen Banden, die hilfsbereite Menschen auf einsamen Straßen überfielen. Sie beschloss, zunächst in einiger Entfernung stehen zu bleiben.

„Hallo? Alles in Ordnung bei Ihnen?“ Die Frau reagierte in keiner Weise.

Nun ging Serena doch ein paar Schritte näher an die Fremde heran. „Hallo …“

Ganz langsam wurde der Kopf gehoben. Die Haare fielen zur Seite und gaben ein völlig verweintes, unsäglich verzweifeltes Gesicht frei.

Serena hielt unwillkürlich die Luft an. Selten hatte sie eine so schöne, unschuldig wirkende junge Frau gesehen! Jegliche Angst und Unsicherheit fiel von ihr ab, je mehr sich mütterliche Gefühle einstellten, und sie eilte auf die Fremde zu. Hatte plötzlich nur noch das Bedürfnis, Trost und Halt zu spenden.

Die Fremde begann damit, sich vor und zurück zu wiegen. Sie weinte noch immer. Dieses herzzerreißende, leise und doch intensive Weinen, das von echtem Schmerz kündete.

Serena fand sich in Sekundenbruchteilen auf dem Boden neben ihr wieder, den Arm um die mageren Schultern des Mädchens gelegt. Das Fahrrad landete mit einem leisen Scheppern im Gebüsch.

„Sch …Was ist denn so furchtbar? Es gibt doch für alles eine Lösung! Soll ich jemanden für Sie anrufen? Wo wohnen Sie denn?“

Die junge Frau schüttelte den Kopf. Begleitet von einem Schluckauf antwortete sie mit leiser Stimme: „Sie sind wieder da! Ich habe diesmal wirklich geglaubt, dass sie weg sind, aber sie sind nie wirklich weg. Und diesmal ist es noch unheimlicher.“

Serena hielt der Fremden verwirrt ein Taschentuch hin. Sie versuchte, das Gehörte zu verstehen. „Wer ist wieder da?“

Die Frau sah Serena nun direkt und durchdringend an, als wolle sie sie zwingen, ihr zu glauben.

„Die Stimmen! Ich höre sie wieder ... Eigentlich ist es nur noch eine, aber sie macht mir Angst!“

Serena spürte, wie sich die Härchen auf ihrem Unterarm aufstellten. Die Frau war eindeutig krank. Wie sollte sie sich jetzt verhalten? Was tat man üblicherweise in dieser Situation? Sollte sie die Fremde sicherheitshalber in ihrer Wahnvorstellung bestätigen, oder ihr klar machen, dass die Stimme nicht real sein konnte. Was geschah dann? Würde die Frau dann vielleicht sogar erst recht verzweifeln oder aggressiv werden?

Serena sah sich auf der Straße um, in der stillen Hoffnung, dass irgendjemand kommen und ihr helfen würde. Sie hatte sich selten so unsicher gefühlt.

Mit Schrammen und Wunden am Körper oder menschlichen Enttäuschungen konnte sie gut umgehen. Man hatte ihr oft bestätigt, dass sie eine ausgezeichnete Trösterin war.

Aber hier hatte sie es offensichtlich mit einer kranken Psyche zu tun und das war eine ganz andere Größenordnung.

In Serenas Überlegungen hinein sagte die junge Frau, als könne sie Gedanken lesen: „Keine Sorge. Ich weiß, dass da eigentlich keine Stimme sein kann. Ich bin paranoid schizophren. Ich kenne die Symptome und ich weiß auch, was mir in so einer Situation hilft. Aber der letzte Schub ist noch gar nicht lange her und ich habe so sehr gehofft, dass es nicht wieder kommt! Außerdem gab es diesmal gar keine Vorzeichen."

Die Verzweiflung der jungen Frau rührte Serena. Außerdem erleichterte es sie sehr, dass die andere ihre Symptome anscheinend einordnen konnte.

Sie fühlte sich nun wieder sicherer und in der Lage zu helfen.

„Also. Was machen wir jetzt. Ich kann Sie gern zum Arzt begleiten, wenn Sie mir sagen, wo wir den finden."

Die beiden Frauen stützten sich gegenseitig beim Aufstehen. Serena wischte sich oberflächlich das Gras von der Hose und hob ihr Rad aus dem Gebüsch. Die Fremde holte tief Luft, ordnete mit den Fingern ihr wirres Haar, als wolle sie gleichzeitig die innere Ordnung wiederherstellen. Dann streckte sie die Hand aus: „Ich bin Maria. Ich bin einfach nur gelaufen und weiter gelaufen, als die Stimme wieder kam. Ich weiß gar nicht, wie lange ich hier schon sitze."

In diesem Moment wirkte die junge Frau einfach nur beschämt und keineswegs krank. „Ich rufe jetzt am besten meinen Therapeuten an. Seine Praxis ist nicht weit entfernt. Wenn er Zeit hat und Sie auch, wäre ich für Ihre Begleitung dankbar!"

Serena nickte. Zu ihrem Entspannungskurs würde sie jetzt ohnehin zu spät kommen und sie fühlte sich auch ein bisschen verantwortlich für Maria.

Nach einem kurzen, glücklicherweise erfolgreichen Telefonat machten sich die beiden Frauen auf den Weg in das nächste Dorf. Sie schwiegen, aber es war kein unangenehmes Schweigen. Jede hing ihren Gedanken nach.

Serena schob ihr Fahrrad nebenher. Es quietschte leise. Sie fragte sich, wie das wohl war, wenn man Stimmen hörte. Unvorstellbar! Dann doch lieber allein erziehend und chronisch pleite.

Kontaktaufnahme

Sebastian Steiger war gereizt. Er hätte es nicht in Worte fassen können – und wenn es ihm bewusst gewesen wäre, hätte er es vehement geleugnet –, aber er schämte sich. Es passte nicht zu seinem Image, dass eine Frau ihn schwach und ängstlich erlebte. Er hasste Sybille fast dafür, dass sie ihn als so unmännlich erlebt hatte, und ihre Fürsorge ging ihm auf die Nerven.

Er hatte ihr keine gute Erklärung für die Panik in seiner Stimme geben können und sie stattdessen beinahe sofort angeschrien, dass sie den Duschkopf verstellt haben musste.

Inzwischen waren beide entgegen ihrer ursprünglichen Planung angezogen und saßen in der Küche, anstatt sich auf dem Kingsize-Bett zu wälzen. Sebastian horchte immer wieder angespannt, ob das Flüstern ihn begleitet hatte, während er sich bemühte, Sybille für einfach alles verantwortlich zu machen. Die wiederum war sichtbar unentschlossen, ob sie Verständnis haben und bleiben oder aber sauer werden und gehen sollte.

Das alles war höchst unerfreulich!

Sybille räusperte sich: „Und jetzt? Soll ich noch eine Flasche Wein aufmachen oder willst du allein sein?"

Sebastians Blut verwandelte sich eine Augenblick lang in Eis, als eine weibliche Stimme, die nicht Sybilles war, plötzlich anfing zu lachen. Seine Erleichterung war unvergleichlich, als Sybille darauf irritiert reagierte: „Was ist denn mit Alexa los? Ist das ihr neuestes Kunststück? Das klingt ja richtig gruselig … Alexa! Stopp!"

Das Lachen verstummte, aber Sebastian merkte deutlich, dass er viel zu angespannt war, um den Frauenbesuch länger zu ertragen. Er erhob sich und sagte, während er sich bereits in Richtung Wohnzimmer wandte: „Für heute machen wir besser Schluss. Ich melde mich die Tage."

Sybille lachte bitter: „Na, prima. Der Mohr hat seine Schuldigkeit getan, der Mohr kann gehen. Okay. Du meldest dich und ich schau mal, ob ich mich zurückmelde."

Die Haustür fiel hinter ihr ins Schloss.

Sebastian streckte sich auf dem Ledersofa aus und schaltete den 65-Zoll-Fernseher mit integrierter Soundbar an. Ein Cowboy ritt mit gezücktem Colt, eine Staubwolke aufwirbelnd, über den Bildschirm. Die Hufe des Pferdes donnerten mit beeindruckendem Raumklang durch das Wohnzimmer. Die Schüsse schienen aus allen Ecken widerzuhallen.

Sebastian war dankbar für die Geräuschkulisse. Diese Töne waren alles andere als subtil und leise. Vor allem sah man klar, woher sie kamen! Langsam entspannte er sich und er beschloss, nach all der Aufregung im Schutz des Getöses ein Nickerchen zu machen.

So entging es Sebastian, dass seine sprachgesteuerte, intelligente persönliche Assistentin in der Küche ein wahres Feuerwerk an wechselnden Farbringen zeigte. Grüne, blaue und lila Wellen schienen einem unhörbaren Takt folgend auf der Oberfläche des Geräts zu explodieren.

Dem Rhythmus entsprechend erklang eine Art Wehklagen. Zunächst sehr leise, dann zunehmend lauter. Ein körperloses, eindringliches Jammern, das die Küche füllte und mit den Schüssen aus dem Wohnzimmer wetteiferte.

Sebastian war beinahe sofort eingeschlafen und hörte es nicht mehr.

Margarete Heider saß vor ihrem eingelegten Hering, den sie bisher noch nicht angerührt hatte. Untypischerweise brannte in jedem Raum ihres kleinen, adretten Häuschens Licht.

Margarete war Stromsparerin, so wie sie auch in fast allen Lebensbereichen umweltbewusst und sparsam agierte. Aber heute Abend wollte sie der zunehmende Dunkelheit keine Chance geben, die vertrauten Zimmer zu beherrschen.

Ihr Herz schlug noch immer etwas schneller. Ihre Gedanken wagten sich auf unbekanntes, bisher verdrängtes Terrain.

Als sie vor drei Jahren Klaus‘ kalte Hand gehalten und in sein plötzlich so fremd wirkendes, unbewegtes Gesicht geblickt hatte, hatte sie sich verzweifelt gewünscht, glauben zu können. Glauben, dass da noch etwas kommen musste, dass man nicht so plötzlich für immer ausgelöscht und alles umsonst war.

Glauben an Güte, an eine höhere Macht, die, ähnlich wie die Mutter früher, den Schmerz weg streichelte und ein Happy End versprach.

Margarete war in einem christlichen Elternhaus aufgewachsen und somit darauf geeicht, zur Kirche zu geben, öffentlich ihren Glauben zu bekennen und diese Weltanschauung an die eigene Tochter weiterzugeben. Sie hatte auch lebenslang genau das getan und sich an die unausgesprochenen Regeln gehalten, weil es sich eben so gehörte.

Als Klaus jedoch so plötzlich und qualvoll ohne Abschied gehen musste, hatte eine düstere Stimme in ihr all die jahrelangen Lippenbekenntnisse in Frage gestellt. Sie hatte erstaunt bemerkt, wie oberflächlich ihr Glauben war und wie sehr sie sich wünschte, er würde tiefer gehen und sie könnte Trost darin finden. Da ihr aber genau das nicht vergönnt war, hatte Margarete seitdem einfach nicht mehr darüber nachgedacht, was wohl nach dem Tod kam und ob sie ihren Klaus irgendwann einmal wiedersehen würde. Bis heute. Der Gedanke quälte sie, dass die körperlose Stimme vielleicht aus dem Jenseits zu ihr gesprochen hatte und sie durch ihre Angst und Kleingläubigkeit den Kontakt verhindert haben könnte.

Vielleicht sollte sie ja versuchen, von sich aus erneut einen Kontakt herzustellen.

Was würde wohl geschehen, wenn sie laut ihre Bereitschaft zur Kommunikation mit dem Jenseits signalisierte …

Margarete schob den Fisch weg. Der Appetit war ihr schon lange vergangen. Dabei stieß der Teller gegen das Tablet, das ihr Enkel Maik ihr vor ein paar Monaten geschenkt hatte. Ein Klecks Sahnesoße landete auf der Schutzhülle. Sofort war sie abgelenkt. Hoffentlich gab es jetzt keinen Kurzschluss oder Ähnliches! Der Junge hatte sein Taschengeld für das Geschenk ausgegeben. Margarete passte gut darauf auf, auch wenn sie der modernen Technik so gar nichts abgewinnen konnte und auch nur die eine Funktion kannte, die der Grund für das Geschenk war. Maik wollte mit ihr skypen, weil der unglaublich kluge junge Mann, auf den sie so stolz war, zurzeit in Holland Informatik studierte und sie nicht besuchen konnte. Widerwillig musste sie gestehen, dass das schon eine tolle Sache und sehr beeindruckend war. Margarete war immer sehr aufgeregt und machte sich besonders schön, wenn die beiden zur Bildtelefonie verabredet waren. Neulich war auch Mareike dabei gewesen. Die erste feste Freundin des Jungen. Und was für ein hübsches Mädchen! Margarete hatte sie sofort sympathisch gefunden und beschlossen, der jungen Frau ein Weihnachtsgeschenk zu machen. Mark sollte stolz auf seine Oma sein können! Hatte sie nicht neulich schon etwas passendes gefunden? Wie irritierend, dass sie das nicht mehr genau wusste. Litt sie vielleicht schon an einer leichten Form der Demenz?

Margarete suchte nach einem Lappen, um den Fleck vom Tablet zu wischen und vergaß kurzzeitig ihre Absicht, mit dem Jenseits Kontakt aufzunehmen.

Sie reinigte die Schutzhülle und klappte das Gerät auf, um zu kontrollieren, ob es noch funktionsfähig war.

Der Bildschirm erwachte wie von selbst zum Leben. Gleichzeitig fasziniert und erschrocken beobachtete sie, wie Worte und Farben sichtbar wurden.

Ihr Gehirn erfasste den Sinn zunächst nicht. Sie las: „Ich muss hier raus!“ Erst als eine Frauenstimme zu schluchzen begann, stellte sie den Zusammenhang her.

Das Weinen wurde lauter, schien sie zu umhüllen. Es war ein zutiefst verstörendes, eindringliches Geräusch und es ging Margarete tief unter die Haut. Sie fühlte allerdings kein Mitleid, obwohl die Laute erbarmungswürdig klangen. Kaltes Grauen paarte sich mit der Erkenntnis, dass irgendetwas Unheiliges sie heimsuchte.

Kurz bevor Margarete Heider das Bewusstsein verlor und dabei den Sahnehering endgültig vom Tisch stieß, fragte sie sich, ob sie Klaus nun doch wiedersehen würde.

„Darf ich aufstehen, Yemmah? Das Essen war gut! Shukran!“

Nadim sah seine Mutter mit dem ihr gebührenden Respekt an und leckte schnell noch die letzte Krümel des Babusi, des arabischen Grieskuchens, vom Finger.

Sie hatte den Kuchen bestimmt extra für ihn gemacht. Nadim freute sich nicht nur deshalb darüber, weil er ihn sehr gern aß und nur vom Couscous allein sicher nicht satt geworden wäre. Er freute sich vor allem, dass sie die notwendige Energie für das Backen aufgebracht hatte.

Trotz seiner wenigen Lebensjahre war dem Jungen klar, dass etwas mit seiner Mutter nicht stimmte. Sie war wahrscheinlich krank und er fühlte sich ganz furchtbar, dass er ihr nicht helfen konnte.

Nadim bemühte sich stets, ein guter Sohn zu sein und ihr Freude zu machen, aber meistens hatte er das Gefühl, gar nicht zu ihr durchzudringen. So wie auch in diesem Moment. Seine Mutter lächelte zwar vage in seine Richtung, aber ihr Blick schien ins Leere zu gehen.

Der Junge schüttelte den Anflug von Verzweiflung so schnell wie möglich ab und stand auf. Immerhin hatte sie ihm heute einen Kuchen gebacken, also war es kein ganz schlechter Tag.

Sein Vater war zwar noch nicht wieder zuhause, aber auch das war ein gutes Zeichen. Er schien begründete Hoffnung zu haben, dass man ihn vielleicht beim Bau des neuen Einkaufszentrums länger beschäftigen könnte. Der Nachbar hatten von dem Großprojekt erzählt und heute Nachmittag hatte Baba auch die beiden großen Brüder dorthin mitgenommen. Es war also für ihn ein ausgesprochen guter Tag.

Der kleine Amir war in seinem Laufstall eingeschlafen. Er hielt seinen zerfledderten Teddy am Ohr fest umklammert und schnarchte leise mit offenem Mund und rosigen Wangen.

Es war ungewöhnlich friedlich und still in der kleinen Wohnung und Nadim wollte diese Ruhe auskosten und sich

Alis Kopfhörer ausleihen. Sie waren neongrün und winzig und Nadim sehnte sich schon lange danach, sie auszuprobieren. Bisher hatte Ali sie fast überall hin mitgenommen, aber heute hatte er sie entweder vergessen oder gleich damit gerechnet, nicht zum Musik hören zu kommen.

Die Mutter schien sich wieder an einen stillen Ort in ihr selbst zurückgezogen zu haben und beachtete gar nicht, wie Nadim die Kopfhörer des Bruders vom Sideboard nahm und mit einem Hauch von schlechtem Gewissen in dem Zimmer der Jungs verschwand.

Nadims Zimmerseite war mit Postern von Justin Bieber verziert. So jung und schon so berühmt! Der hatte sicher keine Sorgen! Mit einem wohligen Seufzer ließ er sich auf das Bett sinken. Er genoss den Luxus, das Zimmer für sich allein zu haben. Innerhalb weniger Sekunden füllte „Love youself“ seinen Kopf. Die Kopfhörer waren spitze!

Nadim schloss die Augen und stellte sich vor, auf der Bühne in der Aula zu stehen und zu singen. Er wollte sich unbedingt für die Schulband bewerben. Selbst sein Vater meinte, dass seine Stimme gut klang. Und ganz vorne, in der ersten Reihe im Publikum, würde dann vielleicht Diana stehen. Diana mit den blonden Locken und dem Grübchen im Kinn. Diana, die immer lächelte und seinen Namen so komisch aussprach. Naaadimm …

„Naadim!“ Das war echt! Jemand rief tatsächlich seinen Namen. Mama? Yemmah? Er schlug die Augen auf und drückte die Stopptaste am Handy. Der Junge erfasste mit einem Blick, dass er noch immer allein in dem etwa 20 Quadratmeter großen Raum war.

Und wieder rief ihn jemand. Leise, drängend. Traurig.

Nadim fühlte die Traurigkeit wie eine große Welle, die über ihm zusammen schlug. Beinahe musste er weinen.

Nadim hatte keine Angst. Er hatte Mitleid. Warum ließ Allah nur zu, dass so viele Menschen so traurig waren. Oder war das gar kein Mensch?

Nun schlug sein Herz doch etwas schneller und er dachte an das unheimliche Flüstern auf der Straße. Was hatte das zu bedeuten? War er für irgendetwas auserwählt?

Der Junge schwang die Beine vom Bett, so als wolle er dem Geist aufrecht gegenüber treten.

„Was willst du? Wer bist du?“

Die folgende Pause dauerte so lange, dass Nadim sein Blut unnatürlich laut in den Ohren rauschen hörte und sich langsam fragte, ob er sich alles nur eingebildet hatte. Dann fing es wieder an. Ein Flüstern. Ein Satz. Zunächst unverständlich. Verwaschen. Viel zu leise! Es schien aus dem Kopfhörer zu kommen. Nadim rückte die verrutschten Ohr-Knöpfe wieder gerade. Er strengte sich so sehr an, die Stimme zu verstehen, dass sich seine Nackenmuskeln schmerzhaft verkrampften.

Und dann plötzlich ergab die Botschaft einen Sinn und der Junge hörte glasklar und betroffen den Satz „Hiiilf mir! Bitte!“

Die Mission

Maria hatte irgendwann auf dem Weg zu ihrem Psychotherapeuten Serenas Hand genommen. Diese war zunächst sehr befremdet darüber, sagte sich dann aber, dass die seelisch instabile junge Frau wahrscheinlich Halt brauchte und es deshalb unklug wäre, ihr die Hand zu entziehen.

Sie hatten den ganzen Weg über geschwiegen. Selbst als sie bereits vor der Praxis standen, sagte Maria kein Wort. Der Druck auf Serenas Hand wurde allerdings noch stärker und langsam schmerzhaft.

„So. Wir sind da. Soll ich Sie noch hinein begleiten?" Serena versuchte vorsichtig den Griff der blassen jungen Frau zu lockern, was ihr kaum gelang. Sie fühlte sich so hilflos! Was sagte man zu einem Menschen, der Wahnvorstellungen hatte? „Schönen Tag noch und lieben Gruß an die Stimmen?" Mit körperlichen Gebrechen konnte sie eindeutig besser umgehen!

Maria zog Serena fast hinter sich her während sie sagte: „Bitte lassen Sie mich jetzt nicht allein!"

„Na, dann, in Gottes Namen ..."

Das geschmackvoll und modern eingerichtete Wartezimmer war leer. Die Tapeten erinnerten Serena an die Farben des Sonnenaufgangs. *Einladend*, war das Adjektiv, das ihr in den Kopf kam.

Der halbmondförmige Empfangstresen war nicht besetzt.

Maria blieb stehen und rief mit zittriger Stimme: „Dr. Bonhaus?"

Beinahe sofort öffnete sich die Tür zur eigentlichen Praxis und ein Mann, den Serena auf Mitte Vierzig schätzte, erschien im Türrahmen. „Erscheinen" schien das einzig passende Verb. Er strahlte eine beeindruckende Präsenz aus und füllte den Rahmen beinahe komplett aus. Der Psychotherapeut war groß und kräftig, ohne korpulent zu sein. Alles an ihm wirkte irgendwie stark. Sein schon leicht ergrautes Haar war so voll, dass ihn so manche Frau darum beneiden konnte. Das Oberlippenbärtchen stand ihm hervorragend und auch die sanften, hellblauen Augen wurden durch die schlichte modische Brille eher betont als verborgen.

Serena merkte erst, dass sie die Luft angehalten hatte, als sie hörbar ausatmen musste. Was für ein Mann! Sein Beruf schien seine Berufung zu sein. So stellte sie sich tatsächlich jemanden vor, der Seelenschmerzen zu lindern verstand. Jemanden, der dieses schwierige Gebiet sicher beherrschte und Maria helfen konnte. Jemanden, der vielleicht sogar bei Serena die Schmetterlinge wieder zum Leben erwecken konnte ...

Serena errötete spontan. Wie peinlich! Warum kamen ihr ausgerechnet jetzt solche mädchenhaften Gedanken? Wenn das Lucy wüsste!

Der Doktor sprach und seine Stimme klang wie erwartet voll und angenehm.

„Maria! Sie haben Glück! Wie ich Ihnen schon am Telefon sagte, habe ich eigentlich Urlaub. Aber Sie klangen sehr aufgewühlt. Gut, dass ich heute in der Praxis war, um ein paar Akten zu sortieren. Haben Sie eine Freundin mitgebracht? Kommen Sie herein!“

Serena öffnete den Mund, um zu widersprechen, aber Maria zog sie erneut hinter sich her, so als hätte sie vergessen, dass die beiden Frauen sich erst seit einer Stunde kannten.

Auch das Behandlungszimmer selbst vermittelte ein Gefühl von Wärme und Eleganz. Serena vermisste die obligatorische Couch. Stattdessen luden sehr bequeme Sessel in Apricot zum Sitzen ein.

„Er mag den Sonnenaufgang“, dachte Serena unzusammenhängend und hätte beinahe laut gekichert. Wie war sie nur in diese Situation geraten?

Sie betrachtete noch immer den stattlichen Mann gegenüber und das beeindruckende Ölgemälde hinter ihm, auf dem ein Leuchtturm inmitten einer stürmischen See zu sehen war. Der Horizont schien zu glühen. Schon wieder ging die Sonne auf!

Maria hatte in dieser Zeit bereits das Wesentliche zu ihrer Begegnung an der Straße berichtet und deutlich gemacht, dass sie sich wünschte, Serena würde bleiben. Dr. Bonhaus sah sie fragend an und Serena nickte. Was hätte sie auch sonst tun sollen? Oder wollte sie es gar nicht anders?

Maria sprach nun wieder etwas sicherer und erzählte: „Es ging mir gut, Dr. Bonhaus! Wirklich! Sehr gut sogar! Ich habe mich verabredet. Sogar einmal mit einem Mann! Und ich bin zur Berufsschule gegangen! Ich habe den Druck ausgehalten und selbst der Klausurenstress hat mich nicht verunsichert! Es war wirklich alles gut! Bis heute morgen!“ Marias Stimme begann zu zittern. Die Tränen waren bereits in ihrer Stimme hörbar. „Ich habe so sehr gehofft, dass es bei einem Schub bleibt!“

„Gab es ähnliche Vorzeichen wie beim letzten Mal? Schlafstörungen? Konzentrationsschwierigkeiten? Unruhe?“ Dr. Bonhaus war jetzt ganz bei seiner Patientin.

Maria schüttelte heftig den Kopf. „Eben nicht! Ich bin eigentlich nur zum Supermarkt gefahren, um Brombeeren zu kaufen. Ich bin heute Abend zu einer Party eingeladen und wollte noch Brombeer-Muffins backen. Und ganz plötzlich war das Flüstern da! Direkt an meinem Ohr! Ein eindringliches, unheimliches Flüstern.“ Maria schluchzte inzwischen hemmungslos. „Ich habe alles fallen gelassen – die Leute haben ganz komisch geguckt – und bin einfach losgelaufen. Raus aus dem Laden und weiter, immer weiter. Den Hügel hoch und durch den Wald. An der Straße bin ich beinahe in einen LKW gerannt. Deshalb habe ich mich vor lauter Schreck einfach an den Straßenrand gesetzt und geweint. So hat mich Serena gefunden!“

Maria sah die andere dankbar an. Das war Serena unangenehm. Sie hatte doch gar nichts getan, außer die junge Frau zu begleiten.

Aber auch Dr. Bonhaus schenkte ihr nun ein warmes Lächeln. „Das war sehr nett von Ihnen! Viele Menschen wären in dieser Situation einfach weitergegangen und Sie merken ja, wie viel Ihr Beistand Maria bedeutet hat.“

Serena errötete erneut und der Doktor wandte sich wieder seiner Patientin zu. „Wie fühlen Sie sich im Moment, Maria? Ist die Stimme noch da? Hatten Sie den Eindruck, dass sie Ihnen etwas sagen oder befehlen will?“

Maria schüttelte entschieden den Kopf. „Nein. Diesmal ist alles anders. Ich habe auch keine klaren Worte gehört. Nur dieses Flüstern!“

Dr. Bonhaus nickte verständnisvoll. „Das muss ein großer Schreck für Sie gewesen sein. Im Moment wirken Sie auf mich aber sehr reflektiert und realitätsbezogen. Oder haben Sie den Eindruck, dass Ihre Wahrnehmung sich verändert hat? Fühlen Sie sich in Ihrem Körper anders als vorher? Haben Sie Schwierigkeiten, Ihre Gedanken in eine klare Bahn zu lenken?“

Erneutes, entschlossenes Kopfschütteln von Maria. „Ich habe im Moment einfach nur Angst, dass es gleich wieder losgeht. Ich traue mich nicht mehr, irgendwohin zu gehen! Schon gar nicht auf die Party heute Abend.“ Maria zuckte plötzlich zusammen und schlug sich mit der flachen Hand vor die Stirn. „Ach, je … Bitte entschuldigen Sie, Dr. Bonhaus. Ich muss Simone informieren. Sie wollte mich abholen und zur Party mitnehmen. Ich habe ihr noch gar nicht Bescheid gesagt, dass ich nicht mitkomme.“

Während sie sprach, tastete Maria nach dem Handy in ihrer Tasche. Das Display leuchtete auf und ein akustisches Signal begleitete das Hochfahren des Betriebssystems. Maria wartete ungeduldig und begann schon ein wenig wahllos zu tippen. Plötzlich weiteten sich ihre Augen entsetzt und das Handy fiel aus ihrer schlaffen Hand. Die Zischlaute klangen zunächst wie eine Verbindungsstörung, dann verdichteten sich die Töne zu einer Art ansteigendem Wehklagen, das in jeden Winkel des Behandlungszimmers zu kriechen und die Anwesenden zu umzingeln schien.

Marias Augen wirkten unnatürlich groß in dem blassen Gesicht. „Bitte geben Sie mir ganz schnell etwas. Ein Neuroleptikum bitte! Ich will, dass es aufhört!“

„Das wird eventuell nicht nötig sein.“ Erst jetzt schien Maria bewusst wahrzunehmen, wie verstört und erstarrt sowohl ihr Arzt als auch Serena wirkten.

Serena umklammerte die Lehne des Sessels so fest, dass die Knöchel ihrer Hand weiß hervortraten.

Ihr war eiskalt und sie hatte das Gefühl zu träumen. Sie wollte aufstehen und ganz schnell ganz weit weg laufen. Stattdessen räusperte sie sich und sagte: „Maria. Wir hören es auch!“

Pastor Jonathan Groß war ein stattlicher Mann. Nomen est Omen. Sein Gang war beherrscht und kraftvoll, genau wie seine Stimme.

Die Schäfchen seiner Freikirchlichen Gemeinde hingen voller Ehrfurcht und Bewunderung an seinen von einem sauberen Schnauzbart verdeckten Lippen, wenn er predigte. Niemandem – auch nicht den jähzornigsten und eitelsten unter ihnen – fiel es jemals ein, sein Wort in Frage zu stellen.

Jonathans direkte Verbindung zum Allmächtigen war schon zu oft deutlich erkennbar gewesen. Die Gemeinde achtete sein Wort als Mittler zu dem Höchsten. Er war nun bereits seit acht Jahren Pastor der kleinen Gemeinde. Er empfand seinen Auftrag von Gott meistens als Gnade, manchmal aber auch als schwere, kaum tragbare Last.

Zumindest seit dem vergangenen Frühling. Jonathan hatte im Garten gesessen und in den Himmel geblickt mit der Absicht, zu meditieren und den Heiligen Geist zu empfangen.

An jenem Tag hatte ihm etwas später noch ein Trauergespräch bevor gestanden. Ein junger Mann hatte seine Frau fast genau ein Jahr nach der Hochzeit an den Krebs verloren und war am Boden zerstört gewesen. Jonathan hatte gespürt, dass der Witwer an Gott zweifelte und mit dem Glauben haderte, und hatte intensiv nach heilsamen, tröstenden Worten gesucht.

Gerade, als er aufstehen und die Meditation beenden wollte, war ihm damals siedend heiß der Gedanke durch den Kopf geschossen, dass es helfen würde, wenn er die Existenz der Seele beweisen könnte.

Jonathan war überwältigt und völlig durchdrungen von diesem plötzlichen Gedanken gewesen. Das starke emotionale Erleben hatte ihm sofort klar gemacht, dass es sich dabei nur um eine göttliche Eingebung handeln konnte. Zeitgleich schwang sich ein wunderschöner bunter Vogel auf in die unendlichen Weiten des Himmels und Jonathan waren Tränen der Rührung in die Augen getreten: Ja. So war es und das galt es zu beweisen. Die Seele verließ die Hülle nach dem Tod und flog davon zum Vater.

Hatte nicht Duncan MacDougall zu Beginn des 20. Jahrhunderts nachgewiesen, dass die menschliche Seele um die 21 Gramm wiegt? Diese These war zwar inzwischen weltbekannt, hatte aber noch lange kein Umdenken bewirkt. Nach wie vor stellte der Tod die größte Angst des Menschen dar.

Angst vor dem Unbekannten, Unumstößlichen, Unendlichen. Angst davor, dass es Gott nicht gab, um den Himmel zu öffnen, oder Angst davor, dass es ihn gab und das letzte Gericht die Hölle offenbarte. Welch eine Befreiung, welch eine Änderung der Werte müsste es bedeuten, wenn da jemand käme, der ein Leben nach dem Tod beweisen könnte.

Die Tränen waren dem Pastor über das lächelnde Gesicht gelaufen, als er sich vorgestellt hatte, er könnte dieser jemand sein. Er hatte ganz klar gefühlt, dass dies Gottes Plan mit ihm war. Er, Pastor Jonathan Groß, ein kleiner Diener Gottes auf Erden, würde den größten Traum der Menschheit wahr werden lassen und die Existenz der menschlichen Seele beweisen.

Als sein Blick dann noch wie zufällig auf einen Artikel über das möglicherweise überdauernde Bewusstsein im Zusammenhang mit künstlicher Intelligenz fiel, war er restlos überzeugt von seiner göttlichen Mission gewesen! Das war die Lösung! Das war der Weg. Er musste Kontakt zu diesem Wissenschaftler aufnehmen. Jonathan war von einer unglaublichen Energie und Dankbarkeit dafür erfüllt gewesen, dass Gott ihn so eindeutig gelenkt hatte.

Jener Tag im Frühling lag inzwischen Monate zurück. Tatsächlich war seither Unglaubliches, Unaussprechliches geschehen! Jonathans eigene Seele fühlte sich wund und wie durchgeschüttelt an. Und er konnte mit kaum jemandem über die ungeheuerlichen Geschehnisse reden.

Er konnte – ja musste – zwar mit Torger Haugen reden, doch er hatte das Gefühl, als wären ihm die Worte ausgegangen. Ihm! Dem Wortgewandten!

Immer wieder hatte er in den letzten Wochen um göttliche Inspiration und Führung gebetet, doch der heilige Geist war verschlossener denn je gewesen.

Tiefe Scham überflutete ihn wenn er daran dachte, dass er in manchen Gottesdiensten sogar eine Entrückung spielen musste, weil die heilige Stimme schwieg. Und das ausgerechnet jetzt! Niemals hatte Jonathan Groß inständiger um göttlichen Beistand gefleht. Eine letzte Hoffnung blieb.

Er seufzte, als er nach dem Telefonhörer griff. Nicht ohne sich vorher verstohlen umzusehen, ob seine Frau oder die Haushälterin in der Nähe waren. Er konnte keine Zuhörer gebrauchen, sobald er mit Torger sprach.

„Ja?“ Selbst am Telefon klang Haugen groß und nordisch. Jonathan hasste es, wie er sich im Gespräch mit diesem begnadeten Wissenschaftler jedes mal reflexartig duckte. Woher kam das Bedürfnis, sich vor diesem Mann klein zu machen, ja beinahe unterwürfig zu geben? Jonathan selbst war es gewohnt hofiert zu werden, aber in Torger hatte er einen unliebsamen Meister gefunden.

„Haben Sie herausgefunden, was schiefgegangen ist?“, fragte Jonathan. „Können wir noch irgendetwas tun, um die Sache rückgängig zu machen?“

„Das Risiko war uns bewusst. Sie selbst haben die Frau als liederlich und Gott ungefällig bezeichnet. Sie meinten, wir täten ihr einen Gefallen.“ Streng genommen sagte Torger diese vernichtenden Sätze emotionslos. Jonathan aber kannte ihn inzwischen und hörte Hohn und Verachtung zwischen den Zeilen.

Wieder einmal spürte er, wie sein Blutdruck stieg, und ein verräterischer Schweißtropfen rann ihm ins Auge. Er gab sich große Mühe, streng zu klingen. „Aber sie ist dennoch ein Mensch. Ein Geschöpf Gottes. Ich will sichergehen, dass wir alles versucht haben!“

Das Schweigen am anderen Ende schien Kälte auszustrahlen.

Schließlich sagte der Norweger: „Wir treffen uns hier in einer Stunde. Dr. Breuer wird ebenfalls da sein. Dann treffen wir eine endgültige Entscheidung.“

Ein leises Klicken signalisierte dem Pastor, dass der andere aufgelegt hatte.

Jonathan schleppte sich zum Fernsehsessel und sackte darin zusammen. Schiere Verzweiflung überwältigte ihn. Oh, mein Gott! Wie konnte das geschehen? Es hatte doch alles so herrlich und verheißungsvoll begonnen und er war sich so sicher gewesen, dass ihr Vorhaben von Gott gelenkt wurde und ein glorreiches Ende nehmen würde. Ja, er hatte die Risiken gekannt. Aber im Vertrauen darauf, eine göttliche Mission zu erfüllen, hatte er nicht eine Sekunde an ihrem Gelingen gezweifelt.

Und nun schien der schlimmstmögliche Ausgang unumkehrbar zu sein.

Jonathan fühlte sich schlagartig um zwanzig Jahre gealtert. Beinahe glaubte er, seine Mutter sagen zu hören: *Na, hast du wieder Gott gespielt?*

Ja, sie hatten Gott gespielt und er konnte mit den Konsequenzen nicht umgehen.

Es dauerte einen Moment, bevor der Pastor begriff, dass die Feuchtigkeit auf den Händen von seinen Tränen stammte. Automatisch schlossen sich seine Hände zum Gebet: „Vater vergib mir! Ich wusste wahrlich nicht, was ich tat!“

Die Suche

„Ich habe Ihnen doch gesagt, dass ihr der Termin sehr wichtig war! Sie hätte ihn niemals verpasst!“

Der Beamte sah sein Gegenüber zweifelnd an. Er hatte einen Kopf wie eine geschälte Kartoffel. Oben knollig, unten schmaler werdend. Insgesamt haarlos glatt und glänzend.

Tobias Reiters Blick wurde immer wieder magisch von dem daumennagelgroßen, braunen Auswuchs mitten auf der Glatze angezogen. Das Mal hat die Form Italiens, dachte Tobias unpassenderweise und biss sich auf die Lippe, um nicht vor lauter Frust zu schreien.

„Bitte hören Sie mir doch zu! Ich weiß, dass man bei überfälligen Erwachsenen 24 Stunden wartet, bevor man sie sucht, aber dieser Fall liegt anders!“

Der Beamte gestattete sich ein leicht ironisches Lächeln, was ihn nicht unbedingt attraktiver machte. „Ja, schon klar. Das sagen sie alle!“

In seiner Fantasie griff Tobias über den Tresen und packte den Älteren am Revers. In der Realität beugte er sich nah genug heran, dass ein paar Speicheltröpfchen den Beamten trafen, während Tobias zischte: „Ich. Weiß. Dass. Ihr. Etwas. Passiert. Ist! Sie hat monatelang auf eine Chance zum Vorsprechen gewartet und würde den Termin NIEMALS freiwillig verpassen. Ich bestehe darauf, dass Sie eine Vermisstenanzeige aufnehmen.“

25 Minuten später schlug Tobias den Kragen der Jeansjacke hoch, als er aus dem Polizeipräsidium in den Nieselregen trat. Ein Fremder hätte bei seinem Anblick vermutet,

dass dies ein gewaltbereiter, gefährlicher junger Mann sein musste, so finster und gereizt sah er aus.

Tobias war von Natur aus ein „dunkler Typ“, wie seine Mutter zu sagen pflegte. Nachtschwarze, glänzende Haare, stets leicht gebräunt wirkende Haut und dunkelbraune Augen. „Samtaugen“, pflegte Sonia zu sagen. Da war er wieder, der Schmerz. Etwas Ähnliches hatte der junge Mann noch nie empfunden. Diese Sorge, diese Verletzlichkeit und Hilflosigkeit! Dabei kannte er Sonia erst seit sechs Wochen. Sechs turbulente, bunt schillernde und aufregende Wochen, die ihm auch viele neue Seiten an sich selbst offenbart hatten.

Ihm war sehr bewusst, dass Sonia ein sehr frei denkendes Mädchen war. Sie hatte schon viele Männer vor ihm gekannt und glücklich gemacht und zwar überall auf der Welt. Sie war durch Indien und Amerika getrampt und hatte praktisch von der Hand in den Mund gelebt.

Sonia war erst seit einem knappen Jahr wieder in Deutschland, weil sie hier ihren Traum leben wollte: Theaterspielen in ihrer Muttersprache. Er hatte sie bei einem ehemaligen Kommilitonen kennengelernt, der es „en vogue“ fand, sich mit Künstlern jeder Art und Couleur zu umgeben und bis heute wusste Sebastian nicht, warum ausgerechnet er und Sonia unabhängig voneinander an jenem Donnerstag ihren Weg dorthin gefunden hatten. Das spielte aber auch gar keine Rolle mehr, weil er vom ersten Augenblick an gefangen und bezaubert war von ihrem Wesen. Ein Gesicht wie ein kindlicher Engel. Grüne Augen, Rotblonde, schulterlange Locken, eine Stupsnase und ein sinnlicher, voller Mund. Und ihre Figur war unbeschreiblich! Alles andere als kindlich! Er hatte sich vom ersten Moment an nie lebendiger gefühlt als an ihrer Seite! Ihr

Lachen und ihre Spontanität waren so anders, frisch und neu. So mitreißend! Sie wirbelte durch die Tage wie ein staunendes Kind und füllte die Stunden mit Intensität.

Sie lebte und liebte, wie es ihr passte, aber seit sie einander begegnet waren, liebte sie ihn und das tat unendlich gut!

Tobias war durchaus klar, dass Sonia nicht der Traum aller Schwiegereltern war. Sie jobbte mal hier, mal da, ohne Berufsausbildung oder klare Lebensziele. Sie kam gerade so mit dem wenigen aus, das sie besaß, und hauste in einer Einzimmer-Anliegerwohnung, die zu einer etwas in die Jahre gekommenen Villa in der Stadtmitte gehörte.

Der alte Mann, der dort lebte, hatte Sonia ebenfalls ins Herz geschlossen, sodass sie kaum Miete dafür zahlen musste. Die junge Frau unterstützte „Opa Richter“ dafür beim Einkauf und – wenn ihr danach war – auch bei der Gartenpflege.

Sonias einziger Herzenswunsch war es tatsächlich, auf der Bühne zu stehen. Schauspielern konnte sie. Oh ja! Und wie! Tobias musste schmunzeln bei der Erinnerung an ihre spontanen Showeinlagen und Interpretationen diverser Welterfolge. Und sie träumte davon, ihren Traum zu leben.

Die Stadtbühne plante die Aufführung des Sommernachtstraumes als Weihnachtshighlight und endlich schien sich Sonias Wunsch zu erfüllen! Heute Mittag hätte sie das ersehnte Vorsprechen gehabt.

Tobias hatte vor dem Ausgang gewartet. Eine langstielige Rose, eine Picknickdecke und eine Flasche billigen Champagners unter dem Arm. Er hatte sich sogar dazu hinreißen lassen, ihr ein kleines, sehr sentimentales und romantisches Geschenk zu kaufen. Schmuck schien ihm noch nicht das Richtige zu sein. Sonia trug kaum Schmuck und so lange waren sie nun auch noch nicht zusammen. Aber ihm hatte die Idee gefallen, dass sie etwas Greifbares von ihm bei sich trug. Etwas, das sie sogar täglich mehrfach berühren würde. Tobias hatte einen Schlüsselanhänger in Form des Theatersymbols mit der lachenden und der weinenden Maske anfertigen lassen. Auf der Rückseite waren ihrer beider Namen eingraviert. Er hoffte so sehr, dass dieses Geschenk Sonia künftig nicht nur an ihn, sondern auch an einen besonders erfolgreichen Tag erinnern würde. Ansonsten würde er alles daran setzen, sie zu trösten, und auf die blinden Idioten schimpfen, die ihr Potenzial nicht erkannt hatten. Er war so aufgeregt gewesen.

Als sie nicht bei den ersten ambitionierten Schauspielern war, die das Theater verließen, hatte Tobias das noch als ein gutes Zeichen gewertet. Wenn man sie für eine Rolle verpflichtet hatte, musste sie bestimmt noch eine Menge Papierkram erledigen. Seine Hoffnung war gestiegen. Als die Menge herausströmender Menschen jedoch immer schmaler wurde und schließlich ganz versiegte, war er unruhig geworden. Als Letzter erschien ein schmalbrüstiges Männlein in einem grellbunten Mantel und verschloss die Tür hinter sich. Tobias hatte ihn angesprochen, ob tatsächlich alle Bewerber das Theater verlassen hätten. Vielleicht gab es ja noch einen weiteren Ausgang und er hatte sie bereits verpasst.

Das Männlein hatte nicht unfreundlich verneint, Tobias aber trotzdem sofort an Rumpelstilzchen erinnert.

Schließlich hatte er direkt nach Sonia gefragt. Wenn auch ohne Hoffnung, dass der Name dem Fremden etwas sagen würde. Doch er wurde überrascht. Rumpelstilzchen hatte etwas schmallippig reagiert und seiner Enttäuschung Ausdruck verliehen, dass Sonia gar nicht erst erschienen war. Das Männlein entpuppte sich als der Regisseur der Inszenierung und als solcher hatte er die junge Frau tatsächlich schon nach der ersten Begegnung als Titania gesehen.

Einen kurzen Moment lang war Tobias von Stolz auf „seine“ Sonia erfüllt gewesen. Dann hatte es ihn wie ein Eimer kaltes Wasser im Gesicht getroffen und ihm war bewusst geworden, was das hieß: Es konnte nur einen einzigen Grund dafür geben, dass Sonia nicht erschienen war: Etwas sehr Ernstes musste ihr passiert sein. Ansonsten wäre sie selbst mit dem Kopf unter dem Arm zum Vorsprechen erschienen.

Seit dem Moment dieser Erkenntnis versuchte Tobias Sonia verzweifelt zu finden. Sie ging nicht an ihr Handy und war auch nicht in ihrer kleinen Wohnung zu finden. Der alte Richter wusste ebenfalls nicht, wo sie geblieben war. Dessen deutliche Irritation über das versäumte Vorsprechen, auf das die junge Frau so lange hingearbeitet hatte, bestätigte Tobias allerdings in seiner Sorge.

Er hatte daraufhin alle Krankenhäuser in der Umgebung angerufen und nach einer Frau gefragt, auf die Sonias Beschreibung zutraf. Ohne Erfolg.

Nun hatte er auch noch die negative Erfahrung mit dem Kartoffelkopf bei der Polizei hinter sich gebracht. Wenigsten hatte man dort Sonias Personalien aufgenommen und die Vermisstenmeldung registriert, obwohl Tobias sich keine Hoffnung machte, dass man die Situation ernst nahm, bevor nicht noch einige Stunden ins Land gegangen waren.

Langsam drang der Nieselregen durch seine dünne Jeansjacke und er begann zu zittern. Was nun? Er musste doch irgendetwas tun können? Während er blind die Wahlwiederholung vom Handy drückte, schienen seine Schritte ihn automatisch Richtung Innenstadt zu lenken. Da wohnte Dörte. Zurzeit Sonias beste Freundin. Auf dem Weg dorthin hielt er sich das Handy ans Ohr und lauschte angespannt dem Freizeichen. Vielleicht war sie ja jetzt endlich erreichbar.

Schließlich schaltete sich enttäuschenderweise doch wieder nur die Mailbox ein und trällerte fröhlich: „Moin! Hier ist Sonia! Ich bin sicher, dass ich gern mit dir reden würde, wenn ich könnte! Versuch es doch einfach nochmal! Irgendwann hast du mich!"

Ja, dachte Tobias grimmig entschlossen. Genau so ist es. Ich geb nicht auf, bevor ich dich habe!

Schwache KI

Renata schlug lasziv die langen Beine übereinander und nippte geziert an ihrem Martini. Ihr tiefrot geschminkter Schmollmund verzog sich angewidert. „Viel zu süß!“

Torger warf ihr nur kurz einen irritierten Blick zu. „Das ist ein dry Martini, meine Liebe. Extra dry. Wenn der zu süß ist, solltest du das Trinken lieber aufgeben.“

Immer wieder verblüffte ihn die Ärztin. Sobald sie den weißen Kittel auszog, schien sie auch zeitgleich ihre Professionalität abzulegen. Sie verhielt sich mädchenhaft, aufbrausend oder exaltiert. Ihm war nicht wirklich klar, was sie damit bezwecken wollte. Zu Beginn ihrer Zusammenarbeit hatte Torger den Verdacht gehabt, dass sie ihn verführen wollte. Da an ihm jedoch jegliche sexuellen Avancen abprallten, hatte sie rasch aufgegeben.

Dr. Torger Haugen lebte für die Wissenschaft, für den Fortschritt. Er hatte keinerlei Interesse an zwischenmenschlichen Kontakten. Im Gegenteil: Sie ekelten ihn an! Welch eine Verschwendung von Energie, die man anderweitig sinnvoll nutzen konnte.

Frau Dr. Renata Breuer schien an einer Persönlichkeitsspaltung zu leiden, wobei das An- bzw. Ablegen der Berufskleidung dabei den Hebel umlegte, um entweder die eiskalte, klar strukturierte Ärztin, oder den hysterisch-kindlichen Vamp zum Vorschein zu bringen. Auch ihre Sprache passte sich der jeweiligen Persönlichkeit an.

Daher wunderte es ihn nicht, sie sagen zu hören: „War das die linke Hand Gottes? Hat er jetzt Angst in die Hölle zu kommen? Wenn der Prediger plötzlich sein Gewissen auspackt, zeige ich ihm gern mal, wie man Zähne ohne

Betäubung zieht. Heißt es in der Bibel nicht *Zahn um Zahn*?" Sie kicherte böse.

Torger musste sich zusammenreißen, um ihr nicht zu zeigen, wie sehr ihre Art ihn abstieß. Er brauchte Renata noch. Dennoch verabscheute er Verrohung und Niveaulosigkeit. Natürlich musste man im Dienste der Wissenschaft auch mal über Leichen gehen. Aber bitte mit Stil!

Er nahm einen Schluck von seinem eigenen Martini.

Renata war inzwischen aufgestanden und hatte sich zu einem Roboter heruntergebeugt, der ihr bis zum Knie reichte. Alles an der kleinen, aus Schaltkreisen und Prozessoren bestehenden Gestalt war irgendwie rundlich. Die großen Kulleraugen in dem ballonartigen Kopf schienen die Ärztin direkt zu mustern.

Hades war zurzeit Torgers bedeutendstes Objekt und Renata liebte es, den Wissenschaftler damit aufzuziehen. Sie spürte, dass ihm der Roboter wirklich wichtig war, und sie nahm Torger noch immer übel, dass er sie so kalt abgewiesen hatte. Deshalb tat es ihr gut, diese Schwachstelle des sonst so kühlen Norwegers auszunutzen.

Hades war tatsächlich ein kleines Kunstwerk. Sein gesamter, rundlicher Körper war von Programmcodes durchzogen, die eine Art neuronaler Netzwerke simulierten. Sie fixierte den Roboter eingehend und fragt Torger, ohne sich umzudrehen: „Ach, da haben wir ja dein Lieblingsspielzeug. Hast du das mit der Objektpermanenz bei ihm endlich hinbekommen?"

„Ich habe ihn bereits deutlich weiterentwickelt. Er ist definitiv teilanthropomorph. Aber belaste dein hübsches Köpfchen nicht mit solchen technischen Apokryphen! Das lass mal meine Sorge sein!", schnaubte Torger und goss Martini nach. „Ich möchte jetzt keine grundlegende wissenschaftliche Diskussion über schwache KIs mit dir führen. Deine Aufgabe sollte es ausschließlich sein, die Frau am Leben zu halten. Zumindest im Moment noch. Du hast uns ja allen versichert, dass das möglich ist und du genau weißt, wie es geht!“ Dabei prostete er ihr süffisant lächelnd zu.

Renata richtete sich so rasch wieder auf, dass ein wenig Flüssigkeit aus ihrem Glas schwappte. Ihre Augen funkelten. „Das ist ja auch so. Du brauchst dich gar nicht so abfällig darüber zu äußern! Ich halte mich bezüglich deiner fachlichen Präferenzen ja auch weitestgehend zurück. Aber es funktioniert eben nur für eine gewisse Zeit! Gott spielen geht auf allen Ebenen nur in bestimmten Grenzen! Außerdem ist sie verletzt und da lohnt es eigentlich nicht mehr, so viel in ihr Überleben zu investieren. Ich glaube auch nicht, dass wir das Experiment mit ihr noch hinbekommen.“

„Das stimmt. Ich glaube es eigentlich auch nicht und ich will mich nicht mit dir streiten“, seufzte Torger. „Wir müssen trotzdem entscheiden, wie weit wir mit dem Einverständnis der anderen gehen können. Wenn Groß nachher kommt, sollten wir beide schon einen gut begründeten Vorschlag haben, wie die Geschichte enden soll. Weder er noch van Doorn durchblicken die Hintergründe vollständig. Wir brauchen einen klaren Kopf und gute Argumente!“

Beinahe hätte er noch hinzugefügt, dass sie deshalb ihren Kittel lieber wieder anziehen sollte, aber er wollte sie nicht unnötig provozieren. Solche Schwierigkeiten entstanden, wenn man mit anderen Menschen zusammenarbeitete. Er allein hätte das Problem längst gelöst. Die junge Frau wäre längst als unvermeidbarer Kollateralschaden entsorgt worden und er hätte sich ein neues Forschungsobjekt gesucht.

Hier war wahrscheinlich wirklich nichts mehr zu retten. Torger hatte von Anfang an nicht daran geglaubt, dass es beim ersten Versuch klappen würde. Er hatte auch große Zweifel daran, dass der Tod nach so vielen Stunden noch umkehrbar war. Renata war jedoch eine begeisterte Anhängerin der Thesen und Ausführungen von Sam Parnia[1], der das Gegenteil behauptete.

So oder so: Er hatte drei Menschen im Nacken, die saubere Lösungen aus unterschiedlichen Gründen anstrebten. Außerdem war es von entscheidender Bedeutung, dass sie alle auch in naher Zukunft zusammenhielten und schwiegen.

Wenn zu diesem Zeitpunkt einer seiner Mitstreiter aus der Reihe tanzte oder allzu kalte Füße bekam, würde er wohl dafür sorgen müssen, dass dessen Leben unumkehrbar endete.

„Ich informiere auch van Doorn, dass wir uns hier in einer Stunde treffen. Ich gehe zum Telefonieren nach nebenan. Er und Groß müssen nicht wissen, dass du bereits hier bist. Bitte lass den Roboter währenddessen in Ruhe."

Im Hinausgehen sah Torger aus den Augenwinkeln, dass Renata seiner Aufforderung zum Trotz begonnen hatte, die hüfthohe Maschine mit gut platzierten Fußtritten zu traktieren. Die Augen des Roboters schienen dabei jede Bewegung der Frau beinahe vorwurfsvoll zu verfolgen.

Von wegen Zurückhaltung!

Es war ein erstaunliches Phänomen, dass viele Menschen das Bedürfnis hatten, Roboter zu „misshandeln". Vielleicht

---

[1] *Sam Parnia, Josh Young: „Der Tod muss nicht das Ende sein", Scorpio Verlag*

lag diese Unsitte darin begründet, dass sich die Maschinen nicht wehrten und ein ideales Opfer für jegliche Art aufgestauter Emotionen abgaben.

Torger zwang sich, weiter zu gehen, ohne das Geschehen zu kommentieren. Es würde ohnehin nichts nützen. Er wusste aus Erfahrung, dass die Ärztin dann sogar noch mehr Spaß an ihrem Tun haben würde.

Wissenschaftler weltweit haderten damit, bisher ausschließlich schwache künstliche Intelligenzen produziert zu haben und von starken KIs noch weit entfernt zu sein – zumindest so weit bekannt. Aber niemand reflektierte öffentlich, dass Humanoide selbst ein deutliches Upgrade vertragen könnten.

Auf die Bitte zu helfen musste man reagieren. Er war so erzogen worden. Sonst würde ja gar nichts mehr in der Welt funktionieren!

Er hatte zwar in seinen jungen Jahren noch nie erlebt, dass eine körperlose Stimme aus dem Handy um Hilfe rief, aber offensichtlich war da jemand in Not. Deshalb gab es auch keine Alternative, als zu helfen. Nadim stand inzwischen kerzengerade und mit klopfendem Herzen mitten in dem kleinen Zimmer. Er musste sich räuspern, bevor er – wegen der Kopfhörer viel zu laut – fragen konnte: „Wer bist du denn? Was ist passiert?“

Die folgende Pause war nur mit statischem Rauschen gefüllt. Nadim dachte schon, die Stimme wäre fort, und war sich nicht sicher, ob er erleichtert oder enttäuscht sein sollte.

Plötzlich war sie wieder da. Es klang, als müsste sie sich sehr anstrengen, einen vollständigen Satz hervor zu bringen. „K a n n s t d u m i c h h ö r e n …“

Der Junge kicherte. „Klar! Sonst würde ich ja nicht mit dir reden!“

„G o t t s e i D a n k! I c h w e i ß n i c h t w o i c h b i n. I c h k a n n m i c h nicht fühlen ...“

Nadim konnte die Verzweiflung hören, obwohl es so klang, als würde jemand aus einem Funkloch telefonieren. Immerhin hatten die letzten Worte schon etwas flüssiger geklungen. Die Artikulation schien leichter zu werden.

„Ich verstehe nicht, was du meinst. Was heißt das, du kannst dich nicht fühlen?“

„I c h s e h e mein e n Körper nicht!“

„Bist du blind?“ Das klang schlimm! In seinem Heimatort waren Menschen durch Bombendetonationen erblindet. Nadim hatte sie schreiend im Kreis laufen sehen. Ein Schauer durchlief seinen mageren Körper.

„Bist du im Krieg?“

„N e i n......Hier ist e s d unkel. A b er draußen schi m m ert L icht. I c h kann sehe n. Ich ka n n n u r mich nicht s ehen.“ Wieder war ein leises Schluchzen zu hören.

Nadims Verstand arbeitete fieberhaft. Wo könnte die Frau sein? Denn es musste sich um eine Frau handeln. Die Stimme war eindeutig weiblich. Jemand hatte sie eingesperrt. Vielleicht in eine Kiste oder einen Schrank.

Inzwischen war alle Angst von dem Jungen abgefallen. Er wollte helfen, ein Held sein. Es wäre schön, wenn er tatsächlich etwas bewirken könnte. Bisher hatte er immer nur zusehen müssen, wie Familie und Freunde litten. Vielleicht konnte er in diesem Fall wirklich etwas tun.

Was würden die drei Fragezeichen tun?

Er musste herausfinden, wo sie war, bevor sie eingesperrt wurde.

„Erinnerst du dich, wo du zuletzt gewesen bist?“

Wieder folgte eine Pause. Dann kam zögernd die Antwort: „Ich g l a ube, ich w a r im Shopping – C a st l e. I c h ha t t e n o c h etw a s w ichtige s vor. Ich weiß n u r n i cht me hr was d as war.“

Nadim fühlte sich plötzlich stark und voller Energie. Das war ein Anhaltspunkt!

„Pass auf. Ich finde einen Weg, dorthin zu gehen, und nehme mein Handy mit. Es ist ja noch nicht einmal ganz dunkel. Vielleicht fällt dir inzwischen wieder ein, wo du genau warst!“

Die Spur

Maria blickte fassunglos von Dr. Bonhaus zu Serena: „IHR hört sie auch? Dann ist die Stimme keine Halluzination?“

Serena hatte das Empfinden, neben sich zu stehen, und gleichzeitig das dringende Bedürfnis, unpassenderweise hysterisch lachen zu müssen. Was geschah hier? Wie um Himmels Willen war sie in diesem völlig skurrilen Film gelandet?! Der Tag hatte so angenehm begonnen und nun saß sie hier mit einer paranoid-schizophrenen Fremden und deren unverschämt attraktivem Psychiater und lauschte dem Weinen einer körperlosen Stimme, die eigentlich keinerlei Existenzrecht hatte.

„Ich will zu meinem Feldenkrais-Kurs!“, hörte sie sich sagen.

Der Psychiater hatte sich erstaunlich schnell gefangen. Passierte ihm das etwa häufiger? Übernahm er die eine oder andere Halluzination seiner Patienten? Serena kicherte nun doch.

Dr. Bonhaus ignorierte den Ausbruch. Ihm gelang es sehr schnell wieder Ruhe und Stabilität auszustrahlen, während er beide Frauen ansah. Auch seine Stimme vermittelte den Eindruck, dass die Situation wesentlich weniger befremdlich war, als sie zu sein schien. „Schauen wir uns doch mal die Fakten an. Maria schaltet ihr Handy an und wir hören alle drei eine Frau weinen. Es scheint also einen technischen Zusammenhang zu geben. Offensichtlich ist das dieselbe Stimme, die Maria heute schon einmal gehört und für eine Halluzination gehalten hat. Da wir sie aber auch hören, kann es sich ja tatsächlich nicht um eine Halluzination handeln.“

Maria war deutlich anzusehen, dass diese Erkenntnis nun langsam einsickerte und die Erleichterung schien nach und nach ihr hübsches Gesicht zu glätten.

So, wie Dr. Bonhaus die Situation darstellte, verlor das körperlose Weinen tatsächlich ein wenig seinen Schrecken und auch Serena begann sich vorsichtig zu entspannen. Hinzu kam, dass das Weinen inzwischen verstummt war.

Der Psychiater dachte laut nach: „Die Laute müssen in irgendeiner Weise mit dem Handy in Verbindung stehen. Entweder verbirgt sich dahinter ein extrem geschmackloser Scherz, oder es ist tatsächlich der Versuch einer Kontaktaufnahme – von wem auch immer! – oder es handelt sich um eine simple Störung des Betriebssystems ...“

Die beiden Frauen warfen ihm zweifelnde Blicke zu.

Das Weinen hatte eine unbeschreibliche Intensität und Präsenz besessen. Niemand, der diese Laute gehört hatte, konnte an eine technische Störung glauben. Der Psychiater selbst schien das auch nicht zu tun. „Wir müssten mehr darüber erfahren, wem die Stimme gehören könnte und wann genau sie zu hören ist. Haben Sie eine Ahnung, Maria? Irgendeine Assoziation dazu? Wie war das beim ersten Mal? Haben Sie da auch gerade Ihr Handy eingeschaltet?“

Maria schien intensiv nachzudenken. Sie war nun sichtlich bemüht, zur Klärung der Situation beizutragen. „Ich kann mich leider überhaupt nicht mehr daran erinnern, ob mein Handy an oder aus war. Ich hatte es aber auf jeden Fall bei mir. Wie immer in der Hosentasche. Ich kann mir nicht vorstellen, dass mir jemand einen Streich spielen wollte. Obwohl … wir haben in der Berufsschule über das Thema Schizophrenie gesprochen. Ich habe offen gesagt, dass ich krank bin!“ Beinahe trotzig schob die junge Frau ihr Kinn vor. „Eine Mitschülerin hat sich dann ziemlich abfällig über die *Psychos* geäußert, die immer wieder zu einer Gefahr für die *normalen Menschen* werden und eigentlich alle in speziellen Einrichtungen leben müssten. Wir haben uns im Anschluss heftig gestritten und sie stand ziemlich allein da, weil viele Mitschüler auf meiner Seite waren!" Maria errötete ein wenig, aber eindeutig aus Freude über den zu dem Zeitpunkt erfahrenen Rückhalt. Sie zuckte mit den Schultern: „Wenn ich überhaupt jemandem zutrauen würde, mich verunsichern zu wollen, dann höchstens Janine!" Die junge Frau hielt plötzlich erschrocken inne: „Oder ist der Gedanke paranoid?"

Dr. Bonhaus beschwichtigte. „Ich kann verstehen, warum Sie diese Möglichkeit in Betracht ziehen. Ausgeschlossen ist es ja auch leider nicht. Es gibt Menschen, die zu wirklich üblen Methoden greifen, um sich an anderen zu rächen oder sie vorzuführen. Ich kenne Ihre Mitschülerin nicht. Ich möchte aber auch nicht zwangsläufig davon ausgehen, dass sie das ganze Theater inszeniert hat. Wir sollten niemanden ohne Beweise unter Verdacht stellen. Wir brauchen mehr Informationen!"

„Aber wie soll das gehen?", mischte sich nun auch Serena in die Unterhaltung ein. „Wollen Sie ein Ouja-Brett als Kontaktmedium nutzen? Bisher hat sich unser *Geist* nicht vorgestellt! Wir können ihn also schlecht anrufen."

„Anrufen ist ein gutes Stichwort!" Der Psychiater erhob sich. „Maria, schalten Sie doch noch einmal Ihr Handy ein! Vielleicht sollten sie *ihr* irgendwie signalisieren, dass Sie gesprächsbereit sind. Offensichtlich hat sie oder es oder was auch immer ja speziell Kontakt zu Ihnen gesucht!"

Zögernd griff die junge Frau nach ihrem Handy und räusperte sich. „Ähhhhm ... und was soll ich sagen? Das kommt mir schon alles irgendwie gespenstisch oder krank vor! Jetzt soll ich sogar mit meiner *Stimme* reden?“

Dr. Bonhaus war anzumerken, dass er aus therapeutischer Sicht nicht glücklich über den Verlauf der Dinge war und auch seinen eigenen Vorschlag nochmal überdachte. Ihm war offensichtlich nicht daran gelegen, seine Patientin zu verunsichern. Gleichzeitig war der Realist und Analytiker in ihm wild entschlossen, zu klären was hinter dem Phänomen steckte.

Serena bemerkte als erste, dass das Display bläulich zu schimmern begann. „Seht doch mal …“

Und plötzlich waren da zwei Stimmen. Eine Kinderstimme fragte gerade: „Bist du blind? Bist du im Krieg?“

Und dann hörten sie die vormals weinende Stimme stockend antworten: „N e i n ...Hier ist e s d unkel. A b er draußen schi m m ert L icht. I c h kann sehe n. Ich ka n n n u r mich nicht s ehen.“

Als Tobias endlich vor Dörtes Haustür stand, war seine Jacke bereits vollständig durchnässt und seine Haare klebten feucht am Schädel.

Zusammen mit seinen geröteten Augen und dem verzweifelten Gesichtsausdruck bot er Sonias bester Freundin einen erschreckenden Anblick.

„Was ist los? Ist etwas passiert? Wo ist Sonia?“, fragte Dörte sofort alarmiert.

Tobias sackte noch mehr in sich zusammen. „Mist. Dasselbe wollte ich dich auch gerade fragen.“

„Komm erst mal rein und wärm dich auf!“ Dörte war etwa zwei Köpfe kleiner als Tobias und trug mit Vorliebe weite, schrill bunte Kleidung. Ihre dunkelbraunen Haare hatte sie zu einem einfachen Knoten auf dem Kopf zusammengebunden, um etwas größer zu wirken. Das war ihr aber – wie immer – nicht gelungen, obwohl ihr das nie jemand sagte. Stattdessen ließ diese extravagante Frisur sie einige Jahre älter als 25 wirken. Ihr kindlich naives, freundliches Gemüt und ihre lebendige Art waren wiederum ein Gegenpol dazu.

Dörte ging zügig voran in das grün gestrichenen Wohnzimmer, das mit allerlei afrikanischen Accessoires vollgestellt war. Der gewebte Teppich war fast vollständig bedeckt von ausladenden, bunten Sitzkissen. Auf einem kleinen Beistelltisch in der Mitte des Raumes stand ein altes, verschrammtes Teeservice neben einer fast abgebrannten Räucherkerze.

„Tee? Du siehst verfroren aus!“ Ohne eine Antwort abzuwarten goss Dörte grünen Tee in eine angeschlagene Sammeltasse und reichte sie Tobias, der bereits die nasse Jacke in einer freien Ecke ausgebreitet und auf einem roten Kissen Platz genommen hatte.

„Was ist los! Details bitte!“

„Dörte, sie ist verschwunden! Ich habe das Gefühl, etwas ganz Schlimmes ist passiert!“ Der junge Mann kämpfte inzwischen mit den Tränen.

Dörte strich ihm unbeholfen über die Schultern, während der junge Mann sichtlich berührt und stockend berichtete, was er erlebt hatte und ihn beunruhigte.

Als Tobias am Ende seiner Geschichte angekommen war, herrschte einen Moment lang Schweigen. Schließlich meinte Dörte nachdenklich: „Du hast recht. Ich kann mir auch absolut nicht vorstellen, dass Sonia diesen wichtigen Termin freiwillig versäumt hat. Und die Sache mit euch war schon jetzt so wichtig und ernst für sie, dass sie dich auf jeden Fall informiert hätte, wenn ihre Pläne sich geändert hätten! Das Vorsprechen war ihr sogar so wichtig, dass sie sich neu einkleiden und zum Friseur gehen wollte. Dabei ist sie sonst ja eher nicht so aufs Äußere bedacht! Aber ich weiß, dass sie in dem hippen neuen Laden im Shopping Castle heute ganz früh einen Termin gemacht hat. Ich war ziemlich überrascht! Ich glaube, der Pastor hat ihr davon erzählt. Vielleicht sollten wir den mal anrufen ..."

Tobias wischte sich über die geröteten Augen und sah Dörte irritiert an. „Welcher Pastor? Ich kann mich nicht daran erinnern, dass Sonia jemals von einem Pastor erzählt hat! Sie ist doch nun absolut nicht religiös!"

„Stimmt." Dörte lächelte. „Religiös kann man Sonia wirklich nicht nennen! Aber du weißt doch, dass sie für ein paar Euro hin und wieder in dieser freikirchlichen Gemeinde am Ortsrand ausgeholfen hat. Kinderbetreuung und einmal monatlich Essensausgabe an die Obdachlosen oder so ..." Dörte wedelte vage mit der Hand, als wollte sie deutlich machen, dass diese Aktionen wieder ein typischer Spleen von Sonia waren. Immerhin hatte die junge Frau bereits in einem Zirkus und bei einer mobilen Fußpflege ausgeholfen, ohne dass ihre Freunde jemals ganz genau in Erfahrung gebracht hatten, wofür sie dort einen geringen Obolus erhalten hatte. So war Sonia eben und niemand musste sich darüber wundern.

„Jedenfalls hat dieser komische Pastor – Grün, oder Groß oder so ähnlich – ihr wohl vor ein paar Tagen erzählt, dass er einen Gutschein für ein Gratis-Schminken und Frisieren bei *Top Skin* gewonnen hat und wollte ihn Sonia als Dank für ihre Unterstützung beim Herbstbazar schenken. Sie konnte zuerst nichts damit anfangen, aber dann hat sie den Termin fürs Vorsprechen bekommen und doch zugegriffen."

Tobias unterdrückte den Anflug von Enttäuschung, dass er davon nichts gewusst hatte, und beschloss stattdessen, den Anhaltspunkt als Hoffnungsschimmer zu betrachten.

Er trank im Aufstehen den letzten Schluck Tee und suchte bereits nach seiner Jacke, während er sagte: „Dann los. Ich gehe jetzt zu diesem Laden und frage nach, ob sie heute Morgen dort war. Kommst du mit? Wir können von unterwegs den Pastor anrufen.“

Dörte hatte Mühe, schnell genug die Räucherstäbchen zu löschen und die Patchworkjacke überzuziehen. Dann schluckte der Nieselregen die beiden auch schon auf dem Weg zum Shopping Castle.

Nadim wunderte sich, dass die Mutter noch nicht einmal aufgesehen hatte, als er über den Flur geschlichen war. Er war zu Tode erschrocken gewesen, als er unabsichtlich einen von Amirs Bausteinen berührt und gegen die Wand gekickt hatte. Die Mutter hätte das Geräusch eigentlich hören müssen. Der Junge mochte nicht darüber nachdenken, warum sie ohne eine Regung weiterhin auf den Fernseher starrte, obwohl sie offensichtlich inhaltlich nichts davon aufnahm. Darüber nachzudenken hätte zu weh getan.

Der „blinden Frau“, wie Nadim sie in Gedanken nannte, zu helfen, fühlte sich dagegen unglaublich gut an. Nadim kam sich vor wie ein Erwachsener, obwohl ein Erwachsener wahrscheinlich schon ein bisschen weiter gedacht hätte.

Was würden zum Beispiel der Vater und die großen Brüder sagen, wenn sie nach Hause kamen und er verschwunden war?

Doch im Augenblick kannte Nadim nur ein Ziel: Das Shopping Castle. Wie gut, dass es gar nicht so weit weg war und er sich in der Gegend auskannte. Außerdem war er ganz und gar nicht ängstlich und scheute sich nicht, die Abkürzung durch den zugegebenermaßen bereits sehr dunklen Park zu nehmen. Das würde eine tolle Geschichte abgeben! Nadim stellte sich vor, wie Dianas Augen morgen in der Schule immer größer werden würden, wenn er ihr davon erzählte.

Momentan war die Stimme zwar nicht mehr zu hören, aber er war sich ganz sicher, auf dem richtigen Weg zu sein.

„Ach. Regnet es?“ Torgers Haugens Lächeln geriet ein wenig schief, als er Jonathan Groß einließ. Er gab sich Mühe, nicht allzu sehr auf die schmutzigen Schuhe des Pastors zu blicken. War der Missionar und Weltverbesserer etwa zu Fuß gekommen? Hoffentlich nutzte er wenigstens die Fußmatte.

Noch bevor er die Tür schließen konnte, sah der Wissenschaftler den Luxusschlitten des Investors van Doorn in die Einfahrt biegen. Gutes Timing. Das Begrüßungslächeln für den Immobilienmogul gelang etwas herzlicher, obwohl dieser ohne seinen Chauffeur deutlich unsicherer fuhr und die zu eng genommene Kurve einem rhombenförmigen Busch das Leben gekostet hatte. Der schwarze Lexus stand schräg auf der Auffahrt.

Showtime! Torger atmete tief ein und führte beide Männer die Kellertreppe hinunter. Am Fuß der Treppe öffnete sich ein minimalistisch, aber modern und teuer eingerichteter Raum. Früher hätte man ihn Partykeller genannt. An einer schicken Theke aus Chrom und Stahl lehnte bereits Renata Breuer betont entspannt. Torger unterdrückte einen Seufzer der Erleichterung, weil sie tatsächlich den weißen Kittel übergezogen hatte und nun wieder distanziert und professionell wirkte. Sie nickte den Ankommenden kurz zu und reichte beiden ungefragt deren häufig bevorzugtes Getränk: Flaschenbier ohne Glas. Darin waren sich die beiden ansonsten sehr unterschiedlichen Männer absolut einig, obwohl die heimliche Leidenschaft des Millionärs echtem schottischen Whiskey galt, wie sie wusste.

Van Doorn ließ sich ächzend in einem für seinen ausladenden Hintern eigentlich zu schmalen Stuhl im Retrostyle nieder. Er knöpfte das teure Jackett auf und trank durstig in einem Zug die Hälfte der Flasche aus. Sein spärliches Haar klebte auf der hohen Stirn und wirkte auf dem viel zu großen Kopf irgendwie verloren. Ob sein Gesicht nass vom Schweiß oder vom Regen war, ließ sich nicht erkennen.

Die kleinen, etwas zu eng stehenden Augen fixierten lüstern die schlanke Ärztin, die seinen Blick mit unverhohlener Verachtung erwiderte.

Renata machte sich wahrlich nichts aus Höflichkeit und Konventionen! Wenn sie ihre professionelle Persönlichkeit zur Schau stellte, hielt sie sich aber zumindest mit ihrer Meinung etwas zurück.

Der Pastor hatte begonnen, wie ein Tiger im Käfig auf und ab zu wandern und verteilte dabei Bröckchen von Erde und Schlamm auf dem teuren Laminat. Der Mann war eine tickende Zeitbombe. Torger betrachtete ihn stirnrunzelnd und wählte seine einleitenden Worte sehr vorsichtig. „Schön, dass Sie kommen konnten. Es ist ja in unser aller Interesse, zeitnah eine gemeinsame Entscheidung zum weiteren Vorgehen zu treffen." Torger betonte das Wort „gemeinsam".

Der Pastor beendete seine Wanderschaft abrupt und stöhnte: „Aber es kann auf keinen Fall unser aller Interesse sein, einen Mord zu begehen!" Seine Stimme klang weinerlich.

„Aber, aber, Pastor! Wer spricht denn hier von Mord! Wir haben gemeinsam versucht, der Wissenschaft zu dienen!“, meldete sich Renata kühl zu Wort. „Wir hatten alle hehre Absichten! Wenn alles gut gegangen wäre, hätten Sie die Existenz der Seele bewiesen, weil das Bewusstsein körperlos existieren kann. Wir hätten die erste starke KI geschaffen und Herr van Doorn wäre der Held gewesen, der all dies erst durch seine finanzielle Unterstützung erst ermöglicht hätte. Wir hätten der Wissenschaft und Religion unser Siegel aufgedrückt und absoluten Ruhm eingeheimst!“ Renata hob ihr Glas und lächelte vielsagend. „Außerdem: Was nicht ist, kann ja noch werden! Prost!“

Der Pastor funkelte die Ärztin an: „Sie vergessen Ihren Anteil, Frau Dr. Breuer! Sie wollten beweisen, dass Sam Parnia Recht hat und ein Mensch noch 24 Stunden lang wiederbelebt werden kann. Sie waren überzeugt davon und haben mir versichert, dass die junge Frau überleben wird! Sie wollten das alles per Video überwachen und dokumentieren und sie dann zurückholen! Hätte ich gewusst, dass die Sache schief geht, hätte ich mich nie darauf eingelassen!“

Torger mischte sich in die Unterhaltung ein: „Nun mal langsam, Herr Groß. Sie kannten das Risiko und immerhin war die ganze Aktion Ihre Idee! Sie hatten doch zuerst die Vision, die Unsterblichkeit der Seele beweisen zu wollen! Sie haben mich aufgesucht, weil Sie einen Wissenschaftler brauchten und weil Sie von Experimenten gelesen hatten, die das menschliche Bewusstsein mit künstlicher Intelligenz verbinden wollten. Es ist Ihrer nicht würdig, jetzt so zu tun, als hätten wir Sie zu alldem gezwungen!“

Jonathan Groß rang buchstäblich seine Hände Er schien kurz davor, die Fassung zu verlieren. „Ja, ja, Schon gut!

Aber ich wollte doch tatsächlich niemals, dass die Sache so ausgeht! Mord ist eine große Sünde! Ich wollte doch nur helfen! Andere im Glauben stärken!“ Nun streckte er beide Arme dramatisch gen Himmel.

„Wir wollten alle nicht, dass die Sache so ausgeht!“ Van Doorn mischte sich zum ersten mal in die Unterhaltung ein. Seine Stimme klang erstaunlich hoch und feminin. „Aber jetzt ist es nun mal so und ich habe genug hierin investiert, dass ich es nicht dabei bewenden lassen kann. Ich möchte es auf jeden Fall nochmal versuchen, bevor wir aufgeben. Keine Heldengeschichte wurde je an einem Tag geschrieben. Allerdings ist es schon sehr ungünstig, dass heute so vieles schiefgegangen ist! Das nennt man dann wohl Ironie des Schicksals. Wenn nicht so viel daran hängen würde, wäre es beinahe schon lustig!“

„Die armen Menschen! Daran ist nun wirklich nichts Lustiges ...“ Der Blutdruck des Pastors schien sichtbar in die Höhe zu schießen.

Der Millionär rülpste verhalten und wischte sich den Bierschaum von der Oberlippe. „Kollateralschäden sind doch bei allen weltbewegenden Entwicklungen die Regel! Vielleicht finden Sie ja noch ein paar *gefallene* Mädchen, die kaum jemand vermissen wird! Und Katastrophen dieser Art passieren ja nun auch nicht jeden Tag. Also kommt beim zweiten Anlauf wahrscheinlich nichts derartiges mehr dazwischen und es klappt bestimmt besser. Wie sieht es denn jetzt aus? Wo ist sie überhaupt?“

Torger betätigte wie aufs Stichwort einen kaum sichtbaren Hebel unter der Theke. Ein leises Knacken war hinter der mit Spiegelpailletten übersäten Stirnwand zu hören. Er verschob eine der Pailletten minimal. Die Wand teilte sich wie von Zauberhand in zwei Teile und gab den Blick frei auf blinkende Monitore, die Messwerte und Kurven zeigten, Computer und Elektroden, die zu dem Kopf einer jungen Frau führten. Sie lag mittig auf einer schmalen Liege. Ihr rotblondes, lockiges Haar umrahmte fächerförmig das eher kindlich wirkende Gesicht, das fast so weiß und durchscheinend schien wie das züchtige Hemdchen, das sie trug.

Verborgen unter dem Laken waren Oberschenkel und Oberkörper der jungen Frau mit gelgefüllten Matten umwickelt, die wiederum über flüssigkeitsgefüllte Schläuche mit einem vergleichsweise unauffälligen Gerät, dem so genannten Arctic Sun, verbunden waren. Das Gerät kühlte die Körpertemperatur permanent herunter und sollte dadurch den vorzeitigen Zelltod verhindern sowie das Gehirn an sich, den Sitz des Bewusstseins, schützen.

Der Anblick hatte etwas tragisches, anrührendes. Die Frau wirkte wie ein hilfloser, gefallener Engel inmitten ultramoderner Labortechnik. Die vier Personen, die das Szenario aus dem Nebenraum betrachteten, schwiegen einen Moment lang aus unterschiedlichen Gründen.

Der Pastor verging fast vor Mitleid und Scham. Der Wissenschaftler nahm interessiert wahr, dass sich die Messwerte seit der letzten Kontrolle leicht verändert hatten. Die Ärztin stellte mit einem Anflug von Neid fest, dass der Körper der jungen Frau selbst unter dem Laken perfekt proportioniert war, und der Millionär dachte darüber nach, woran ihn die Szene erinnerte. Schließlich rülpste er erneut und lachte leise. „Perfekt arrangiert! Waren Sie das, Haugen? Die Kleine wirkt wie eine Mischung aus Schneewittchen und Dornröschen. Nur dass hier wahrscheinlich auch kein Kuss mehr hilft!“

Alexander Bonhaus fuhr so ruhig und sicher, wie er sprach. Dieser Mann strahlte in scheinbar jeder Situation eine enorme Ruhe und Sicherheit aus. Es konnte also nicht an seinem Fahrstil liegen, dass Serena schwindelig und ein bisschen übel war.

„Was tun wir eigentlich genau, wenn wir im Shopping Castle angekommen sind?“ Maria zuckte die Achseln als Antwort auf Serenas Frage. Die junge Frau wirkte inzwischen wesentlich selbstbewusster und ihr Gesicht schien jetzt im halbdunklen Inneren des Wagens auf dem Rücksitz fast zu leuchten. So, als wäre sie auf dem Weg in ein großes Abenteuer. Die Tatsache, dass sie nicht schon wieder unter auditiven Halluzinationen litt, ließ sie beinahe euphorisch werden.

„Das sehen wir, wenn wir das sind! Wir suchen einen Jungen, der mit einer körperlosen Frau spricht! Wie gut, dass die beiden uns verraten haben, wo wir sie finden können.“ Maria kicherte verhalten. Dann wühlte sie in ihren Taschen und zog ein paar winzige Kopfhörer hervor. „Ich muss jetzt aber wirklich noch meine Freunde informieren, dass ich nicht komme! Sorry! Ich gehe kurz auf Tauchstation!“ Mit diesen Worten schob sie die Ohr-Knöpfe in ihre Ohren und begann, mit sehr realen Menschen zu kommunizieren. Sie brannte offensichtlich darauf, ihre Geschichte zu erzählen, und wirkte in diesem Augenblick noch sehr jung.

Serena beobachtete verstohlen das Profil des Psychotherapeuten vom Beifahrersitz aus. Diese ganz Situation war so skurril! Aber gleichzeitig so aufregend! Und dieser Mann erschien ihr wie der fleischgewordene Traum aller einsamen Frauen. Ob er liiert war? Oder war er vielleicht sogar homosexuell? So gut, wie er aussah, war das durchaus möglich.

Serena erschrak, als der Therapeut unvermittelt lächelte und sie direkt ansprach, ohne jedoch den Blick von der Straße zu nehmen. „Na, habe ich die Prüfung bestanden? Gefällt Ihnen, was Sie sehen?“

Mein Gott, hat der Mann seine Augen denn überall, dachte Serena errötend. Dann beschloss sie ungewohnt mutig, ehrlich zu antworten und aufs Ganze zu gehen. Wahrscheinlich sah sie diesen Prachtkerl nach dem heutigen Abend ohnehin nicht wieder. Was hatte sie schon zu verlieren?

„Oh, ja! Und ich denke, das wissen Sie auch! Wenn Sie nicht wollen, dass Frauen Ihren Anblick aufsaugen, müssten Sie sich schon verstecken!“

Dr. Bonhaus lachte leise und das Timbre dieses unverschämt sexy wirkenden Lachens breitete sich direkt in Serenas Magen aus. „Das möchte ich denn doch nicht. Ich genieße es, Ihnen zu gefallen!“ Nun riskierte er einen kurzen, warmen Seitenblick und sie schien in diesen Augen zu ertrinken. Himmel! Der Mann war gefährlich! Wenigstens gab es jetzt einen ganz konkreten Grund für ihr Schwindelgefühl.

„Ich weiß, die Situation ist mehr als ungewöhnlich und ein Zufall jagt den nächsten. Ohne Maria wären wir beide uns aber wahrscheinlich nie über den Weg gelaufen. Was wir hier gerade tun, ist ernst und für meine Patientin wichtig. Aber ich möchte Ihnen sagen, dass ich gern die Chance auf eine ganz normale Verabredung mit Ihnen hätte, wenn wir all das hier überstanden haben. Wohin es uns auch führen mag! Könnten Sie sich das vorstellen?“

Serena registrierte überrascht, dass der Therapeut bei seinem letzten Satz fast ein wenig unsicher klang. Nun war es an ihr zu lächeln, nein, zu strahlen! „Das kann ich mir sogar sehr gut vorstellen! Ich bin übrigens Serena!“

„Und ich Alexander. Aber das wissen Sie ja bereits!“

Noch einmal lächelten sich beide für Sekundenbruchteile wie geheime Verschwörer an. Serena fühlte sich beschwingt, fast glücklich, und Dr. Bonhaus begann leise zu summen.

Wahnsinn, dachte Serena. In diesem Auto sitzen drei durch unglaubliche Umstände zusammengewürfelte Menschen, die in dieser Situation einfach unangemessen fröhlich sind.

Siehst du, Rena-Kind. Du musst es dir nur wert sein!

Auf dem Rest des Weges herrschte ein einträchtiges, zufriedenes Schweigen zwischen den drei Insassen.

An der letzten Kreuzung, bevor sie in das Parkhaus des Shopping Castles einbiegen mussten, stand ein kleiner dunkelhaariger Junge an der Ampel und sah dem Auto sehnsüchtig hinterher.

Der schicke Audi wirkte so sicher und warm! Nadim spürte die Feuchtigkeit inzwischen doch bis auf die Haut und seine Füße taten weh. Er hatte vergessen, dass seine Schuhe etwas zu klein geworden waren und er eigentlich neue bräuchte.

Während die Rücklichter des Q5 in der Einfahrt der Tiefgarage gegenüber verschwanden, straffte der Junge die Schultern. Gleich war er da! Gleich hatte er es geschafft und dann musste die blinde Frau ihm nur noch sagen, wo er nach ihr suchen sollte. Und alle wären sehr stolz auf ihn, wenn er sie gefunden und gerettet hätte!

Nadim ignorierte die Blase am Hacken und marschierte über die Fußgängerampel Richtung Einkaufszentrum.

Dörte hatte Mühe, dem sehr entschlossen wirkenden Tobias zu folgen. Wenigstens hatte er sich überreden lassen, den Bus bis in die Innenstadt zu nehmen. Doch seitdem die beiden ausgestiegen waren, schien der junge Mann die restlichen Meter in Rekordzeit zurücklegen zu wollen. Sie keuchte bereits wenig attraktiv und spürte, wie der kunstvolle Haarturm sich in Wohlgefallen aufzulösen begann.

Ein bisschen neidisch war sie schon. In Dörtes Leben hatte es bisher noch niemanden gegeben, der so entschlossen und nahezu ritterlich um sie geworben und nach ihr gesucht hätte! Für Sonia taten so viele Bewunderer fast alles! Dörte dagegen würde fast alles für so viele Bewunderer tun.

Während der Busfahrt hatte Tobias auch nur ein Thema gekannt. Dörte sollte den Pastor anrufen und nachfragen, ob er Hinweise auf Sonias Verbleib hatte. Vielleicht hatte die junge Frau ja dem Freikirchler noch irgendeinen Hinweis gegeben, wohin sie vor oder nach dem Termin noch gehen wollte.

Dörte hatte mühsam die Nummer recherchiert, nur um schließlich mit irgendeinem Gemeindemitglied verbunden zu sein, das keinerlei erhellende Auskunft geben konnte. Der Pastor, der im Übrigen Jonathan Groß hieß, war gar nicht zuhause, sondern auf irgendeiner Konferenz. Niemand wusste genau, wo und wann er wieder erreichbar sein würde.

Also war klar, dass sie vorerst nur hoffen konnten, bei *Top Skin* eine Spur zu finden.

Endlich kam das bereits vielfarbig angestrahlte und erleuchtete Shopping Castle in Sicht und Dörte seufzte erleichtert. Am liebsten hätte sie vorgeschlagen, erst mal eine Tasse Tee bei Tchibo zu trinken und zu Atem zu kommen, aber ein Blick in Tobias‘ grimmig entschlossenes Gesicht ließ sie sofort von dem Gedanken Abstand nehmen. Nebenbei nahm sie wahr, dass extrem viele, hektisch wirkende Menschen in dem Gebäude unterwegs waren. Es herrschte eine eigentümliche Spannung.

Dörte stolperte Tobias hinterher in Richtung Rolltreppe. Beinahe hätte sich ihr weiter Hosenaufschlag in einem Spalt zwischen den Stufen verfangen und als sie erschrocken daran zog, riss der Saum hörbar. Na, prima. Auch das noch!

Natürlich sorgte Dörte sich um Sonia, aber sie konnte nicht verhindern, mit Schrecken an den Rückweg zu denken. Falls sie das Verschwinden der Freundin nicht klären konnten – was sie stark befürchtete –, würde der Rest des Tages sehr unangenehm und sehr anstrengend werden!

Dörte war so sehr in ihre Gedanken versunken, dass sie nicht registrierte, wie Tobias abrupt stehen blieb und gegen ihn prallte. „Was zum …!“

Dörte kam nicht mehr dazu, den Satz zu beenden. Offenbar waren sie beide bisher zu sehr in ihre eigenen Gedanken versunken gewesen, um auf die Umgebung zu achten.

Sobald sie an Tobias vorbei auf das Chaos vor sich blicken konnte, durchfuhr sie ein eisiger Schrecken. „Oh, mein Gott! Was ist denn hier passiert!?“

Bewusstsein

„Hallo! Frau Heider! Können Sie mich hören? Sind Sie wach?“

Die Stimme schien aus einiger Entfernung zu kommen. Es klang, als versuche jemand, unter Wasser klare Sätze zu formulieren.

Margarete wollte gar nicht reagieren. Ihr Kopf war so schwer und es war angenehm, einfach nur dahinzutreiben. Lag sie etwa auch im Wasser? Sie fühlte ihren Körper gar nicht. Sie war aber auch gar nicht beunruhigt darüber, sondern wollte einfach nur weiterschlafen.Margarete seufzte leise und versuchte sich auf die Seite zu drehen. Das weckte sie allerdings endgültig.

Aus dem Oberschenkel schoss ein brennender Schmerz das Rückgrat hinauf und direkt in den Kopf. Gleichzeitig wurde ihr bewusst, dass sie sich kaum bewegt, geschweige denn gedreht hatte. Ihre Hand flog automatisch an die Schläfe, wo gleichzeitig jemand mit einem Bohrer zu hantieren schien. Doch sie spürte weder das Haar noch die Kopfhaut, sondern einen dicken Verband.

Panisch riss Margarete Haider die Augen auf. Direkt über ihr schwebte ein paar mitfühlender brauner Augen in einem relativ jungen, männlichen Gesicht. Etwas verzögert nahm sie auch den weißen Kittel wahr, in den die schmale Gestalt gehüllt war. Ein Arzt? Was wollte der? Wo war sie? Warum tat ihr nur der ganze Körper weh?

Und dann kam plötzlich die Erinnerung mit Wucht zurück! Da war eine Stimme gewesen! Zuerst bei den Hühnern und dann war sie aus dem Laptop gekommen! Oh je! Sie musste Maik unbedingt beichten, dass sie das teure Gerät kaputt gemacht hatte! War sie dabei gestürzt? Aber so tief hätte sie doch gar nicht fallen können!

„Ganz ruhig, Frau Heider! Sie sind hier im Krankenhaus und in Sicherheit!“ Der Arzt klang einfühlsam und beruhigend, aber Margaretes Gedanken überschlugen sich. Was, wenn die Stimme ihr hierher gefolgt war?

„Ich muss Maik anrufen! Er hat so viel Geld für das Tablet ausgegeben! Können Sie ihm Bescheid sagen, wo ich bin? Und ich habe Angst, dass die Stimme wiederkommt! Dagegen können Sie wohl auch nichts tun ...“

Der Arzt zog einen Stuhl an ihr Bett und legte beruhigend eine Hand auf ihren Arm. „Sie haben wahrscheinlich geträumt. Frau Heider, Sie haben heute etwas Furchtbares erlebt. Kein Wunder, dass Sie ein bisschen verwirrt sind.“

Woher wusste der Arzt von der Stimme? Margarete wurde misstrauisch. Es war beide Male niemand bei ihr gewesen, als sie sie gehört hatte. War der Arzt etwas dafür verantwortlich?

Und er sprach noch immer beruhigend auf sie ein, ohne dass Margarete verstand, was er meinte.

„Gott sei Dank hat es keine Toten gegeben. Allerdings einen Schwerverletzten und für den waren Sie heute eine echte Heldin! Sie selbst hatten Glück, Frau Heider. Sie haben eine Kopfverletzung und die Hüfte ist gebrochen. Dabei ist ein Stahlrohr direkt neben Ihnen aufgekommen! Erinnern Sie sich?“

Margarete war verwirrt. „Ich weiß gar nicht, wovon Sie reden! Ich war eben noch in meiner Küche. Ich wollte Hering essen und dann kam die Stimme …“

Der Arzt wechselte einen mitleidigen Blick mit einer älteren Krankenschwester, die nun ebenfalls in Margaretes Sichtfeld trat.

„Ach Frau Heider!“, zwitscherte die dralle Blondine verschwörerisch. „Nach so einem Erlebnis kann man schon mal durcheinander sein! Und wenn Sie mir sagen, wer Maik ist, kann ich ihn gern benachrichtigen. Er wird sich wahrscheinlich auch schon Sorgen machen, weil das Unglück ja auf allen Kanälen im Fernsehen gesendet wurde! Ich bin übrigens die Schwester Birgit!“

„Welches Unglück? Maik ist mein Enkel! Maik Berger. Seine Visitenkarte steckt in meinem Portemonnaie.“ Margarete hatte das Gefühl, völlig hilflos zu sein und sich übergeben zu müssen. Alles entglitt ihr. Hatte sie ihr Gedächtnis verloren?

Der Arzt hatte sich inzwischen mit einer gemurmelten Entschuldigung zurückgezogen und die Schwester hatte damit begonnen, ihr eine Blutdruckmanschette umzulegen.

„Das wird schon alles wieder! Ein Schritt nach dem anderen!“ Ihre Stimme klingt wie ein kleines Vögelchen, dachte Margarete unzusammenhängend. Doch alles, was sie sagte, war so beängstigend. „Sie können wirklich froh sein, dass Sie den Einsturz überlebt haben! Manchmal braucht es einige Zeit, bis die Erinnerung zurückkommt. Sie müssen Geduld haben, Frau Heider. Das war ein großer Schreck! Den anderen geht es ähnlich! Ich rufe gleich Ihren Enkel an und Sie schlafen noch ein bisschen. Schlaf ist die beste Medizin!“

Margarete nahm dankbar wahr, dass der Schlaf sie tatsächlich erneut überrollte. Was immer geschehen war, war offensichtlich sehr schlimm, aber sie fühlte sich nicht dazu in der Lage, jetzt darüber nachzudenken.

Die Schwester sprach noch immer. Ihre Worte begleiteten Margarete in den Schlaf, ohne dass sie deren Bedeutung erfasste.

„Es war sehr mutig von Ihnen, den kleinen Jungen schützen zu wollen. Vielleicht haben Sie ihm sogar das Leben gerettet. Falls er wieder aufwacht ...“

Da war nichts. Wie konnte das sein? Schwärze. So tiefe Schwärze, dass sie wie eine Mauer wirkte. Bedrohlich, beängstigend. Dann die vage Ahnung, dass da ein *Etwas* in dem Nichts lauerte. Sie war körperlos. Auf einem Körper hätten sich jetzt die feinen Härchen vor Entsetzen aufgestellt. In einem Körper hätte das Herz jetzt angefangen schnell zu schlagen. Ein Körper hätte sich jetzt schnellstmöglich in Bewegung gesetzt, um zu fliehen.

Wer oder was war sie? Sie konnte fühlen, sie konnte denken, sie konnte empfinden. Aber ihr fehlte die Erdung, die Begrenzung, die Fähigkeit zu handeln.

Schlief sie? War das ein Albtraum? Wenn ja, wie konnte sie sich selbst aufwecken? Maximale Hilflosigkeit gepaart mit maximalem Entsetzen! Wenn Sonia gekonnt hätte, hätte sie jetzt zum allerersten Mal in ihrem stürmischen und intensiv lebensbejahendem Dasein an Suizid gedacht. Aber selbst diese Möglichkeit war ihr verwehrt!

Sie hätte gern langsam geatmet, um ruhiger zu werden. Die Panik hinderte sie am Denken. Sie stellte sich vor, zu atmen. Gaaanz tief ein und gaanz langsam wieder aus. Mehrmals. Beruhigend.

Es funktionierte. Der Schleier der Angst wurde etwas durchsichtiger und sie hatte den Eindruck, als bekäme die Dunkelheit Risse.

Cogito ergo sum. Ich denke, also bin ich. Sie war noch da – irgendwie. Und so lange man existierte, gab es Hoffnung. Sie musste herausfinden, wo sie sich befand und vor allem warum sie hier war. Was war das letzte, woran sie sich erinnern konnte? Der Zugriff auf die Erinnerung war schwierig. Beinahe so, als wäre ein Uhrwerk eingerostet und müsste nun ganz langsam wieder in Gang gesetzt werden.

Erinnere dich, du kannst das Rätsel lösen, sprach sie sich selber Mut zu. Sie hatte noch nie in ihrem Leben aufgegeben. Obwohl das Leben ihr immer wieder neue Hindernisse präsentierte und sie schon seit frühester Jugend auf sich allein gestellt war. Vielleicht kam es ihr nun zugute, dass sie auf die harte Tour hatte lernen müssen, wie man sich allein durchschlägt. Ihre Mutter war viel zu sehr mit Alkohol, Drogen und immer wieder wechselnden Partnern beschäftigt gewesen. Immer auf der Suche nach irgendetwas, irgendwem, einem Quäntchen Seelenfrieden. Andere Angehörige hatte es nie gegeben. Zumindest wusste sie nichts darüber.

Sobald sie alt genug war, hatte Sonia zunächst versucht, die schmerzlich vermisste Ordnung und Sicherheit selbst herzustellen. Sie räumte hinter der Frau, die sich Mutter nannte, auf und nutzte das magere Haushaltsgeld, das nicht in Rauschmittel investiert wurde, um Essen zu machen.

Da sie aber dafür zu keinem Zeitpunkt Achtung oder Dankbarkeit erhielt und ihr Handeln sich anfühlte, als versuche sie, mit einem Spaten eine Kathedrale zu bauen, hatte sie irgendwann aufgegeben. Sie war damals 15, als sie entschied, dass ihre Mutter nicht gerettet werden wollte. Sonia hatte trotz ihrer Jugend schnell erkannt, dass ihr nur zwei Optionen blieben: Entweder, sie ging mit der Mutter unter oder sie versuchte, sich allein ein echtes Leben aufzubauen. Das war ihr trotz aller Widrigkeiten erstaunlich gut gelungen!

Ja, sie setzte andere Prioritäten als die meisten Menschen. Ja, sie ging, bildlich gesprochen, lieber ein Stück neben dem gepflasterten Weg und kämpfte sich manchmal sogar ganz und gar durch das Unterholz. Aber sie hatte inzwischen ein Zuhause, Freunde und sogar einen Partner!

Es gab viele Dinge, die sie mit Leidenschaft und Freude zelebrierte und wenn sie gab, dann gab sie alles.

Es fühlte sich gut an, dass die eigene Vita doch so schnell wieder präsent war – sofern man in ihrem Zustand überhaupt von „fühlen“ reden konnte.

Erstaunlicherweise gelang es ihr nun auch wieder problemlos, ihre Gedanken zu sammeln. Sie suchte nach dem losen Faden in ihrer Erinnerung. Ein Bild tauchte auf. Ein alter Mann beim Laub harken im Garten. Sie hörte ihn sagen: „Viel Glück nachher! Ich weiß, du schaffst das!“ Das war Opa Richter. Sie sah sich selbst beschwingt die Straße hinunter gehen. Der rote Rock bauschte sich um die schlanken Beine in den schwarzen Strümpfen. Sie erreichte den Bus in letzter Minute.

Was dann? Viele Menschen und ein überwältigender Geruch. Parfüm, Deo, Haarspray. Sie war irritiert. Was hatte sie dort gewollt? Das passte doch gar nicht zu ihr!

Das Nachdenken war anstrengend. Es tat weh und der Erinnerungsfaden entglitt ihr wieder. Ausruhen. Nichts denken. Im Nichts treiben. Nicht die Angst zulassen!

Plötzlich hörte sie die Stimme einer Frau. „Wir müssen es versuchen! Ich kann ihre Vitalfunktionen und Zellen nicht ewig am Leben erhalten!“

Dann ein gewaltiger Ruck. Ein scharfer Schmerz. Ein Aufprall. *Etwas* drängte sie zurück. Schmerzempfindung war also sogar ohne Körper möglich!

Mein Gott, was war das? Sie hatte den Eindruck, als würde sie mit maximaler Geschwindigkeit in eine Richtung gezogen, nur um plötzlich gegen *etwas* zu prallen. Der

Rückstoß schien ihre Synapsen komplett durcheinander zu schütteln. So als ob die Nervenzellen funkensprühend aneinander rieben und erneut eine gewaltige, brennende Welle aus Schmerz erzeugten.

Wieder eine Stimme. Diesmal männlich. „Es stößt sie ab! Und zwar sehr kräftig und intensiv! Unglaublich! Es scheint fast so, als würde es sie nicht *wollen* …"

Ein schrilles, weibliches Lachen. „Wenn es sie nicht *wollen* würde, könnten wir an dieser Stelle aufhören. Dann bräuchte es kein Bewusstsein, sondern hätte eins."

„Wir müssen erst mal pausieren. Das Bewusstsein könnte sonst irreparablen Schaden nehmen. Ich hätte nicht mit so massivem Widerstand gerechnet!"

Die Männerstimme klang fast bewundernd. Wie ein stolzer Vater.

Dann wieder undurchdringliche Stille. Aber jetzt hatte sie nicht nur das Empfinden, sondern die Gewissheit, dass da *etwas B*edrohliches in der Dunkelheit lauerte.

Da war sie wieder. Die drohende, alles verschlingende Panik.

Stell dir vor zu atmen. Es wird wieder funktionieren. Alles ist möglich. Alles wird gut. Glaub daran. Du hast keine Zeit für Panik. Denk an etwas Schönes. Sie stellte sich Tobias' Samtaugen vor. Sie sah, wie er sich vorbeugte, um sie zu küssen.

Sie hatte das Gefühl, die Synapsen waren wieder an ihren angestammten Platz zurück gerutscht. Gut.

Was nun? Eine handlungsunfähige Existenz konnte nicht viel tun, um dieser Lage zu entfliehen. Sie konnte ja noch nicht einmal um Hilfe rufen! Der Gedanke wurde groß und immer größer. Er wurde alles vereinnahmend. Ja. Das war eine hervorragende Idee. Sie musste einen Weg finden, um

Kontakt aufzunehmen. Irgendwie, mit irgendwem. Sie hatte schon immer daran geglaubt, dass Telepathie möglich war. Gedanken waren eine Form von Energie. Energie konnte man kanalisieren. Am besten sollte es über starke Emotionen funktionieren, hieß es.

Sie musste sich intensiv konzentrieren.

Wieder drängten sich Tobias‘ Samtaugen auf. Zu ihm bestand eine emotionale Verbindung. Sie dachte so intensiv an ihn, dass sie sich schwindelig fühlte. Dennoch schien sie ihn nicht vollständig zu erreichen. Wie enttäuschend! Sie hätte gern geweint.

Erneut legte sie eine „Denkpause“ ein. Doch die Sorge trieb sie an. Was, wenn ihr nicht mehr viel Zeit blieb? Es musste doch eine Möglichkeit geben. Zu welchen Menschen war ebenfalls eine emotionale Verbindung möglich? Emotion war sicher der Schlüssel. Aber wenn es nicht die positiven waren, mussten es zumindest intensive, geteilte Emotionen sein. Gab es außer ihr vielleicht noch andere wie sie? Hatten andere ihr Schicksal geteilt? Wenn sie doch nur wieder wüsste, was genau geschehen war …

Sebastian Steiger erwachte von seinem eigenen Schnarchen und viel zu lauter Blasmusik, die ihm in den Ohren weh tat. Nach einem kurzen Moment der Orientierungslosigkeit begriff er, dass der Western inzwischen von einem Musikantenstadl abgelöst worden war, und tastete hektisch nach dem Ausschaltknopf der Fernbedienung.

Sein Kopf dröhnte, als hätte er zu viel getrunken, und er fühlte sich seltsam antriebslos und schwer. Die Erinnerung an die Stimme kam auf dem Weg ins Bad zurück, wo er sich kaltes Wasser über das Gesicht laufen lassen wollte.

Sebastian erstarrte. Fast genauso schlimm wie das vage Gefühl einer Bedrohung erschien ihm der Gedanke, dass er sich vor Sybille blamiert haben könnte. Er war cool! Er ließ sich nicht so schnell aus den Puschen hauen! Sebastian war ein echter Kerl. Ein Macher. Ein Beschützer! Was passierte da mit ihm? Ein Mann wie er konnte doch nicht krank sein, oder etwa doch?

Die Stille in der Wohnung erschien ihm übermächtig und unheimlich. Was, wenn die Stimme zurückkam?

Ohne nachzudenken schaltete Sebastian das Radio der sündhaft teuren Soundanlage ein. Selbst Blasmusik war im Moment tatsächlich besser als die Stille. Es liefen die Nachrichten. Reale, vertraute Geräusche …

Der Inhalt dessen, was der Sprecher gerade erzählte, sickerte mit Verzögerung in sein Bewusstsein.

„… im so genannten *Top Skin* heute am späten Vormittag ein dramatischer Unfall. Ein schweres Stahlgerüst fiel mitten in eine Menschenmenge. Tragischerweise waren zum Zeitpunkt des Unglücks viele Menschen vor Ort, da dort eine Werbeaktion stattfand. Sieben Frauen und drei Männer wurden schwer verletzt. Ein Kind schwebt sogar in Lebensgefahr. Zur Stunde ist die Unglücksursache noch unklar. Sabotage wird nicht ausgeschlossen. Zeugen sahen kurz nach dem Einsturz einen schwarzen SUV mit überhöhter Geschwindigkeit …“

Der Rest des Satzes ging in einer überwältigenden Flut von Bildern, Geräuschen und Gerüchen unter, die Sebastians Kopf ohne Vorwarnung überrollten. Lachende Gesichter verwandelten sich in pures Entsetzen. Stahlrohre schienen in Zeitlupe zu fallen und ächzten wie rostige Türen, während sie sich der Schwerkraft ergaben. Der Duft unzähliger zerbrochener Parfümflakons attackierte den Geruchssinn.

Zischend wie Schlangen sprühten herausgerissene Kabel Funken. Ein riesiger Scheinwerfer schwebte einen Moment lang über einem in Entsetzen erstarrten Mann wie ein Heiligenschein, bevor er gegen dessen Schulter schlug und ihn zu Boden warf. In der aufgewirbelten Wolke aus Staub leuchteten die Blutspuren besonders rot. Menschen schrien, riefen Namen, weinten.

Da war auch ein Kind. Riesige braune Augen in einem geisterhaft bleichen Gesicht schienen Sebastian zu hypnotisieren. Ein Balken, der drei mal so groß war wie der Junge selbst, lag quer über seinem Brustkorb und hatte ihn unter sich begraben. Der Mund des Kindes bewegte sich plötzlich und formte unverständliche Worte. Ein feines Blutrinnsal bahnte sich einen Weg durch die dicke Staubschicht auf den Wangen des Jungen.

Sebastian hörte ein Geräusch, das den Wetterbericht übertönte. Er hörte ein Schluchzen. Und wieder brauchte es einen grauenvoll langen Moment, bevor er registrierte, dass das Geräusch von ihm selber kam.

Sebastian Steiger kniete schluchzend auf dem Teppich und versuchte zu verstehen, warum seine Welt sich in kurzer Zeit um 180 Grad gedreht hatte.

„Sie sieht aus wie ein Engel!“, seufzte der Pastor beinahe andächtig.

Renatas Lachen klang schrill und disharmonisch, so dass selbst van Doorn missbilligend die Stirn runzelte. Renata betrat die Kammer und studierte interessiert einen der blinkenden Monitore, während sie fortfuhr: „Wie heuchlerisch, Herr Groß! Waren Sie es nicht, der uns die junge Frau als

Sünderin beschrieben hat? Als fehlgeleitet, atheistisch und promiskuitiv? Ja, was denn nun? Macht der nahende Tod sie plötzlich zum Engel?"

Die Ärztin schien mit der Überprüfung der unverständlichen Zahlen und Kurven auf dem Monitor zufrieden zu sein und wandte sich nun wieder den noch immer unbeweglich im angrenzenden Raum stehenden Herren zu.

„Sie lebt noch. Aber es ist mehr als fraglich, wie sie weiterleben wird, wenn wir sie zurückholen. Ihre Verletzungen lassen vermuten, dass sie entweder nur eine körperliche oder aber sogar zusätzlich noch eine geistige Behinderung zurückbehalten wird. Sie hat ganz schön was abbekommen!"

Renata schlenderte aufreizend langsam an der Liege mit der jungen Frau entlang und strich dabei fast spielerisch über das weiße Laken. „Wer will schon so leben? Wollen Sie dafür verantwortlich sein, dass ein weiterer behinderter Mensch dem Staat auf der Tasche liegt?"

Torger sah sie warnend an, trat zu ihr und beschwichtigte erneut. „Niemand hat vorhersehen können, dass die Aktion so aus dem Ruder läuft! Also ist auch niemand wirklich Schuld! Das ist Schicksal! Vielleicht wollte es Ihr Gott ja sogar so, Pastor Groß!"

Der Pastor ballte die Fäuste und lief rot an. Dennoch kam er noch immer nicht einen Schritt näher, als würde er die Gestalt auf der Liege fürchten.

„Mein Gott ist auch Ihr Gott, Dr. Haugen! Und ich glaube, dass er uns jetzt gerade prüft! Wir dürfen sie nicht ermorden! Ich werde das zu verhindern wissen! Notfalls erzähle ich der Presse von all dem hier!"

Torger und Renata warfen sich einen alarmierten Blick zu. Sie hatten eine derartige Entwicklung bereits befürchtet. Groß war das schwächste Glied in der Kette.

„Zeigen Sie mir doch mal ihre Verletzungen. So kann ich das alles ja gar nicht beurteilen!“ Der feiste Immobilienmogul schien überhaupt nicht zugehört zu haben. Er kam neugierig näher und ließ seine Blicke lüstern über den unbewegliche Körper der jungen Frau gleiten.

„Das wäre unethisch. Wir haben Ihnen doch gesagt, dass sie am Hinterkopf getroffen wurde. Der Hirnstamm ist wahrscheinlich in Mitleidenschaft gezogen. Sie müssen unserer fachlichen Meinung schon vertrauen!“ Torger war sehr gut darin, die Emotionen seiner Mitmenschen zu deuten. Er bemerkte schnell, dass der Investor inzwischen gereizt war und ungeduldig wurde. Bevor er sich in diesen Zustand hineinsteigern konnte, versuchte er ihn rasch abzulenken.

„Ich habe übrigens noch eine ganz besondere Überraschung für Sie, Herr van Doorn. Ich habe Ihren Lieblingswhisky aus Schottland auftreiben können. Vielleicht sollten wir uns noch ein Glas genehmigen, bevor wir eine so schwerwiegende Entscheidung treffen.

Van Doorns Gesicht begann sofort vor Vorfreude zu leuchten.

Renata wandte sich ab, damit der Millionär die Verachtung in ihrem Blick nicht sehen konnte. Männer benahmen sich viel zu oft wie kleine Jungen. Wie schnell doch das eine Verlangen durch das andere ersetzt werden konnte.

Torger Haugen war tatsächlich der einzige Mann, den sie bewunderte. Er durchschaute Menschen und machte sich Maschinen untertan. Sie würde es niemals zugeben, aber in ihren Augen war der Wissenschaftler schon fast ein Künstler.

„Hallo! Haben Sie mir überhaupt zugehört? Sie dürfen das nicht! Ich werde das Mädchen hier herausholen! Notfalls zusammen mit der Polizei! Sie mit ihren blasphemischen Ideen! Ich hätte Ihnen niemals glauben dürfen! Der Tod ist eben nicht umkehrbar!“, quengelte der Pastor schon wieder.

Renata war nahe daran, die Geduld zu verlieren. Den Heiligen brauchten sie nun wirklich nicht mehr. Es war gut, dass er seine Idee mit ihnen geteilt und die Frau heran geschafft hatte, aber das konnten sie in Zukunft auch allein! Der Mann war in keiner Hinsicht stressresistent und verdrängte zunehmend den eigenen Anteil am Geschehen. Er stellte inzwischen sogar eine erhebliche Gefahr dar. Aber das kam schließlich nicht unerwartet.

Erneut suchte Torgers Blick den ihren. „Renata. Erklär Herrn Groß doch noch einmal, was du hier getan hast und wie und warum der Tod manchmal tatsächlich umkehrbar ist. Er scheint es ja gern verstehen zu wollen. Ich gehe noch kurz mit Herrn van Doorn in den Weinkeller!“

Das kurze Nicken des Wissenschaftlers war nur für Renata bestimmt. Das war das Zeichen. Also hatte Torger ebenso wie sie wahrgenommen, dass der Pastor kurz davor stand, hysterisch und damit unberechenbar zu werden.

Sofort war sie hellwach. Energie jagte wie Strom durch ihren Körper. Sie fühlte sich wie eine Katze vor dem Sprung. Wie nett, dass er ihr diese Aufgabe überließ. Renatas Antwort, ebenfalls in Form eines kaum sichtbaren Nickens, schien Torger absolut zufriedenzustellen.

Er verließ mit dem vor Vorfreude glühenden Millionär den Raum und verschwand mit ihm in den unübersichtlichen Gängen des Kellers.

„Was soll das? Ich meine es ernst!“ Jonathan blickte den beiden Männern irritiert hinterher.

Renata ignorierte den Ausbruch und fixierte Groß wie die Schlange das Kaninchen. „Also, Pastor. Über Reanimation wurde ja schon viel geschrieben, diskutiert und geforscht. Wie Sie ja wissen, bewundere ich Sam Parnia für seine diesbezüglichen Ausführungen.“

Der Pastor spürte, dass das kein normales Gespräch werden würde und wich ein paar Schritte zurück. „Ja, ich weiß, aber ...“

Die Ärztin redete unbeirrt weiter. „Was Sam Parnia eigentlich sagen will, ist, dass der Tod keine Momentaufnahme ist, sondern einen Prozess darstellt. Im Laufe dieses Prozesses werden Menschen oft schon verfrüht für tot erklärt, obwohl sie noch ins Leben zurückgeholt werden könnten. Er denkt ähnlich wie Sie, Pastor! Während des Sterbens erlebt der Mensch eine Art Loslösung vom Körperlichen. Womit ja auch die Existenz der Seele bewiesen wäre.“

Der Pastor erfasste kaum den Inhalt dessen, was die Ärztin ihm da erklärte. Die Situation überforderte ihn. Er spürte, dass seine Drohungen nicht ernst genommen wurden und Renata etwas Gefährliches im Schilde führte, was ihn noch mehr verunsicherte. Sie bewegt sich geschmeidig und zielsicher wie eine Raubkatze auf der Jagd, dachte er irritiert, als sie auf ihn zuglitt. Irgendwie beängstigend.

„Wäre das nicht ein fantastisches Erlebnis, Pastor?“, gurrte die Ärztin, die nun direkt vor ihm stand. „Am eigenen Leibe zu erfahren, dass der Tod nicht das Ende ist?“

Das Unglück

Serena, Maria und Alexander Bonhaus durften nicht weiter in das Parkhaus hineinfahren. Es wimmelte von Polizisten. Die Einfahrt war abgesperrt. Serena bekam eine Gänsehaut. Was war hier geschehen? Die entspannt harmonische Stimmung war verflogen.

Alexander nahm wahr, dass trotz des hohen Polizeiaufgebotes und des Absperrbandes noch immer einige Passanten das Shopping Castle durch die Seitentür betraten oder verließen. Es war also nicht komplett abgesperrt.

Er wendete kurz entschlossen und parkte in einer Seitenstraße. Bevor sie das Fahrzeug verließen, wandte er sich der aufgewühlten Maria zu. „Sind Sie wirklich sicher, dass Sie da rein wollen? Irgendetwas sehr Ernstes muss dort passiert sein. Ich habe keine Ahnung, was uns dort erwartet, und ich weiß nicht, ob Ihnen diese Aufregung jetzt gut tut!"

Der Psychotherapeut machte sich tatsächlich Sorgen um seine Patientin, allerdings musste er vor sich selbst zugeben, dass er nun doch neugierig war und mehr denn je entschlossen, das Rätsel zu lösen. Daher widersprach er auch nicht, als Maria wie erwartet den Kopf schüttelte. „Ich will da rein! Ich muss doch wissen, warum ich – nein, warum wir! – ausgerechnet diese Stimme gehört haben!"

Serena nickte zustimmend. Ihr Herz klopfte bis zum Hals aber auch sie wäre zu diesem Zeitpunkt auf keinen Fall mehr umgedreht!

Sie schlossen sich einer Gruppe aufgeregt tuschelnder Teenager an, die soeben das Shopping Castle betraten. Die Atmosphäre in dem Konsumtempel schien aufgeladen. Ein Klangteppich aus gedämpftem Murmeln und eine Menge aufgewühlter Menschen mit sensationslüsternen Gesichtern umgab die drei Ankömmlinge sofort.

Auf drei Etagen waren diverse Geschäfte rund um einen riesigen, japanischen Ahorn verteilt, von dem niemand so genau wusste, ob er tatsächlich echt war. Zusätzlich zu den gläsernen Fahrstühlen an den Wänden schlängelten sich Rolltreppen wie träge, silberne Bachläufe über die Ebenen hinweg.

Das Dach bestand komplett aus Glas. Das Zwielicht des Herbstabends wurde von dem warmen Licht zahlreicher Kugellampen geschluckt. In der zweiten Etage des modernen, hellen Gebäudes hatte sich eine Menschentraube vor einem der Geschäfte versammelt. Zwischen den Personen sah man auch dort gelbes Absperrband aufblitzen.

Schweigend bewegten die drei sich auf die Menschenmenge zu. Je näher sie kamen, desto deutlicher war Staub in der Luft zu sehen und zu schmecken. Es war ein kaum zu beschreibendes Phänomen, dass die geflüsterten Kommentare gleichzeitig leiser und doch deutlicher wurden.

Maria bewegte sich wie ferngesteuert direkt in die Menge hinein und blieb neben einem älteren Mann mit Holzfällerhemd und Jägerhut stehen.

Karl-Heinz Pahlmann stand bereits seit über einer Stunde genau an dieser Stelle und verfolgte mit Argusaugen und Luchsohren das Geschehen. Ihm entging nichts. Er war – zumindest fast – ein Mann der ersten Stunde. Ein Augenzeuge nicht gerade, aber er hatte inzwischen so viele Informationen erhalten, dass er beinahe selbst davon überzeugt war, alles mit angesehen zu haben, obwohl das Unglück inzwischen mehrere Stunden zurücklag.

Karl-Heinz war begeistert darüber, dass die Neuankömmlinge sich zu ihm gesellten und er sein Wissen teilen konnte. Er beugte sich sofort vertraulich zu der hübschen jungen Frau an seiner Seite hinüber. „Schrecklich, nicht wahr! Ich sag ja immer, man ist nirgendwo mehr sicher!“ Beifallheischend fuhr er fort: „Die Handwerker heutzutage taugen alle nichts mehr! Machen mehr Pause als alles andere! Außerdem habe ich gehört, dass die meisten Verantwortlichen Ausländer waren! Die haben doch sowieso eine ganz andere Arbeitsmoral, als wir das hier gewohnt sind!“

Serena, die sich inzwischen gemeinsam mit Alexander zu Karl-Heinz‘ anderer Seite durchgekämpft hatte, sah den Mann irritiert an. „Worum geht es hier eigentlich? Was ist denn überhaupt passiert?“

Dem älteren Herrn schienen fast die Augen aus dem Kopf zu fallen. „Ist das Ihr Ernst? Sie haben es noch nicht gehört! Ja, sehen Sie denn nicht fern?“ Dann ging ein Leuchten über sein Gesicht. Endlich konnte er die ganze Geschichte brühwarm von Anfang an erzählen. „Da haben Sie ja Glück, dass Sie mich getroffen haben! Ich weiß Bescheid!“ Karl-Heinz kratzte sich am Kopf, wobei er den Hut ein Stück Richtung Ohr verschob. Dann räusperte er sich vernehmlich. Man wusste ja nicht, wer sonst noch zuhörte. „Heute Mittag war hier in diesem Frauenladen eine große Werbeaktion. Schminken und Haare machen und all so‘n Zeugs. Viele Frauen waren schon in dem Laden und andere haben noch gewartet, als …“ Karl-Heinz gönnte sich und seinen Zuhörern eine Kunstpause, um die Spannung zu erhöhen, „… plötzlich das Gerüst, auf dem die Scheinwerfer und Monitore aufgebaut waren – für die Modenschau am Ende, wissen Sie? – zusammengekracht ist. Leitungen sind aus der Wand gerissen, alles ist umgekippt, der Strom hat Funken gesprüht. Es hat sogar gebrannt!“

Karl-Heinz untermalte die Schilderung mit ausladenden Gesten und holte mit blitzenden Augen tief Luft für den letzten Satz. „Stellen Sie sich vor: zehn Schwerverletzte und einer schwebt sogar in Lebensgefahr!“

„Aber die Polizei und die Rettungssanitäter hatten ja alles ganz schnell im Griff“, mischte sich jetzt eine etwa Vierzigjährige Frau im Chanel Kostüm ein, die direkt hinter Karl-Heinz stand. „Erst sollten alle raus, aber dann hat der Betreiber sich doch dafür entschieden, die Läden aufzulassen, den Unfallort nur großräumig abzusperren und ein paar Leute von der Security abzustellen. Immerhin machen die am Wochenende ganz gute Geschäfte und es ist ja schließlich niemand gestorben!“

Dem schien es gar nicht recht zu sein, dass jemand mehr über das Geschehen wusste als er selbst. Daher setzte er noch eine Information oben drauf. „Aber irgendwer hat gesehen, wie ein dunkler Lieferwagen aus der Parkgarage geschossen ist. Direkt nach dem Unglück! Das ist natürlich sehr verdächtig! Deshalb wurde die Tiefgarage abgesperrt. Die Polizei sucht noch nach Spuren.“

„Wissen Sie, wer verletzt wurde?“ Der junge Mann, der diese Frage stellte, tauchte plötzlich aus der Menge auf, stieß Serena unsanft in die Seite und schob auch Dr. Bonhaus aus dem Weg, um Karl-Heinz‘ Antwort besser hören zu können. Serena dachte im ersten Moment, dass es sich auch hier um einen sensationslüsternen Passanten handelte, und setzte schon zu einer unfreundlichen Erwiderung an, als sie das Gesicht des Fremden sah. Er wirkte ernsthaft verzweifelt und aufgewühlt. Hoffentlich war er nicht persönlich betroffen.

Hinter ihm stand mit großen Augen eine junge Frau mit völlig verrutschter Frisur und seltsamer Kleidung. Sie hielt plötzlich das Foto einer hübschen, jungen, lachenden Frau in der Hand, das sie Karl-Heinz vor das Gesicht hielt.

„Haben Sie auch diese Frau gesehen? Wissen Sie, ob sie hier war?“

Nadim hatte die Ansammlung der Menschen im zweiten Stock sofort beim Betreten des Konsumtempels bemerkt und fühlte sich magisch davon angezogen. Obwohl seine Füße noch immer schmerzten und er müde war und fror, setzte das Gefühl, am Ziel zu sein, neue Energien frei.

Die Stimme hatte sich während des gesamten Marsches nicht einmal wieder gemeldet, aber der Junge war sich trotzdem sicher, den richtigen Weg eingeschlagen zu haben.

Den Kopfhörer hatte er nicht abgelegt, obwohl er inzwischen nur noch einen der beiden Ohrstöpsel trug. Er wollte jederzeit für die Stimme bereit sein, gleichzeitig aber auch nichts um sich herum verpassen.

Wendig und geschickt nutzte er jede Lücke, die sich zwischen den zahlreichen Menschen auftat, um zügig in den zweiten Stock zu gelangen.

Dort angekommen schob er seinen kleinen, mageren Körper in geduckter Haltung fast bis an die Absperrung heran und mühte sich, hinter dem gelben Band etwas zu erkennen.

Nadim fühlte sich eigenartig beklommen. Obwohl er inzwischen im Warmen stand, schien sein Blut zu gefrieren, so kalt war ihm plötzlich. Und wäre er nicht auf einer Heldenmission unterwegs gewesen, hätte er jetzt wahrscheinlich aufgegeben.

Ihm war nach Weinen zumute und er sehnte sich plötzlich sehr nach seiner Mutter. Nach der Mutter, die ihn ansah und nicht durch ihn hindurch. Die ihn festhielt und tröstend seinen Kopf streichelte. So wie früher.

Der Junge schüttelte sich, wie ein Hund Wassertropfen abschüttelt. Diese Gedanken taten weh und hatten hier nichts zu suchen. Sie hinderten ihn nur daran, der armen Frau zu helfen, die ihn sich als Retter ausgesucht hatte. Er atmete tief ein und machte sich so groß, wie er konnte. Es war schwierig, nicht genau zu wissen, wonach er eigentlich suchte. Nadim wartete auf ein Zeichen.

Ein junger Mann ging so schnell und entschlossen an ihm vorbei, dass er ihm unwillkürlich hinterher sah. Er und die bunte Frau hinter ihm sprachen mit ein paar anderen Leuten in der Nähe und Nadim wollte schon wegschauen, als die Frau plötzlich ein Foto hochhielt. Der Junge wusste sofort mit absoluter Sicherheit, dass er die Frau auf dem Foto kannte. Er wusste nur nicht mehr, woher. Auch der Name fiel ihm nicht ein, aber er handelte, bevor er den Impuls überdenken konnte. Es schien ihm ungeheuer wichtig zu sein, mit der Frau, die das Foto hielt, zu reden.

Aufgeregt lief er zu ihr und zog an ihrem bunten Mantel. „Hallo, Sie! Ich kenne die Frau von irgendwoher! Was ist mit ihr passiert? Hallo? Hören Sie bitte?“

Die Frau reagierte in keiner Weise auf seine Worte und Nadim fühlte Wut und Verzweiflung in sich aufsteigen. War er weniger wichtig, weil er ein Kind und ein Ausländer war? Der Tag war ohnehin schon so anstrengend gewesen und diese Situation brachte das Fass zum Überlaufen. Er spürte die Tränen und den Rotz über das Gesicht laufen, während er noch lauter rief: „Ich kenne sie! Ich kenne die Frau! Antworten Sie doch bitte!“

Alle Erwachsenen, die sich das Foto angesehen hatten, schüttelten die Köpfe und die bunte Frau steckte es traurig wieder zurück in ihre Tasche.

Sie zog den jungen Mann am Ärmel und murmelte irgendwas von Kaffee und Nadim sah hilf- und fassungslos, dass sie über ihn hinwegsah, als wäre er gar nicht anwesend.

Er hörte noch, wie der Mann im Fortgehen sagte, er hätte keine Zeit für einen Kaffee. Er würde jetzt schnellstens ins Krankenhaus gehen und persönlich nach ihr suchen. Er nannte sie Sonia. Der Name berührte Nadim eigenartig, aber noch immer konnte er nicht erklären, warum er so sicher war, die Frau zu kennen.

Genau in diesem Moment meldete sich die Stimme wieder. Zuerst war es wieder nur ein vages Murmeln, aber sobald er den zweiten Ohrknopf wieder in Position schob und sich voll und ganz auf sie konzentrierte, hörte er die Worte deutlich: „B e e i l dich. B i TT e! I ch ha be ka um n o c h Ze i t!“

Sünden

Das unangemessen laute Lachen des Immobilienmoguls kündigte die Rückkehr von van Doorn und Torger an.

Renata blickte ihnen entgegen, während sie eine Injektion aufzog.

Van Doorns Gesicht glich mehr denn je einem aufgehenden Vollmond. Er grinste zufrieden. Offensichtlich hatte der schottische Whiskey seine Zustimmung gefunden.

Renata wandte sich angeekelt ab. Der Mann hatte das nötige Kapital. Ansonsten hätte sie niemals ihre kostbare Zeit mit diesem Abschaum vergeudet. Wenigstens war er ebenso leicht zu durchschauen wie zu manipulieren. Er würde ihnen keinerlei Schwierigkeiten bereiten.

„So." Van Doorn schämte sich nicht, sich tatsächlich die Hände zu reiben.

„Was machen wir denn nun mit der holden Jungfrau!" Erneutes Lachen.

Renata schüttelte sich kurz. Dann setzte sie eine freundliche Maske auf. „Wie bereits gesagt, halte ich es für unklug, einen erneuten Wiederbelebungsversuch zu machen. Die Verletzungen, die sie sich durch die Stahlrohre zugezogen hat, sind immens. Ich glaube, wir tun ihr keinen Gefallen! Ich gehe davon aus, dass sie bereits einen Hirnschaden davongetragen hat. Es war ja auch nicht ansatzweise möglich, ihr Bewusstsein mit der KI zu koppeln. Mehrere diesbezügliche Versuche sind fehlgeschlagen. Die KI scheint das menschliche Bewusstsein *abzulehnen,* wie Dr. Haugen meint." Der letzte Satz war mit einer gehörigen Prise Ironie versetzt. Den Seitenhieb hatte sie sich gönnen müssen. Allerdings schien er seine Wirkung zu verfehlen. Der Wissenschaftler ließ sich nicht provozieren und sah Renata weiterhin unbewegt an.

„Tja, Und wenn das bisher nicht geklappt hat ...“ Die Ärztin zuckte mit den Schultern und ließ den Satz in der Luft hängen. Ohnehin war allen klar, was sie damit ausdrücken wollte.

„Wir müsse uns nur definitiv einig sein!“, wiederholte Torger eindringlich. „Diese Entscheidung müssen wir gemeinsam treffen!“

Das zustimmende Nicken des Millionärs ging plötzlich in ein verwirrtes Kopfschütteln über. „Ja, aber wo ist denn unser Gottesmann? Wir sind ja gar nicht mehr vollzählig!“

Renata schenkte ihm ein bezauberndes Lächeln. „Sie haben bestimmt vorhin schon bemerkt, dass Herr Groß der Situation nicht ganz gewachsen war. Im Gegensatz zu Ihnen!“

Van Doorn erwiderte das Lächeln geschmeichelt und nahm die Schultern noch ein bisschen mehr zurück. „Ja, nicht wahr? Der Mann war ein bisschen nervös. Nicht sehr professionell!“ Er unterdrückte ein Rülpsen und fuhr dann fort. „Aber trotzdem sollte er dabei sein. Mitgefangen, mitgehangen!“

„Sie haben ja Recht, Herr van Doorn. Aber ich habe eben eigenmächtig entschieden, dass es besser ist, ihn gehen zu lassen. Er kann diese Situation gar nicht aushalten und würde der bestmöglichen Entscheidung nur im Wege stehen. Er wird trotzdem niemals mit irgendjemandem darüber reden. Das kann er schließlich gar nicht, ohne sich selbst anzuklagen.“

Renata spürte einen leichten Krampf im Kiefer, so schwer fiel es ihr, das Lächeln aufrecht zu erhalten.

Van Doorns Stirnrunzeln zeigte kurzzeitig, dass selbst er Zweifel an dieser Aussage hatte. Doch wie erwartet hatten Renatas Schmeichelei und der Whiskey ausreichend Überzeugungskraft, um den Investor nicht nachhaken zu lassen. Er schien ohnehin kein Mensch zu sein, der sich gern unnötige Gedanken machte. Er hatte wahrscheinlich genug damit zu tun, die ererbten Millionen auszugeben, die durch seine hochrangigen Angestellten stündlich vermehrt wurden.

Renata seufzte unauffällig erleichtert auf. Er schien es geschluckt zu haben. Während Torger van Doorn erneut nachschenkte, erlaubte sie ihrem Kiefer, sich zu entspannen. Die Erinnerung an die letzten Sekunden im Leben von Jonathan Groß ließen sie jedoch wieder lächeln. Und diesmal war es ein echtes Lächeln, das die Bilder in ihrem Kopf begleitete. Wie er sie angestarrt hatte, ohne zunächst zu begreifen, dass sich das Skalpell in ihrer Hand tatsächlich in seinen Brustkorb bohrte. Faszinierend, wie lange Schmerz und Erkenntnis trotzdem noch brauchten, um dem Gehirn die tödliche Gefahr zu signalisieren.

Und dann der Wechsel aus Emotionen, die wie Wetterfronten über sein Gesicht zogen. Angst, Verzweiflung, Wut und schließlich Resignation. Die Resignation war fast ein wenig enttäuschend gewesen. Vielleicht musste es aber so sein, bei diesen Kirchenmenschen. Vielleicht stellte Groß sich ja bei seinem letzten Atemzug vor, dass er nun seine Schuld gesühnt hatte.

Dr. Renata Breuer glaubte nicht wirklich an ein Jenseits; an ein Leben nach dem Tod. Sie fand allerdings Parnias Thesen und Erkenntnisse zur Wiederbelebung tatsächlich faszinierend. Zumindest wurde dadurch deutlich, dass das menschliche Bewusstsein eine gewisse Zeit lang außerhalb des Körpers existieren konnte. Warum sollte man nicht versuchen, es mit Hilfe moderner Technik weiterleben zu lassen?

Es war längst bewiesen, dass „Tote" wesentlich länger wiederbelebt werden konnten als bisher angenommen. Noch dazu ohne dass die bisher immer befürchteten bleibenden Schäden hervorgerufen wurden. Die moderne Medizin hatte inzwischen bahnbrechende Möglichkeiten geschaffen, um den Tod umzukehren. Diese wurden nur sehr häufig nicht genutzt! Oft fehlten das nötige Equipment und das unumgängliche Know-How. Renata hatte sich diesem Gedanken verschrieben. Allerdings nicht aus Menschenfreundlichkeit. Sie fand die Vorstellung faszinierend, ein kleines bisschen Gott zu spielen. Und sie hätte sich natürlich sehr gern einen Namen gemacht im Zusammenhang mit bahnbrechenden Experimenten und Erkenntnissen.

Ihr Name, zementiert für die Ewigkeit! Die wirklich großen Macher der Geschichte traten fast alle nicht in Mutter Theresas Fußstapfen. Man musste rücksichtslos sein, wenn man jetzt und in Zukunft etwas bewirken wollte. Und das war sie! Dr. Renata Breuer; eine Frau, die der Männerwelt in Sachen kompromissloser Härte in nichts nachstand!

Torger war aus dem gleichen Holz geschnitzt. Nur dass er nicht so aufbrausend war wie sie. Tatsächlich beneidete Renata ihn darum. Obwohl sie das natürlich nie zugeben würde! Torger griff ebenfalls nach den Sternen und ließ sich nicht von Kleinigkeiten wie Moral, Ethik oder Empathie an seinem Vorhaben hindern. Sein Traum war es, eine starke KI zu entwickeln, die als erste den Turing Test bestand und seinen Namen unsterblich machte.

Eine im Moment offenbar noch unüberwindbare Hürde.

Ja. Torger und sie wollten Geschichte schreiben. Sie hatten vor, das menschliche Bewusstsein mit einer künstlicher Intelligenz zu verbinden.

Und im Prinzip hatten sie die brillante Idee zur Verwirklichung dieses Traumes einem hypomanischen Pastor zu verdanken, der sich von Gott dazu getrieben fühlte, die Existenz der menschlichen Seele zu beweisen.

Groß hatte Torger vor Monaten aufgesucht, nachdem er einige seiner Fachartikel zum Thema starke KI gelesen hatte. Der Pastor war erfüllt davon gewesen, ein Erwählter zu sein, der den Menschen ihren Glauben an die Unsterblichkeit zurückgeben sollte. Er hatte praktisch die erste Probandin frei Haus geliefert. Erfüllt von seiner hehren Mission und überzeugt von Renatas Aussage, dass genug Zeit zum Forschen bliebe, weil ein Mensch ganze 24 Stunden wiederbelebbar sei, hatte er eines seiner eher „schwarzen“ Schäfchen geködert.

Renata hatte vorgeschlagen, die junge Frau zu einen neutralen Ort zu locken, der in keinem Zusammenhang mit einem von ihnen stand. Sie war sicher gewesen, dass jede Frau einen Gutschein zur Rundum-Verschönerung begeistert einlösen würde. Vor allem, da der Pastor sich so über den lockeren Lebenswandel des Mädchens beschwert hatte. Da war der Kleinen gutes Aussehen sicher wichtig. Trotzdem wäre der Plan beinahe daran gescheitert, dass die junge Frau überraschenderweise zunächst kein Interesse an dem Gutschein zeigte. Als sie schon begonnen hatten, nach Alternativen zu suchen, willigte die Kleine doch noch ein, den Termin im *Top Skin* wahrzunehmen.

Der Rest wäre eigentlich einfach gewesen. Sie hätten die Frau während der „Vorzugsbehandlung“ in einem separaten Raum, der nur als Vorratslager genutzt wurde, narkotisiert und unauffällig ins Labor geschafft. So weit war es aber gar nicht gekommen. Das Unglück hatte vieles verkompliziert und das Opfer hatte sich weder als fügsam noch leicht lenkbar erwiesen. Sie hatten Glück gehabt, überhaupt ungesehen mit ihr verschwinden zu können.

Nun, die Grundidee war immer noch brillant und sie würden sicher noch andere Gelegenheiten finden, sie umzusetzen. Das Mädchen würde niemand vermissen und der Pastor lag blass und kalt nur ein paar Meter entfernt. Sein Verschwinden musste nur noch logisch begründet werden. Da fiel ihr sicher noch etwas ein. Die unverdünnte Kaliumchlorid Injektion war vorbereitet und hoch genug dosiert, um definitiv tödlich zu sein. Dr. Renata Breuer verstand ihr Handwerk. Sie verabscheute verpasste Chancen fast ebenso wie unwürdiges Leben. Tatsächlich glaubte sie aufrichtig, der Fremden einen Gefallen zu tun. Was wäre ein Leben denn schon wert, wenn man weder die Jugend noch das Aussehen gewinnbringend einsetzen konnte.

Außerdem hasste die Ärztin Zeitvergeudung. Es war alles Nötige gesagt und veranlasst. Der Tod würde schnell und schmerzlos sein.

Kurzzeitig erlaubte sie sich die Frage, was wohl mit dem Bewusstsein des Mädchens geschah oder bereits geschehen war.

Aber das musste sie an dieser Stelle gar nicht interessieren. Damit konnte sie sich beschäftigen, wenn ein Bewusstseinstransfer tatsächlich funktioniert hatte.

„... oder, Frau Doktor?“ Offensichtlich hatte van Doorn ihr eine Frage gestellt, während sie in Gedanken versunken war. Wie gut, dass Torger die Antwort übernahm.

„Nein, das halte ich nicht für notwendig. Es dürfte Sie eher verwirren, zu viele wissenschaftliche Details über das

Experiment zu erfahren. Die Hintergründe sind für einen Laien wirklich sehr schwer verständlich. Aber ich kann Ihnen wenigstens zeigen, wie unser Herzstück aussieht!“

Nicht ohne Stolz zeigte Haugen dem aufmerksamen Investor eine etwa fünf Zentimeter große Platine, die in ein schwarzes Kästchen eingebettet war.

„Das ist ein Chip, der das menschliche Bewusstsein in Form neuronaler Netzwerke nachbilden soll. Auf diesen kleinen Prozessor kann theoretisch eine ungeheure Menge an Daten übertragen werden. Unglaublich, wenn man bedenkt, dass der Ursprung dieses Wunderdings Sand war. Sie wissen sicher, dass – vereinfacht gesagt – zunächst Silizium aus Sand gewonnen wird, um einen solchen Chip herzustellen. Heutzutage kann ein einzelner Mikroprozessor mehrere Milliarden Transistoren besitzen. Aber ich glaube, das führt zu weit.“ Torger war die Begeisterung für diese Technik anzumerken. Es fiel ihm sichtlich schwer, nicht weiter zu dozieren, und er lächelte entschuldigend.

„Die Herausforderung liegt nun darin, ein menschliches Bewusstsein hiermit zu koppeln und die Technik im wahrsten Sinnen des Wortes zum Leben zu erwecken. Der Chip ist mit anderen Geräten verbunden und funktioniert wie eine zentrale Cloud. Alle Lernerfolge werden hierin zusammengeführt und hätte die Übertragung funktioniert, wären wir dadurch praktisch in der Lage gewesen, die gesamte Technik mit Bewusstsein zu speisen. Bisher hat es zwar noch nicht so geklappt, wie wir uns das gedacht haben, aber die Lösung kann nicht mehr weit entfernt sein.“

Van Doorn gab sich große Mühe, nicht zu verwirrt zu erscheinen, und versuchte sich an einem vorsichtigen Nicken, während die Fachbegriffe durch seinen alkoholisierten Verstand wirbelten. Dennoch beugte er sich fasziniert über den

Wunderchip und griff neugierig danach, sobald Haugen seine Aufmerksamkeit wieder Renata zuwandte.

Die Ärztin verdrehte die Augen in Richtung des Investors, der ihnen den Rücken zukehrte, und blickte demonstrativ zu der reglosen Gestalt auf der Liege. Torgers Geste signalisierte, dass sie sich nur noch kurz gedulden solle, aber er nickte der Ärztin vielsagend zu, um ihre unausgesprochene Frage zu beantworten. Hinter ihm klappte hörbar der Deckel des schwarzen Kästchens zu.

Also dann, schöne Frau, dachte Renata. Better luck next time.

Hatte sie geschlafen? Ging das überhaupt in ihrem Zustand? Dennoch hatte sie das Gefühl, als würde ihr erneut ein Stückchen Zeit fehlen.

Irgendetwas hatte sie geweckt. Da war es wieder. Eine Frauenstimme. Wie war es möglich, dass sie diese Stimme so klar hören konnte, als stünde die Person neben ihr.

Was sie sagte, ergab allerdings wenig Sinn. Wovon sprach die Fremde?

„Im Laufe dieses Prozesses erlebt der Mensch eine Art Loslösung vom Körperlichen. Womit ja auch die Existenz der Seele bewiesen wäre.“

Loslösung vom Körperlichen ... Meint sie mich? War das die Erklärung? Sonia hatte das Empfinden, als ob ihr gesamtes Sein unter Hochspannung stand. Erfuhr sie jetzt endlich, was mit ihr geschehen war?

„Wäre das nicht ein fantastisches Erlebnis, Pastor? Am eigenen Leibe zu erfahren, dass der Tod nicht das Ende ist?“

Das folgende Geräusch verwirrte Sonia. Ein unterdrücktes Stöhnen und ein Klatschen. Da war etwas zu Boden gefallen.

Die Frauenstimme lachte leise. Das Flüstern war nur schwer zu verstehen. Sonia glaubte etwas wie *Ich habe dir gern einen Gefallen getan* zu hören.

Dann hörte es sich an, als würde etwas Schweres über den Boden geschleift.

Mit einer zeitlichen Verzögerung drängte sich ihr ein schrecklicher Verdacht auf. Wurde da gerade jemand getötet?

Wie viel Entsetzen und Angst kann ein Bewusstsein ertragen? Und wohin sollten diese gewaltigen Emotionen abgeleitet werden, wenn es keinen Körper gab? Würde sie irgendwann im wahrsten Sinne des Wortes wahnsinnig werden?

Und wieder versuchte sie sich eine ruhige Atmung vorzustellen. Sie hatte als Kind mehrere Techniken verfeinert, um Unerträgliches erträglicher werden zu lassen.

Sie hatte sich häufig ein Paralleluniversum vorgestellt, in dem all dies nicht wirklich geschah. Sie tat einfach so, als würde sie sich einen Film ansehen, der sie nicht wirklich berühren konnte. So verschaffte sie sich Luft, um Lösungen für scheinbar ausweglose Situationen zu finden. Gleichzeitig wurde ihr bewusst, dass sie zwar gerade etwas Bedrohliches und wahrscheinlich Kriminelles gehört hatte, aber sie hatte es *gehört!* Das war eine Chance und ein Hoffnungsschimmer. Sie konnte die Menschen belauschen, die sie hierher gebracht hatten, und sie nahm sich vor, gut aufzupassen, ob Namen genannt wurden. Vielleicht geschah ja wirklich ein Wunder und sie überlebte dieses

Drama. Dann konnte sie später Hinweise auf ihre Entführer geben.

Sie ahnte, dass sie wenig Zeit hatte. Wie lange konnte ein Geist ohne Körper existieren? Sie vermied darüber nachzudenken, wie es überhaupt möglich war.

Sonia musste erneut versuchen, Kontakt aufzunehmen. Irgendetwas musste sie tun. Hilflos abzuwarten, bis ihre Existenz komplett erloschen war, war das Allerschlimmste.

Also, Mädchen, sprach sie sich Mut zu, wen kannst du noch „ansprechen" ... Wer war in irgendeiner Weise emotional mit ihr verbunden? Konzentration!

Und dann kamen die Bilder. Da war plötzlich das verschwommene Gesicht eines Mannes. Er flirtete mit ihr. Sie war gleichzeitig geschmeichelt und genervt. Er sah gut aus, schien aber viel zu sehr von sich überzeugt. Sein Blick verfolgte sie penetrant. Sonia versuchte, sein Gesicht „scharf" zu stellen, und fixierte ihn mit ihrem mentalen Auge.

Und dann schrie sie. Und sie weinte. Sie schrie und weinte lautlos in seine Richtung, aber dennoch so laut wie nie zuvor! Plötzlich hatte sie den Eindruck, als könnte sie ihre geistigen Tentakel um eine Art Batterie schlingen, als würde ihr eine Verbindung mit einer anderen Form von Energie gelingen und als würde ihre körperlose Stimme dadurch verstärkt. Sie hatte das Gefühl, gehört zu werden. Allerdings reichte das noch lange nicht, um wirklich zu dem Mann durchzudringen. Sie konnte spüren, wie der andere ihr „entglitt". Fast, als würde auch er sich gegen den Kontakt wehren.

Pause. Bloß nicht aufgeben!

Wer oder was ging noch? Ja. Die ältere Frau. Sie hatten geplaudert. Sie war nett. Auch sie hatte ihr hinterher geblickt, bis … Ja. Bis was geschehen war? Ein Teil der Erinnerung blieb leer! Aber irgendetwas Furchtbares war mit ihr geschehen. Und es gab Menschen, die das zumindest ansatzweise verfolgt hatten. Sie schöpfte neuen Mut. Weiter. Sie musste sich auf all die konzentrieren, die ihr Schicksal geteilt oder mit angesehen hatten. Und sie konnte dabei versuchen, sich auf Energie, auf Elektronik in der materiellen Welt zu konzentrieren. Das schien ganz gut zu funktionieren.

Sie fokussierte sich auf die ältere Frau und schrie erneut um Hilfe. Allerdings hatte sie nach kurzer Zeit den Eindruck, auf keinen „wachen Geist" zu treffen, und brach ab.

Da bot sich plötzlich eine Welle von EMF-Strahlung an. Tatsächlich! Sie bot sich an! Als hätte jemand ihrem körperlosen Bewusstsein ein Mikrofon gereicht. Und Sonia schrie erneut um Hilfe.

Es schien deutlich leichter zu werden, ein gedankliches Wort hörbar zu machen, und eine Welle von Dankbarkeit und Hoffnung durchströmte sie. Sie konnte nur keinen anderen „Geist" wahrnehmen.

Dörte hatte das Erfolgsrezept für Telepathie mal lustigerweise als „EnEmI" abgekürzt. Energie, Emotion und Intensität waren vonnöten. Alles drei zusammen schien gut zu funktionieren!

Vielleicht gelang es ihr sogar, noch klare und hörbare Botschaften senden. Das war doch alles schon sehr vielversprechend!

Sie war so erschöpft! Aber sie durfte nicht aufgeben! Noch ein Versuch! Da waren so viele Bilder, so viele Menschen. Welcher war wichtig und richtig?

Der Junge! Ja, der Kleine hatte so bewundernd zu ihr aufgeschaut! Er hatte sich als Nadim vorgestellt und ihr gesagt, wie schön er sie fand. Dann hatte er gefragt, ob sie ihm helfen konnte, seiner Mutter ein Geschenk zu kaufen. Er wollte so gern erreichen, dass seine Mutter wieder lachen konnte.

Er hatte sie an sich selbst als Kind erinnert. So voller Hoffnung und gutem Willen, trotz der Traurigkeit, die ihn umgab. Sie hatte inständig gehofft, dass die Mutter seine Bemühungen zu schätzen wissen würde.

Er hatte drei Euro und fünfzig Cent aus der verschlissenen Jeanstasche gezogen und Sonia hatte ihn ernst genommen, ein Parfüm gewählt und einpacken lassen. Sie hatte zwei Euro angenommen, ihm den Rest zurückgegeben und natürlich heimlich die eigentliche Summe beglichen. Der Junge hatte sich so gefreut, dass er sie spontan umarmt hatte. Der kleine magere Körper hatte sich an sie gedrückt und die dunklen Augen hatten glänzend zu ihr aufgesehen. Das war ein sehr emotionaler Moment gewesen!

Ihr Geist „suchte“ nach dem des Jungen. Sie ballte ihre gesamte mentale Kraft und … der Erfolg war überwältigend! Sie erreichte ihn nicht nur – er antwortete ihr sogar!

Oh Gott sei Dank! Ja, vielleicht gab es ja tatsächlich so etwas wie ein göttliches Wesen! Das Gefühl der Dankbarkeit war so überwältigend, dass für einen kurzen Moment wieder alles schwarz wurde.

Nein! Bitte nicht jetzt! Sie musste den Kontakt aufrechterhalten. Sie hätte gern gleichzeitig gelacht und geweint vor Erleichterung. Das Kind würde sie retten!

Erkenntnisse

Nadim fühlte sich schrecklich. Er stand wie eingefroren vor dem Schutthaufen, der einmal eine Oase für die Schönheit gewesen war, und lauschte der brüchigen Stimme in seinem Kopfhörer.

Er stand mitten in der Menge der Neugierigen, die noch immer in Scharen zu dem Ort des Schreckens pilgerten, und fühlte sich doch unglaublich verlassen. Das Heldengefühl war verschwunden. Nadim war nur noch müde, traurig und hilflos. Er wünschte, sein Papa wäre hier. Er hatte inzwischen keinen Idee mehr, was er als nächstes tun sollte. Die blinde Frau bat ihn immer wieder um Hilfe, konnte aber selbst nicht genau sagen, wo sie sich befand und wie er dorthin kommen sollte.

Allein bei dem Gedanken, den ganzen weiten Weg unverrichteter Dinge zurück nach Hause zu laufen, hätte Nadim sich am liebsten auf dem Boden zusammengerollt und geweint. Wer wusste schon, was ihn erwarten würde? Jetzt, nachdem der Energieschub zusammen mit der Zuversicht abgeklungen war, machte er sich große Sorgen, ob die Eltern nicht wütend auf ihn oder – schlimmer noch – enttäuscht von ihm waren.

Zu Beginn der Unterhaltung hatte er sich noch Mühe gegeben, besonders leise mit der unsichtbaren Frau zu sprechen, um nicht unangenehm aufzufallen.

Da ihn jedoch kaum jemand wahrzunehmen schien und alle Anwesenden ausschließlich auf die Unglücksstelle starrten, unterhielt er sich inzwischen in normaler Lautstärke mit ihr.

„Warst du wirklich hier, als das Unglück passiert ist? Du musst mir irgendeinen Hinweis geben! Sonst kann ich dich nicht finden!“, bat er nun müde. „Ich glaube auch, dass ich meinen Papa und meine Brüder holen muss! Ich schaffe das wohl nicht allein. Ich bin zu klein!“ Nadim seufzte schwer. Wenn er nur nicht so erschöpft wäre. Vielleicht sollte er sich nur ganz kurz in die Ecke auf den Boden setzen.

Die Stimme dagegen schien aus ihrer Unterhaltung zunehmend Kraft zu schöpfen. Sie klang immer klarer und aufgeregter. „Ja. Ic h g l aube i ch war da… Ich kann mich im mer nur an B r u chstücke erinnern. M a n chm al denke ich, i c h wei ß wieder, wa s gesch e ehen ist, da nn läss t es si ch nicht mehr fa s sen. Da war e n ein Man n und e in e ä ltere Frau ...“

Na, toll, dachte Nadim resigniert. Sehr hilfreich!

Die Stimme fuhr fort: „Un d d u. De r ne tt e J un ge. I ch den ke, du we iß t vie lleicht no ch m eh r a l s i ch … H as t du mi ch ni cht weg ge he n se hen?“

„ICH?“ Nadim schrie fast und kam stolpernd wieder auf die Füße! Das Herz schlug ihm bis zum Hals. „Das kann aber nicht stimmen!“

„A b er ja! A n dich k o nnt e i ch mi ch so gar am be st en erinn ern. Du h ast mi ch so li eb um armt. Du wol lt est deiner Mu t t er et was sch enke n. W ei ßt du ni cht m ehr? W ir mo ch ten un s gl eich. Des halb hab e ich au ch die Verbi nd ung zu di r so sch nell bek omm en.“

Nadim war plötzlich eiskalt. Die Unglücksstelle vor ihm verwandelte sich von einer Sekunde auf die andere zurück in eine glanzgeschmückte, duftende Kulisse, in der lächelnde, plaudernde Frauen Schlange standen. Ja, er war da gewesen. Mit leuchtenden Augen, fasziniert von dem bunten, nach Luxus duftenden Treiben!

Allah sei uns gnädig! Er wusste tatsächlich wer die blinde Frau war! Die hübsche, mit den roten Locken! Er erinnerte sich wieder. Sie hatte ihm geholfen, das Geschenk für die Mutter auszusuchen, und sie war sehr nett zu ihm gewesen. Er hatte sie sogar umarmt und sie hatte so gut gerochen!

Nadim konnte vor lauter Aufregung nicht mehr still stehen. Plötzlich war er wieder ganz wach. „Du hast recht! Ich war auch hier! Aber wie konnte ich das nur vergessen! Vielleicht bin ich ja gegangen, bevor das Gerüst umgefallen ist!?“

Die Stimme schwieg kurzzeitig, so als würde sie selbst darüber nachdenken. Dann fragte sie sehr leise: „Da nn ha s t du nicht ge s e hen, was mit mir gesch ehen ist?“

Nadim schüttelte heftig den Kopf, bis ihm bewusst wurde, dass die blinde Frau das ja gar nicht sehen konnte. In seinem Kopf wirbelten die Gedanken wirr durcheinander. Wenn er hier war, hätte seine Mutter sich doch ganz furchtbare Sorgen machen müssen und ihn am Abend nicht noch einmal weggehen lassen dürfen. Oder hatte sie davon gar nichts mitbekommen. Und wie konnte es passieren, dass er selbst so etwas Wichtiges vergaß?

Das war alles sehr beängstigend. Eigentlich wollte Nadim der Stimme nur noch sagen, dass er jetzt nach Hause gehen und schlafen musste. Er würde ihr anbieten, einen Erwachsenen ins Vertrauen zu ziehen. Er wollte sie ja nicht ganz im Stich lassen. Es fiel dem Jungen schwer, die Frau zu enttäuschen, aber er konnte nicht mehr. Das war alles zu viel.

„Bitte sei nicht böse, aber ich kann dir nicht mehr helfen. Ich gehe jetzt nach Hause und frage meinen Papa oder Ali, ob sie dir helfen können. Mir ist das alles nicht mehr …“ Nadim suchte das Wort, das seine Lieblingslehrerin immer benutzte, wenn sie etwas nicht verstand oder sich Sorgen machte. Wie hieß das doch gleich? Ach ja: „nicht mehr geheuer ...“

„Breuer? Ja! Breuer!“, schrie die Stimme unvermittelt und klang dabei flüssig und klar. „Die Frau, die mich aufgerufen hat, hieß Renata – ni cht Re nat e! – Breuer! Ich fand ihren Namen so au ß er gewöhn lich. Sie w ar irri t i ert, da s s i ch sie mit ihr em Name n an ge sprochen habe. Ih re Brie ftasche ist runter ge fall en un d ich habe ih ren Na men geseh en. Ich gl aube, da s war ihr un ange nehm.“ Die Verständlichkeit wurde wieder schlechter. Die Kommunikation schien anstrengend für die Stimme zu sein. „Bit te, bitt e! F i n de Rena ta Breu e r… es ko m mt je ma nd ...“

„Hallo? Bist du noch da?“ Die Stimme antwortete nicht mehr. Nadim seufzte tief und setzte sich in Richtung Ausgang in Bewegung.

Der Junge wusste, dass er der Stimme hier nicht mehr helfen konnte. Er besaß auch kein Smartphone, mit dem er die Frau hätte suchen können. Er musste also wirklich erst einmal wieder nach Hause zurück.

Mit hängenden Schultern setzte er einen Fuß vor den anderen. Was für ein merkwürdiger Tag! Der Erinnerungsverlust machte ihm mehr Angst als die hilfesuchende Stimme, aber auch die war nicht wirklich normal und alltäglich.

Auf der Straße machte Nadim noch einen halbherzigen Versuch, einen sympathisch wirkenden älteren Herrn anzusprechen, der gerade in sein Auto stieg. Er wollte ihn darum bitten, ihn eventuell ein Stück des Weges mitzunehmen, aber auch dieser Mann reagierte nicht und fuhr einfach los.

Also schlug der Junge den Mantelkragen hoch und begann den langen, kalten Weg nach Hause.

Maria, Serena und Alexander tranken den Kaffee, den Tobias sich versagt hatte. Alle drei waren bedrückt und schweigsam und hingen ihren Gedanken nach.

„Ich verstehe es einfach nicht!“, meinte Maria schließlich kopfschüttelnd. „Ich fühle mich wie im falschen Film. Als wäre das ganze eine Art „Krimi-Dinner to go“. Als müssten wir ein Rätsel lösen, ohne zu wissen, worum es eigentlich geht! Ich habe immer noch überhaupt keine Ahnung, wer hier warum Hilfe braucht! Und es war weit und breit kein kleiner Junge zu sehen!“

Serena nickte zustimmend und nippte an ihrem Kaffee, während sie – wie schon so oft in den letzten Stunden – unauffällig das Profil des Psychotherapeuten musterte. Sie war zwar ebenfalls sehr neugierig auf den Ausgang der Geschichte, aber gleichzeitig sehnte sie bereits deren Ende herbei, damit der attraktive Therapeut sein Angebot, sich mit ihr zu verabreden, wahrmachen konnte.

So langsam kam ihr die ganze Situation auch ein wenig lächerlich vor. Serena musste sich eingestehen, dass der Hauptgrund, warum sie immer noch hier war, ihr gegenüber saß.

Im Moment blickte der jedoch so konzentriert in seine Tasse, als wollte er aus dem Kaffeesatz lesen, und fasste seine Gedanken schließlich laut zusammen: „Vielleicht hat der Junge es sich anders überlegt oder die Eltern haben verhindert, dass er hierherkommen konnte. Das wäre ja auch verständlich. Da wir während der letzten Stunde nichts von unserer *Stimme* gehört haben, bedeutet das entweder, sie braucht keine Hilfe mehr, ihr fehlt das entsprechende Medium, um Kontakt aufzunehmen, oder es war tatsächlich ein sehr dummer Scherz.“ Er blickte achselzuckend von der Tasse auf. „Es ist zwar ein unbefriedigender Gedanke, aber wenn wir keine weiteren Anhaltspunkte finden, verläuft die Geschichte wohl im Sande …“

„Vielleicht hatte es ja wirklich nur etwas mit Ihrem Handy zu tun!“, wandte sich Serena an Maria.

„Aber ich trage es doch die ganze Zeit bei mir! Ich habe es nur vorhin einmal kurz ausgeschaltet, weil ich den falschen Knopf erwischt habe. Ich habe es aber sofort wieder angestellt!“ Wie zum Beweis zog sie das Handy aus der Hosentasche und wischte über das Display, das sofort zu leuchten begann. Alle drei beugten sich automatisch erwartungsvoll vor, aber nichts geschah.

Stattdessen klingelte Serenas Handy. Sie zuckte zusammen und merkte erst jetzt, dass sie vor Anspannung die Luft angehalten hatte.

Mit einer entschuldigenden Geste nahm sie das Handy ans Ohr.

„Hi Mum!“, zwitscherte Lucy fröhlich. Offensichtlich ging es ihrer Tochter gut. „Kann ich heute Nacht bei Manja bleiben? Ihre Cousine ist hier und die hat voll krasse Schminktipps! Manjas Eltern sind auf jeden Fall auch da.“

Und sicher nicht nur die, dachte Serena. Im Hintergrund waren aufgeregte Stimmen zu hören. Einige davon männlich. Anscheinend waren die Jungs gerade im Stimmbruch.

„Und was habt ihr außerdem vor? Die Jungs bleiben aber nicht über Nacht, oder?“, fragte Serena trocken.

Lucy zögerte kurz. Wahrscheinlich dachte sie darüber nach, ob es sich lohnte, die Anwesenheit der Freunde zu verheimlichen. Erfreulicherweise entschied sie sich dagegen.

„Okay, Mum. Du hast gewonnen. Die Jungs sind auch hier. Joris hat so eine abgefahrene App runtergeladen, die wir jetzt alle ausprobieren wollen. Irgend so eine Geister-App. Krass unheimlich!“ Im Gegensatz zu ihrer Aussage kicherte ihre Tochter begeistert. „Wir feiern das hier voll! Aber keine Sorge! Die Jungs gehen nachher wieder und die Schminktipps probieren wir echt noch aus! Also: Darf ich BITTE!“

Noch während Serena schmunzelnd ihre Zusage erteilte, hatte Lucy bereits mit einem „Danke, Mum!“ aufgelegt.

Serena seufzte und verdrehte nachsichtig die Augen. „Teenager! Meine Tochter will zusammen mit ihrer Freundin und ein paar coolen Jungs Geister jagen. Es gibt aber auch verrückte Apps …“

Maria lächelte. „So was kenne ich auch! Wir haben in unserer Clique neulich auch eine Geister-App auf‘s Handy geladen, aber ich habe mich tatsächlich noch nicht getraut, sie zu benutzen.“

„Vielleicht sollte ich mir das mal ansehen. Nur um zu verstehen, was meine Tochter so treibt. Darf ich mal sehen?“ Serena beugte sich neugierig vor.

Maria scrollte durch die Handy Apps und öffnete schließlich das so genannte *Geister-Radio.*

Gezackte weiße Linien liefen über den Bildschirm. Serena fühlte sich an ein schlecht eingestelltes Fernseh- oder Ultraschallbild erinnert. In einer Zeile am oberen Bildrand stand „Sitzung beginnt“.

Beinahe gleichzeitig hatten die beiden Frauen die Ahnung, dass sie gerade den Schlüssel zur Kommunikation mit der hilfesuchenden, körperlosen Stimme gefunden hatten. Sie sahen sich sprachlos an.

So ähnlich hatte das Display auch in der Praxis ausgesehen, bevor sie alle die Stimme hatten hören können. Alexander spürte, dass ihm da etwas entging. „Was ist los?“

Maria räusperte sich aufgeregt. „Ich glaube, ich weiß jetzt, wie der Kontakt zustande kam.“ Sie hielt dem Psychotherapeuten das Handy entgegen. „Darüber hat sie mit uns kommuniziert! Ich muss die App vorhin in der Praxis unabsichtlich geöffnet haben.“

Die drei rückten zusammen und starrten auf die flackernden, weißen Linien. Aufgrund der zahlreichen Hintergrundgeräusche war die tatsächlich folgende Nachricht schwer verständlich. Wie praktisch, dass die App die Botschaft auch gleichzeitig schriftlich anzeigte. Atemlos verfolgten sie die abgebildete Kommunikation.

„Oh mein Gott! Das funktioniert ja tatsächlich! Die Sprache ist ein bisschen holperig, aber inhaltlich klar verständlich. Das ist eine echte Unterhaltung! Das arme Kind muss doch völlig überfordert sein! Obwohl er ganz normal mit ihr spricht. Achtung! Sie nennt tatsächlich einen Namen!“ Serena hatte Gänsehaut am ganzen Körper. „Ich kann mir nicht vorstellen, dass das völlig ungefährlich ist! Ich muss Lucy unbedingt davon abhalten!“

Alexander nickte fasziniert. „Das sehe ich auch so. Aber viel wichtiger ist jetzt die Frage, ob wir aufgrund einer Geisterbotschaft auf dem Handy die Polizei einschalten können. Hier scheint es um ein Verbrechen zu gehen. Da sucht wirklich jemand dringend Hilfe!“

„Wenn sie tatsächlich in Gefahr ist, würde ich mir nie verzeihen, ihr nicht geholfen zu haben! Aber es klingt schon blöd, einen so schwerwiegenden Verdacht zu äußern, weil ein Geist darum gebeten hat. Vor allem wird man mir als Psychotikerin sicher sofort glauben.“ Maria klang bitter und frustriert.

„Es hilft ja nichts! Wir müssen zumindest etwas unternehmen. Und Sie sind ja nicht allein, Maria. Ansonsten werden wir uns ewig fragen, ob wir ein Unglück hätten verhindern können.“

„Sollen wir nicht doch den Jungen suchen?“, fragte Serena besorgt.

„Ich glaube nicht, dass das Kind uns mehr erzählen kann, als wir bisher gehört haben. Außerdem fürchte ich, dass wir ihm Angst machen würden. Es wäre bestimmt verstörend für ihn zu erfahren, dass wir die ganze *Unterhaltung* mitgehört haben! Ich schlage vor, dass wir der von der Stimme genanten Person einen Besuch abstatten. Ohne Beweise oder zumindest Verdachtsmomente würden wir uns bei der Polizei tatsächlich nur blamieren.“

Alexander Bonhaus war bereits entschlossen aufgestanden, während er sprach. Serena und Maria hatten auch keine bessere Idee und folgten ihm eilig und angespannt Richtung Ausgang.

Serena wählte bereits im Gehen Lucys Nummer. Ihre Tochter würde sicher nicht begeistert sein von dem Verbot, aber dieses Spiel war alles andere als lustig. Was immer hinter der mysteriösen App stand, es reichte, wenn eine in der Familie Geister jagte!

Puzzleteile

Als Margarete Heider zum zweiten Mal wach wurde, hatte sie schier unerträglichen Durst. Ihr Mund schien wie ausgetrocknet und die Zunge gehorchte ihr zunächst nicht, als sie nach der Schwester rufen wollte. Diesmal erinnerte sie sich jedoch sofort wieder daran, im Krankenhaus zu sein. Sie wusste auch noch, dass der Arzt und die freundliche Schwester ihr von einem Unglück berichtet hatten, auch wenn sie ihre Rolle darin noch immer nicht sah.

Ihre Finger tasteten nach dem Rufknopf und in erstaunlich kurzer Zeit erschien bereits wieder das runde, freundliche Gesicht von Schwester Birgit. „Ja, wer ist denn da wieder wach?“, zwitscherte sie betont fröhlich und beugte sich vertraulich näher. „Ich habe gute Neuigkeiten für Sie, Frau Heider! Ich habe bereits vor ein paar Stunden Ihren Enkel erreicht. Maik, richtig? Er sagte mir, dass Ihre Tochter zurzeit beruflich im Ausland ist. Aber er und seine Freundin werden sicher bald hier sein! Holland ist ja Gott sei Dank nicht so weit entfernt! Sie wollten gleich losfahren. Er war sehr erleichtert zu hören, dass Sie gut aufgehoben sind.“ Birgit sah Margarete beifallheischend an, als wäre es ihr Verdienst, dass die Ältere überlebt hatte. „Aber was kann ich Ihnen denn Gutes tun?“

„Durst!“, krächzte Margarete und der Hals fühlte sich beim Sprechen wund an.

Der arme Junge! Jetzt musste er ihretwegen das Studium unterbrechen! Sie wollte ihm und Mareike doch keine Unannehmlichkeiten bereiten. Dann fiel ihr wieder die Sahnesoße auf dem Tablet ein. War das wirklich geschehen oder hatte sie nur davon geträumt? Und wenn ja, wann? Hatte sie überhaupt schon die Hühner gefüttert? Das arme Vieh!

Alles war so verwirrend und die Schmerzen im Kopf machten die Situation auch nicht leichter. Dankbar trank Margarete das Wasser aus der Schnabeltasse, die Birgit ihr nun hinhielt. Das tat gut! Sie sank erschöpft in das Kissen zurück und wollte schon wieder dem Drang nachgeben, überfordert die Augen zu schließen, als eine bekannte Stimme „Omchen!“ rief.

Und da war er schon. Ihr hübscher, großer, kluger Enkel! Stolz und Wärme überfluteten sie wohltuend und sofort fühlte sich Margarete um einiges besser und wacher.

„Maiki Bär! Dass du gekommen bist! Es tut mir so leid, dass ich dir Kummer mache!“ Der blond gelockte junge Mann nahm seine Oma gleichzeitige vorsichtig und ein bisschen linkisch in die langen Arme. Er war sichtlich berührt. Sogar Spuren von Tränen waren in dem unrasierten Gesicht erkennbar.

Margarete genoss die Umarmung, obwohl ihr Kopf ein wenig protestierte.

„Sei vorsichtig, Maik. Du tust ihr noch weh!“, ertönte eine Stimme aus dem Hintergrund.

Mareike war also tatsächlich mitgekommen! Margarete war ehrlich gerührt und blickte über Maiks Schulter hinweg auf die hübsche junge Frau hinter ihrem Enkel. Auch sie wirkte ehrlich besorgt. Das sonst immer perfekt gestylte rotblonde Haar war nachlässig zu einem Pferdeschwanz zusammengebunden. Die grünen Augen blickten durch eine viel zu große Brille. Anscheinend war sie noch nicht einmal dazu gekommen, die Kontaktlinsen einzusetzen.

„Ach, ihr Lieben. Wie schön, dass ihr da seid! Ich freue mich sehr, dass du mitgekommen bist, Mareike!“

Die junge Frau blinzelte verlegen. „Das ist doch selbstverständlich! Wir konnten doch nicht bis Weihnachten warten, um uns zu überzeugen, dass es dir gut geht!“

Weihnachten. Weihnachtsgeschenk. Junge, rotblonde Frau mit grünen Augen.

Ganz langsam setzten sich die Rädchen in Margaretes Gehirn in Bewegung. Da war etwas Wichtiges, woran sie sich erinnern wollte. Erinnern musste! Sie hatte vor kurzem eine andere Frau mit langen, roten Haaren gesehen. Sie hatte an Mareike gedacht, als die Fremde einen Lippenstift ausprobiert hatte. Sie hatte die junge Frau angesprochen und gefragt, wie man den Farbton nannte.

Margarete runzelte in höchster Konzentration die Stirn. Sie sah das Gesicht mit der Stupsnase und den grünen Augen wieder vor sich. Sie hörte die andere lachen. Das ist *Koralle*. Sie hatte zurück gelächelt und im selben Moment beschlossen, dass sie genau so einen für Mareike zu Weihnachten kaufen wollte. Die Fremde hatte ihr etwas erzählt. Es ging um irgendeine Gratisleistung. Sie hatten noch ein paar Minuten geplaudert. Dann wurde die junge Frau beim Namen gerufen und hatte sich freundlich verabschiedet.

Und dann … Margarete unterdrückte einen Aufschrei und fasste sich mit beiden Händen an den Kopf, als wolle sie die einströmenden Bilder zurückdrängen.

„Oh, mein Gott! Ich erinnere mich wieder! Maiki! Es war so furchtbar!“

Tobias war so schweigsam und angespannt, dass Dörte beinahe schon sauer auf ihn war. Sie ärgerte sich darüber, dass sie ihm hinterher lief wie ein kleines Hündchen, ohne dass er ihre Fragen und Kommentare überhaupt wahrzunehmen schien. Andererseits musste sie zugeben, dass niemand sie zwang, ihm zu folgen. Für den Weg zum Krankenhaus hatte er sogar ein Taxi geordert, weil ihm der Bus nicht schnell genug war. Ach, was musste Liebe schön sein!

Dörte konnte sich noch immer nicht wirklich vorstellen, dass Sonia irgendetwas Schlimmes passiert war. Ja, die Situation war schon komisch und eigentlich auch besorgniserregend, aber Sonia war doch ein absolutes Stehaufmännchen! Eine Frau, die völlig auf sich gestellt fremde Kontinente bereiste und vor keiner neuen Herausforderung zurückschreckte, konnte nicht ernsthaft verlorengehen. Dörte hatte ihre Gedanken Tobias so noch nicht mitgeteilt, aber eigentlich wartete sie nur darauf, dass demnächst plötzlich ein Rotschopf um die Ecke schaute und überrascht fragte, warum denn alle so einen Aufstand machten.

Tobias hatte seine Gedanken ebenfalls für sich behalten, sodass sie auch nur ahnen konnte, wie sein Plan war, sobald sie im Krankenhaus angekommen waren.

Sie war aber nicht überrascht, als der junge Mann als Erstes die Schwester an der Info nach den Opfern des Unglücks im Shopping Castle fragte.

Die Frau mit der strengen Kurzhaarfrisur sah ihn misstrauisch an. „Warum wollen Sie das denn wissen? Reporter haben hier keinen Zugang! Oder sind Sie ein Angehöriger?“

Tobias knirschte vor Anspannung mit den Zähnen. „Ich habe Grund zu der Annahme, dass meine Freundin unter den Opfern ist!“

Ein kurzer Anflug von Mitgefühl ließ die Züge der Schwester etwas milder erscheinen. Dennoch schien sie noch nicht ganz überzeugt. „Das tut mir leid, aber dadurch sind Sie nicht automatisch ein Verwandter. Nennen Sie mir doch einfach den Namen Ihrer Freundin und ich kann zumindest mal nachsehen."

„Ich habe heute Mittag schon mal angerufen. Bevor ich wusste, dass es ein Unglück gegeben hat. Der Name Sonia Bartholdi war zu dem Zeitpunkt hier nicht bekannt." Tobias klang zunehmend verzweifelt. Dörte fürchtete, dass er in wenigen Sekunden einfach ohne Erlaubnis auf die Intensivstation stürmen würde.

„Vielleicht waren die Verletzten zu diesem Zeitpunkt ja noch nicht eingeliefert, oder Ihre Freundin hatte tatsächlich keine Papiere mehr bei sich", besänftigte die Schwester, die sich anscheinend inzwischen dafür entschieden hatte, dem jungen Mann zu glauben. Sie wandte ihre Aufmerksamkeit dem Monitor zu und überflog die Patientenlisten.

Noch bevor sie bedauernd den Kopf schüttelte, sah Tobias ihr bereits an, dass sie nicht fündig geworden war. Er unterdrückte mühsam ein Stöhnen und ballte die Fäuste.

„Aber vielleicht kann ich mit ein paar Patienten sprechen, ob sie sie gesehen haben. Ich bin mir fast sicher, dass ich sie dadurch finden kann."

Die Schwester sah ihn zögernd an. „Ich fürchte, dass Sie damit nicht nur einige Krankenhausregeln, sondern auch den Datenschutz verletzen würden. Es ist ja nicht so, dass ich Sie nicht verstehen könnte ..."

„Ich glaube nicht, dass Sie wirklich verstehen, wie es mir geht. Weder Sonia noch mir hilft es im Moment auch nur ansatzweise, immer wieder auf Menschen zu treffen, die mich angeblich verstehen, aber nicht helfen können!" Tobias' Geduld war sichtlich am Ende. Er hatte sich beim Reden so weit vorgebeugt, dass die Schwester erschrocken zurückgewichen war.

Dörte beschloss spontan, sich nun doch in die Unterhaltung einzumischen, bevor der Hitzkopf sämtliche Chancen vertat und nur noch verbrannte Erde hinterließ.

Sie räusperte sich vernehmlich. „Bitte entschuldigen Sie den jungen Mann. Wir suchen schon den ganzen Tag nach Sonia und er macht sich schreckliche Sorgen. Inzwischen liegen die Nerven blank." Dörte lächelte die andere Frau verschwörerisch an. Ihr Achselzucken schien zu sagen, Sie wissen doch, wie ungestüm Männer sein können! Aber er ist nun mal verliebt.

Die Strategie hatte Erfolg. Die Schwester entspannte sich wieder und schlug vor, den Oberarzt zu fragen, ob es den einen oder anderen Patienten gab, der stabil und klar genug war, um sein Einverständnis für die Befragung zu geben.

Sobald sie im Personalraum verschwunden war, wandte Dörte sich mit einem erwartungsvollen Lächeln Tobias zu. „Siehst du. Es war doch ganz gut, dass du mich mitgenommen hast. Ohne mich …" Die letzten Worte prallten regelrecht an Tobias' breitem Rücken ab. Er hatte sich weit über den Tresen gebeugt und drehte nun den Monitor ein Stück weit in seine Richtung.

„Was zur Hölle machst du da? Das ist mit Sicherheit strafbar!", zischte Dörte erschrocken.

Tobias ließ sich nicht beirren. Er nahm einen Kuli und kritzelte den ersten Namen auf der Patientenliste auf seinen Handrücken. *Margarete Heider*, las Dörte. „Ich brauche einen Namen, um auf die Intensivstation zu kommen."

„Tobias! Lass es! Du bekommst jede Menge Ärger und dann wirst du überhaupt niemanden mehr befragen können! Die Schwester wird jeden Moment zurück sein und du wirst sehen, dass wir auch ganz legal auf die Station gehen dürfen."

Dörte bekam keine Antwort mehr, denn Tobias war bereits auf dem Weg Richtung Intensivstation.

Sie war kurz davor, ärgerlich mit den Füßen aufzustampfen. Was für ein undankbarer Hitzkopf. Während sie noch darüber nachdachte, ob sie ihm folgen sollte, sah sie Tobias im Fahrstuhl verschwinden.

Tobias klingelte an der Tür der Intensivstation und erklärte auf die folgende Nachfrage, dass er seine Tante, Margarete Heider, besuchen wollte. Er hatte absolut keinen Plan, was er machen sollte, wenn die Frau diesen Namens entweder nicht ansprechbar war oder sofort um Hilfe rief, weil ein Fremder sich als ihr Neffe ausgab.

Tobias wurde in diesem Moment nur noch von Emotionen getrieben. Er MUSSTE Sonia finden. Er MUSSTE ihr helfen. Er MUSSTE sie zurückholen – woher auch immer. Alles andere war ihm egal. Seitdem er von dem Unglück im Shopping Castle erfahren hatte, war er der festen Überzeugung, auf der richtigen Spur zu sein. Er hatte beinahe das Gefühl, als würde Sonia ihn lenken. Und selbst wenn das kompletter Unsinn war, konnte und wollte er gar nicht gegen diesen Drang ankämpfen.

Schwester Birgit begrüßte ihn freundlich. „Na, da bekommt Frau Heider ja eine Menge Besuch auf einmal! Ihr Enkel Maik ist auch schon da! Aber achten Sie bitte darauf, sie nicht unnötig aufzuregen. Sie erinnert sich erst seit kurzem daran, was geschehen ist und ist sehr aufgewühlt. Wir haben ihr ein leichtes Beruhigungsmittel verabreicht. Sie soll ansonsten ruhig über das Erlebte sprechen. Das hilft ihr, alles zu verarbeiten. Sie dürfen nur nicht zu lange bleiben!“

Birgit wies Tobias auf den Handdesinfektionsspender hin, dann bedeutete sie dem jungen Mann, ihr zu folgen.

Tobias nickte und schwieg ansonsten. Sein Herz schlug schneller. Zumindest hatte er nun die Gewissheit, dass besagte Frau Heider ansprechbar war. Sofort machte sich Hoffnung breit und trieb ihn an. Sie war dabei gewesen. Vielleicht hatte sie Sonia tatsächlich gesehen oder irgendetwas beobachtet, was ihm weiter helfen konnte.

Nur die ersten Momente nach Betreten des Krankenzimmers waren kritisch. Er musste so schnell wie möglich ihr Vertrauen gewinnen und es irgendwie schaffen, dass sie ihn nicht entlarvte, bevor er ihr sein Anliegen erklären konnte.

„So. Da sind wir!“, zwitscherte Schwester Birgit fröhlich. „Sehen Sie doch mal, wer hier ist, Frau Heider! Ihr Neffe ist auch noch gekommen!“

Margarete liefen noch immer ein paar Tränen über die blassen Wangen. Ihre rechte Hand zerknüllte ein aufgeweichtes Papiertaschentuch, die linke wurde von Maiks vergleichsweise riesigen Fingern ungeschickt gestreichelt. Er und Mareike hatten sich ein paar Stühle an das Krankenbett geschoben und lauschten offensichtlich gerade aufmerksam den Erinnerungen der älteren Frau.

Ihre Köpfe fuhren synchron herum, als der Neuankömmling zusammen mit der Schwester eintrat. Auf ihren Gesichtern zeichnete sich zunächst Überraschung, dann Irritation und schließlich Abwehr ab.

Tobias erstarrte, als er Mareike sah. Ein paar selige Sekundenbruchteile lang war seine Sonia gesund und munter und zum Greifen nah. Doch sobald die junge Frau den Kopf fragend zu Maik drehte, erkannte er an dem fremden Profil und der deutlich größeren Nase, dass er sich geirrt hatte. Dem Höhenflug folgte ein bitterer Sturz in den emotionalen Abgrund.

Schwester Birgit hatte die entstandene Spannung bisher kaum wahr genommen. Sie sammelte das Essenstablett ein und berichtete noch immer im Plauderton davon, dass ihre Schicht bald zu Ende wäre und ihr Collie-Mischling sicher schon sehnsüchtig auf sie wartete. Niemand hörte ihr zu.

Maik war inzwischen aufgestanden und präsentierte drohend seine 100 Kilo Körpergewicht, verteilt auf 195 cm. Er setzte zum scharfen Protest an, während Tobias abwog, ob er fliehen oder alles auf eine Karte setzen und einfach seine Geschichte erzählen sollte.

Seine Rettung war das Problem eines anderen. Irgendwo auf der Station ging der Alarm los und Schwester Birgit eilte mit einer gemurmelten Entschuldigung nach draußen ohne sich umzusehen. Sie hinterließ eine bedrohliche Stille. Tobias holte tief Luft und ging mit erhobenen Händen ein paar Schritte auf den gereizt wirkenden Maik zu.

„Bitte lassen Sie mich erklären, warum ich hier bin! Ich kann mir schon denken, dass Sie die Situation sehr befremdlich finden, aber wenn Sie mir kurz zuhören, werden Sie verstehen!“

Maik wirkte keineswegs besänftigt. Er senkte den Kopf ein wenig wie ein kampfbereiter Stier und zischte: „Ich kann mir auch so schon vorstellen, was Sie hier wollen! Sagen Sie es am besten gleich! Von welchem sensationsgeilen Käseblatt kommen Sie?“

Inzwischen standen die beiden Männer nur noch wenige Schritte voneinander entfernt und die testosteronschwangere Spannung war im ganzen Raum greifbar. Zu viele angestaute Ängste und Sorgen suchten einen Weg, sich gewaltsam zu entladen.

„Halt!“ Margaretes Stimme klang überraschend kräftig und kompromisslos. Beide Männer wandten sich zu der älteren Frau im Krankenbett um.

„Ich will hören, was er zu sagen hat! Wenn er ein Reporter ist, darfst du ihn gern rausschmeißen oder von mir aus auch vermöbeln, Maiki. Aber EINE Chance bekommt er!“

Maik atmete langsam aus und zog sich zähneknirschend wieder ein paar Schritte von Tobias zurück, der sichtlich Mühe hatte, all die aufgewühlten Affekte wieder unter Kontrolle zu bringen.

„Danke, Frau Heider. Wir kennen uns tatsächlich nicht, aber ich habe die Hoffnung, dass Sie vielleicht meiner Freundin begegnet sind! Sie ist wie vom Erdboden verschluckt und ich habe Grund zu der Annahme, dass sie heute morgen genau wie Sie im Shopping Castle war.“

Tobias raufte sich beim Reden die ohnehin schon wirren Haare, was Margarete seltsamerweise mehr als alles andere von seiner Ehrlichkeit überzeugte. Klaus hatte sich grundsätzlich gedankenverloren das Haar zerzaust, wenn er nicht mehr weiter wusste oder verlegen war.

„Eine Bekannte hat mir erzählt, dass sie dort einen Gutschein für ein professionelles Styling einlösen wollte. Die Polizei nimmt mich nicht ernst. Aber Sonia hatte heute Mittag einen für sie extrem wichtigen Termin, den sie nie und nimmer versäumt hätte. Ihre Spur verliert sich tatsächlich im *Top Skin.* Ich muss wissen, ob sie irgendjemand dort gesehen hat … Ihren Namen habe ich übrigens vorhin auf der Patientenliste gelesen und einfach angegeben, weil ich hier rein wollte!“

„So viel zum Thema Datenschutz!“, brummelte Maik. Allerdings klang es inzwischen deutlich weniger feindselig.

„Wie sieht denn Ihre Freundin aus?“ Tobias hielt bereits das Foto in der Hand.

Margarete Heider schnappte hörbar nach Luft. „Das gibt‘s ja gar nicht! Doch, doch, junger Mann! Ich habe sie gesehen! Sie hat mich an unsere Mareike hier erinnert. Finden Sie nicht auch, dass die beiden sich ein bisschen ähnlich sehen?“ Beifallheischend strich Margarete der jungen Frau über die Wange. „Ihretwegen ist mir vorhin auch das ganze Unglück wieder eingefallen. Und da sagen die Leute immer, dass es so etwas wie Schicksal gar nicht gibt!“

Die ältere Dame war sichtlich beeindruckt von der Situation. Tobias hatte allerdings keine Zeit und Geduld, über Fügung oder Zufall nachzudenken. Er wollte endlich Antworten.

„Wann und wo haben Sie sie genau gesehen? Bitte. Ich muss es wissen!“

Margarete kniff in dem Bemühen, sich so genau wie möglich zu erinnern, die Augen zusammen und begann: „Ich gehe immer freitags ins Shopping Castle, müssen Sie wissen. Weil der Bus direkt davor hält und in der Straße dahinter der Wochenmarkt stattfindet. Dann leiste ich mir immer einen kleinen Bummel durch die Läden, bevor ich mein Gemüse einkaufe. Das Grünzeug nehme ich immer mit. Für die Hühner ...“

Tobias nickte ungeduldig. „Wie spät war es denn, als Sie dort ankamen?“

„Der Bus war pünktlich und ich bin gleich in den zweiten Stock gefahren, weil ich die Werbung von der Schminkaktion und der Modenschau unten am Eingang gesehen habe. Es waren schon viele Leute da. Ich denke, es muss kurz nach zehn gewesen sein. Ich hab einfach ein bisschen die

Frauen beobachtet, die sich für das Schminken angestellt haben. Es waren ca. 20 größtenteils sehr junge Mädchen, die wohl einen Gutschein oder etwas Ähnliches dafür hatten. Im Hintergrund des Ladens wurden Vorher/Nachher-Fotos gemacht. Es war so warm durch die vielen Scheinwerfer. Und es war sehr laut, weil alle durcheinander redeten. Und dann habe ich ihre Freundin gesehen. Sie hat gerade einen Lippenstift ausprobiert und der hat ihr fantastisch gestanden! Ich war ganz überrascht, weil ich immer gedacht habe, Rothaarige können kein Lippenrot tragen. Ich wollte dann gleich auch so einen für Mareike kaufen und hab sie angesprochen. Ich weiß noch, dass die Farbe *Koralle* hieß. Sie war sehr freundlich und hat mir erzählt, dass ihr ein Gutschein geschenkt wurde. Waren Sie das?"

Tobias war so angespannt, dass er nicht reden konnte. Er schüttelte nur den Kopf und ballte erneut die Fäuste.

Jetzt mischte Maik sich überraschenderweise ein. „Omchen, rede weiter! Er wartet doch!"

„Ach! Natürlich! Wie dumm von mir!" Margarete lächelte entschuldigend und fuhr fort. „Sie hat auch gesagt, dass sie solche Aktionen eigentlich nicht mag, aber sie wollte besonders gut aussehen, weil sie irgendeinen wichtigen Termin hatte. Und dann wurde sie schon aufgerufen und ging in den hinteren Teil des Ladens ..."

„War das schon alles, was sie gesagt hat?" Tobias klang erschöpft und enttäuscht.

Margarete schüttelte nachdenklich den Kopf. „Sie hat sich sehr gewundert, weil sie so früh dran war. Die anderen Frauen sind wohl eigentlich vor ihr gekommen. Aber sie wurde namentlich aufgerufen. Die Frau, die sie nach hinten geführt hat, war auch vorher nicht zu sehen gewesen. Ich habe mich gefragt, ob sie überhaupt dazu gehörte, weil sie so kurz angebunden war und kein Namensschild trug. Ich habe noch gedacht, dass sie sich nicht sehr werbewirksam und kundenorientiert verhielt. Sie war sehr auffällig und teuer gekleidet. Eine große, blonde, unfreundliche Frau. Aber sie hat ihre Freundin mit Namen angesprochen. Also musste es ja wohl seine Richtigkeit haben. Ich habe ihrer Freundin noch nachgeblickt und hatte den Eindruck, dass sie sich ein bisschen mit dieser Frau gestritten hat. Auf jeden Fall haben beide gestikuliert und sehr ernst ausgesehen … Und kurze Zeit später fing das Gerüst an zu wackeln und es gab so viele Verletzte …“ Margaretes Stimme brach und sie schloss die Augen. Maik nahm wieder ihre Hand und wandte sich nicht unfreundlich an Tobias. „Hören Sie, ich hoffe wirklich, das Sie Ihre Freundin finden. Sie können ja auch Ihre Handynummer hier lassen, falls Omchen noch was einfällt ...“

Mareike kicherte. „Das klingt wie im Krimi. So was sagen die Ermittler auch immer ...“

„Aber“, fuhr Maik unbeirrt fort, „sie braucht jetzt wirklich Ruhe. Das war alles ein bisschen zu viel heute. Viel Glück auf jeden Fall!“

Tobias stand schleppend auf, nickte und bedankte sich. Er fühlte sich unendlich schwer und müde. Sonia war dort gewesen, als das Unglück passierte. Trotzdem hatte er bis jetzt nur diese Bestätigung und die Information, dass eine fremde Frau bei ihr gewesen war. Wie sollte er die jetzt wiederfinden! Schlafmangel und Verzweiflung legten sich wie eine Glocke um seinen Kopf. Im Hinausgehen hörte er die ältere Dame noch sagen: „Du musst bitte unbedingt nach den Hühnern sehen! Ich habe nur geträumt, sie gefüttert zu haben! Bitte kümmere dich um sie! Du findest das Fressen …“

Der Rest ging im Stimmengewirr auf der Station unter. Von weitem hörte er noch Schwester Birgit irgendwas rufen, aber Tobias reagierte nicht mehr. Als die Tür der Intensivstation hinter ihm zuschlug, lehnte er sich schwer atmend dagegen. Was nun? Eine Gestalt erhob sich von der Sitzgruppe gegenüber. Er erkannte Dörte.

„Na. Du wirkst nicht so, als wärst du sehr erfolgreich gewesen! Du siehst im Gegenteil so aus, als würdest du gleich selbst ein Bett auf der Station brauchen! Trotzdem hast du Glück gehabt, dass der Sicherheitsdienst dich nicht gleich rausgeschmissen hat! Ich habe der Frau am Empfand übrigens gesagt, dass du es dir anders überlegt hast."

Tobias winkte müde ab. „Ja, ja. Wenigstens weiß ich jetzt, dass Sonia heute morgen im *Top Skin* war. Diese Frau Heider hat sich tatsächlich an sie erinnert. Aber sie hat auch nur gesehen, dass Sonia aufgerufen wurde und mit einer Frau gesprochen, sich vielleicht sogar mit ihr gestritten hat. Die Frau gehörte wohl nicht zu dem Stylingteam. Kurz darauf ist das Gerüst umgekippt. Ich weiß nicht, wen wir jetzt noch fragen könnten ..."

Dörte runzelte die Stirn. „Wir haben immer noch nicht mit diesem Pastor gesprochen. Da ist doch vorhin niemand ans Telefon gegangen. Lass uns doch einfach mal hinfahren und selbst mit ihm reden. Die Gemeinde liegt auf jeden Fall auf dem Weg in die Stadt. Ich schlage vor, dass wir danach nochmal zur Polizei gehen. Immerhin hast du inzwischen ein paar mehr Informationen und ihr Verschwinden ist wirklich merkwürdig."

Tobias nickte und setzte sich in Bewegung. Plötzlich blieb er nochmal stehen und wandte sich ernst zu Dörte um. „Ich weiß, dass ich mich im Moment schräg verhalte. Ich fühle mich total hilflos und gleichzeitig wütend. Aber das ist natürlich keine Entschuldigung, sondern nur eine Erklärung. Auf jeden Fall wollte ich wenigstens mal danke sagen. Danke, dass du mitkommst und nicht aufgibst!"

Dörte lächelte und schlug ihm freundschaftlich auf die Schulter. „Darauf habe ich gewartet! Geht doch, Bro!" Sie zwinkerte und hakte Tobias unter. „Dann komm, bevor du mir hier im Stehen einschläfst. Wie es aussieht, haben wir beide noch einiges vor!"

Die Frau, die die Tür öffnete, wirkte ein wenig gehetzt. Sie trug eine altmodische Schürze, an der sie sich hektisch die teigverschmierten Finger abwischte. Ihr schmales Gesicht war hochrot und ein paar widerspenstige dunkle Haarsträhnen hatten sich aus der Hochsteckfrisur gelöst. Offensichtlich war sie gerade beim Backen.

Sie schien nicht erfreut über die Störung und Dörte beschloss, ihren Charme spielen zu lassen. Sie knipste ihr ganz spezielles „Ich bin hilflos und unschuldig"-Lächeln an.

„Frau Groß? Bitte entschuldigen Sie, dass wir stören, aber wir müssten dringend kurz Ihren Mann sprechen!"

Der schmale Mund der Frau kräuselte sich genervt. „Da müssen Sie wohl ein anderes Mal wiederkommen. Er ist schon einige Zeit lang weg und hat mir weder genau gesagt, wohin er will, noch wann er wieder kommt. Rufen Sie doch einfach morgen an und lassen sich einen Termin bei ihm geben!" Noch während sie sprach, begann sie die Haustür langsam wieder zu schließen.

Dörte trat rasch einen Schritt vor. „Bitte helfen Sie uns! Es ist wirklich sehr wichtig! Unsere Freundin war heute morgen im Shopping Castle im Top Skin, wo das furchtbare Unglück passiert ist. Seitdem ist sie verschwunden!"

Die Frau des Pastors schien zwischen Neugierde und Ungeduld hin und her gerissen zu sein. Wenigstens stand die Tür noch einen Spalt offen.

„Und was bitte hat mein Mann damit zu tun? Er wird sie auch nicht mal eben finden können!“

„Darum geht es nicht! Wir glauben, dass Pastor Groß unserer Freundin Sonia den Gutschein für das Styling im Top Skin geschenkt hat. Nun würden wir gern wissen, ob dieser Gutschein bei einer bestimmten Stylistin einzulösen war, weil es Zeugen gibt, die gesagt haben, dass Sonia wahrscheinlich nicht von einer der Angestellten des Salons aufgerufen wurde. Wenn wir die Frau finden, die sie mitgenommen hat, können wir vielleicht in Erfahrung bringen, was mit ihr geschehen ist.“

Inzwischen hatte Frau Groß die Tür wieder ganz geöffnet und nickte. „Ich glaube, jetzt weiß ich, wen Sie suchen! Sie meinen die junge Frau, die ab und an in der Kinderbetreuung und bei der Obdachlosenspeisung geholfen hat.“ Die Miene der Pastorengattin drückte deutlich Missbilligung aus. Achselzuckend fuhr sie fort. „Der Lebenswandel Ihrer Freundin geht mich ja nichts an, aber ich habe nie verstanden, warum sie ausgerechnet bei uns aushelfen wollte. Sie hat keinen Hehl daraus gemacht, dass sie Jesus nicht als ihren Herrn angenommen hat und war auch so manches Mal verstörend offenherzig gekleidet. Aber sie konnte zupacken und mein Mann hat sich erstaunlich viele Gedanken um sie gemacht. Es war ihm wichtig, ihre Seele zu retten. Darum werde ich jetzt in seinem Sinne dem christlichen Gedanken folgen und versuchen, Ihnen zu helfen. Kommen Sie mit rein ...“

Sie folgten der hochgewachsenen Frau in das biedere Häuschen. Dörte sah, dass Tobias‘ Hände sich schon wieder zu Fäusten ballten. Wahrscheinlich hatte er sich über das moralinsaure Urteil der etwas überheblich wirkenden Frau geärgert.

Unauffällig strich sie über seinen Arm und bedeutete ihm, sich zusammenzureißen. Wenn sie etwas erreichen wollten, mussten sie die freundliche Miene aufrecht erhalten und solche Kommentare eben erdulden.

Das Haus hätte so, wie es war, aus den Fünfzigerjahren des vergangenen Jahrhunderts stammen können. Genauso wie seine Besitzerin, mit der Schürze und der kunstvollen Hochsteckfrisur. Das Mobiliar war im besten Fall als *retro* zu bezeichnen. Vor den Fenstern wehten blütenweiße Gardinen, Landschaftsbilder schmückten die Blümchentapete an den Wänden und gestellt wirkende Fotografien zierten die Schränke, die allesamt aus dunklem, schweren Holz geschnitzt waren. Alles wirkte so sauber und unbewohnt wie ein Arrangement im Möbelhaus. Wehe dem Staubkorn, das sich hier versuchte niederzulassen! Dörte musste grinsen, als sie sich die Pastorengattin mit Feudel bewaffnet auf der hochkonzentrierten Suche nach „Dreck“ jedweder Art vorstellte. Aus der Küche wehte allerdings ein extrem verlockender Kuchenduft herüber.

Tobias und sie blieben brav im Wohnzimmer zurück, als Frau Groß im Arbeitszimmer des Pastors verschwand, um – wie sie es nannte – einen Hinweis zu holen.

Wenigstens dauerte es nicht lange, bis sie zufrieden lächelnd zurück kam. Sie schwenkte einen Block mit irgendeinem schwer erkennbaren Werbeaufdruck.

„Ich wusste doch, dass ich auf dem Schreibtisch fündig werden würde! Jonathan hatte während der vergangenen Monate viel Kontakt mit einem sehr angesehenen Wissenschaftler, müssen Sie wissen!“ Der Tonfall verriet, dass

Frau Groß diese Art von Umgang nicht nur billigte, sondern sogar ausschließlich „angesehene“ Menschen als angemessenen Kontakt empfand.

„Es geht um irgendeine sehr bedeutsame Entdeckung oder Entwicklung, über die mein Mann noch nicht sprechen darf. Streng genommen hätte er wohl noch nicht einmal mir gegenüber Andeutungen dieser Art machen dürfen, aber wir führen eine sehr gute Ehe und reden über alles. Ich würde mich auf jeden Fall nicht wundern, wenn das Ergebnis dieser Zusammenarbeit bald in ganz Deutschland und darüber hinaus bekannt werden würde.“ Frau Pastor artikulierte leicht nasal und lächelte süffisant.

Dörte schluckte die erneut aufkommende Abneigung hinunter und nickte scheinbar beeindruckt. „Sehr interessant, aber ...“

Frau Groß unterbrach. „Ich habe nicht vergessen, was Sie wollten, aber das eine hängt mit dem anderen zusammen. Eine Frau war vor ein paar Wochen kurz hier und hat meinen Mann im Arbeitszimmer aufgesucht. So wie ich es verstanden habe, ist sie irgendwie in dieses Projekt verwickelt. Sie hat meinem Mann den Gutschein mitgebracht. Ich habe das ganz zufällig mitbekommen, weil die Tür noch offen stand. Ich fand es schon ein bisschen unangemessen, dass sie meinem Mann einen Gutschein für solch eine eitle Aktion geschenkt hat! Was sollte er denn damit anfangen? Aber er meinte später, das wäre ein nett gemeintes Dankeschön, das er an mich weitergeben sollte, weil er wegen des Projektes so oft außer Haus war.“

„Und Sie wollten den Gutschein nicht nutzen“, warf Tobias als rhetorische Frage ein.

„Natürlich nicht!“ Frau Groß gab sich keine Mühe, ihre Verachtung zu verbergen. „Meiner Ansicht nach ist eine

Frau gut so, wie Gott sie geschaffen hat, und muss sich nicht anmalen und verkleiden, um Anerkennung zu finden. Natürlich denken viele weltliche Frauen ganz anders. Und das will ich ja auch gar nicht verurteilen ..." Es war ihr deutlich anzusehen, dass sie dennoch genau das tat.

Tobias fiel etwas ein. „Wie hat die Frau mit dem Gutschein ausgesehen?"

Frau Groß rümpfte die Nase. „Sie war groß, blond, stark geschminkt und wirkte sehr kalt. Auch so eine, die zu viel Wert auf das Äußere legt ... Wie dem auch sei. Mein herzensguter Mann ist dann auf die Idee gekommen, den Gutschein Ihrer Freundin zu schenken. Ich denke, wenn Sie mehr darüber erfahren wollen, sollten Sie versuchen, bei dem Wissenschaftler einen Termin zu bekommen, der das Projekt leitet. Er wird bestimmt wissen, wie die Frau heißt, die uns den Gutschein gebracht hat." Frau Pastor wirkte sehr selbstzufrieden über ihre Kombinationsgabe, als sie nun Tobias und Dörte beifallheischend ansah.

„Der Name des Herrn Doktor war mir entfallen, aber ich habe mich daran erinnert, dass Jonathan den Namen auf diesem Block notiert hat." Mit diesen Worten überreichte sie Dörte den Werbezettel und wischte sich anschließend die Hände an der Schürze ab, als wollte sie deutlich machen, dass das Thema nun für sie beendet war.

Die beiden jungen Leute setzten sich dann auch unaufgefordert Richtung Haustür in Bewegung, nachdem sie sich artig bedankt hatten.

Vor der Haustür atmete Tobias hörbar aus."Puhhh, was für eine arrogante Kuh! Aber ihre Beschreibung passt auf die Frau, die auch Margarete Heider bei Sonia gesehen hat. Vielleicht sind wir ja jetzt tatsächlich ein Stück weiter!"

„Und wir haben sogar einen Namen. Ich versuche gleich mal, die Adresse zu googlen ...“ Dörte beugte sich bereits konzentriert über ihr Handy. „Und voilà! Da haben wir den Herrn Doktor Torger Haugen. Klingt nordisch! Auf gehts in die Waldgasse 3. Und zwar ohne Termin!“

Sie zwinkerte dem noch immer sehr finster dreinblickenden Tobias zu. „Was ist? Lässt du nochmal ein Taxi springen oder sehen wir uns den Busfahrplan an? Ich glaube allerdings, dass der gute Doktor ziemlich *jwd* wohnt. So einfach werden wir mit dem Bus da nicht hinkommen. Ich finde diese ganze Geschichte höchst seltsam! Mein Bauchgefühl sagt mir, dass hier was faul ist! Dieser Gutschein scheint mir wirklich ein bisschen zu zufällig ins Spiel gekommen zu sein.“

Tobias nickte grimmig. „Ich verstehe die ganze Situation auch immer weniger. Das passt doch alles hinten und vorne nicht! Welcher Wissenschaftler verschenkt denn bitte Styling-Gutscheine! Und ich kann mir auch nicht vorstellen, dass der ursprünglich für die Frau des Pastors gedacht war!“

Dörte nickte grinsend. „Du hast recht. Niemals! Wer die einmal getroffen hat, weiß doch sofort, dass er damit Perlen vor die Säue wirft! Auf die Erklärung bin ich echt gespannt. Hoffentlich wissen wir bald mehr!“

Die beiden liefen diskutierend in Richtung des nächsten Taxistandes.

In dem biederen Häuschen hinter den gerüschten Küchengardinen hefteten sich ein paar graue Augen an ihre Rücken. Die Pastorengattin war prinzipiell so sehr von Gottvertrauen erfüllt, dass sie sich grundsätzlich keine Form von Sorge oder Angst gestattete. Umso ärgerlicher war es für sie, dass diese beiden jungen Leute ein ungutes

Gefühl in ihr geweckt hatten. Ein Schauer schüttelte ihre mageren Schultern und plötzlich drängte sich ihr der Gedanke auf, dass irgendetwas Unheilvolles gerade seinen Lauf nahm.

„Frau Dr. Renata Breuer forscht und arbeitet seit mehr als zehn Jahren auf dem Gebiet der Reanimationswissenschaft am Albert-Schweitzer Krankenhaus. In der Zeitschrift „Medizin und Geist" sind bereits mehrere Fachartikel von ihr zu diesem Thema veröffentlicht worden", las Serena laut das Ergebnis ihrer Recherche vor.

„Sie scheint tatsächlich eine Koryphäe auf diesem Gebiet zu sein. Obwohl sie mir auf den Fotos eher unnahbar und unsympathisch erscheint. Aber Fotos können ja auch lügen ..."

„Ich kann mir überhaupt nicht vorstellen, dass eine Frau Doktor etwas mit dieser unheimlichen Geschichte zu tun hat!", warf Maria skeptisch ein. „Wir können doch auch schlecht bei ihr klingeln und nachfragen, ob sie uns etwas über eine Geisterfrau erzählen kann, deren Schicksal wahrscheinlich in irgendeiner mysteriösen Weise mit dem Unglück im Shopping Castle verbunden ist."

„Vielleicht handelt es sich ja bei unserer Stimme um eine von ihr reanimierte Patientin ...", meinte Serena nur halb im Scherz. „Unmöglich ist hier gar nichts. Immerhin habe ich es bis vor wenigen Minuten auch noch für unmöglich gehalten, dass wir der Spur einer körperlosen Unbekannten folgen, die mit uns per Geister-App Kontakt aufnimmt."

„Streng genommen hatte sie nicht mit uns Kontakt, sondern mit dem Kind, das ebenfalls zu hören war", sagte Alexander. „Es besteht zwar durchaus die Möglichkeit, dass wir uns gleich blamieren, aber das fände ich noch immer besser, als gar nichts zu unternehmen und mich immer fragen zu müssen, was an der Geschichte wirklich dran war. Gebt doch bitte mal die Adresse vom Alber-Schweitzer-Klinikum ein. Vielleicht erwischen wir sie ja. Immerhin kann ich ganz seriös mit meinem Ausweis wedeln“, summierte der Psychotherapeut trocken.

Maria kicherte über Alexanders Bemerkung. Er war im Laufe der vergangenen Minuten irgendwann wie selbstverständlich auch ihr gegenüber zum vertrauten *Du* übergegangen. Was immer hier geschah: Es schweißte die drei zusammen.

Serena hatte bereits den kürzesten Weg zum Krankenhaus ausfindig gemacht und navigierte den Fahrer. Innerhalb von sieben Minuten waren sie am Ziel angekommen. Vor dem Eingang hatte sich eine Traube von Reportern versammelt.

„Wie es aussieht, sind die Opfer des Unglücks hier eingeliefert worden“, bemerkte Alexander grimmig, während er einparkte. „Hätten wir uns ja denken können. Das vergrößert unsere Chancen auf ein informatives Gespräch mit der Ärztin nicht gerade. Falls sie hier ist, wird sie mehr als genug zu tun haben. Außerdem wird man uns nicht so einfach zu ihr vorlassen, wenn es so viele interessierte Gesprächspartner gibt.“ Er deutete mit dem Kopf in Richtung der wartenden Reporter.

„Vielleicht sollten wir nicht zu dritt da drinnen auflaufen“, gab Serena zu bedenken. „Geh du doch erst mal alleine vor. Immerhin könntest du einen gewissen beruflichen Bezug zu der Ärztin haben und es wirkt auch im ersten Moment seriöser, wenn ein Psychotherapeut sie sprechen will.“

Alexander nickte und stieg aus dem Auto aus. „Am besten ihr wartet hier. Ich versuche etwas in Erfahrung zu bringen und komme schnellstmöglich zurück!“

Der Psychotherapeut passierte die Traube der wartenden Reporter unbehelligt. Er wurde allerdings neugierig gemustert. Ein Reporter fragte sogar dreist nach, wen er im Krankenhaus suche. Doch Alexander winkte ab, murmelte, dass er seine Oma besuchen wolle, und ging selbstbewusst weiter, sodass er sehr schnell nicht mehr für die Journalisten interessant war.

Am Informationstresen im Eingang saß eine ernste, junge Frau mit einer strengen Kurzhaarfrisur. Sie blickte ihm misstrauisch entgegen. Alexander war es gewohnt, professionell aufzutreten. Er entschied im Bruchteil von Sekunden, dass in dieser ungewöhnlichen Situation nur eine kleine Notlüge helfen konnte.

Er grüßte freundlich und zog ohne Umschweife seinen Ausweis aus der Tasche. „Bonhaus. Guten Tag. Ich bin Psychotherapeut und müsste dringend die Kollegin Breuer sprechen. Ich habe extrem wichtige Informationen über eine gemeinsame Patientin für sie. Ist sie im Dienst?“

Das selbstsichere Auftreten wirkte offenbar sofort. Die Schwester warf nur einen kurzen Blick auf den Ausweis und lächelte den attraktiven Therapeuten bedauernd an. „Sie können sich sicher vorstellen, dass heute hier die Hölle los ist! Frau Dr. Breuer ist leider nicht im Dienst. Ich habe auch schon versucht, sie zu erreichen, aber sie scheint zurzeit keinen Empfang zu haben. Soll ich ihr etwas ausrichten?“

Alexander fixierte die Schwester mit dem nötigen Ernst und seufzte tief. „Das ist nett gemeint ...“, er warf einen kurzen Blick auf ihr Namensschild, „... Schwester Katja.

Allerdings kann dann schon ein Unglück geschehen sein. Sie verstehen sicher, dass ich mich aus Datenschutzgründen nicht näher äußern darf, aber es ist WIRKLICH dringend, dass ich Frau Dr. Breuer persönlich spreche.“

Und das ist wahrscheinlich noch nicht einmal gelogen, dachte Alexander grimmig.

Die Schwester erhob sich kopfschüttelnd. „Was für ein Tag! Heute scheinen sich ausschließlich Dramen abzuspielen! Ich versuche Herrn Dr. Werner anzupiepen. Vielleicht weiß der ja, wo wir sie finden können. Es kann aber einige Zeit dauern. Sie haben sicher Verständnis dafür, dass im Moment alle Ärzte sehr eingespannt sind. Ich versuche mein Möglichstes.“

Schwester Katja verschwand im Schwesternzimmer. Ungeduldig trommelte Alexander mit den Knöcheln auf den Tresen. Ihm war nicht ganz wohl dabei, eine Lüge als Mittel zum Zweck zu gebrauchen. Aber er war definitiv noch ein Mann der alten Schule. Er hatte geschworen, Menschen zu dienen und Unheil zu verhindern. Das bekam er einfach nicht raus. Und selbst wenn er gar keine Ahnung hatte, wer da überhaupt Hilfe brauchte und ob das Ganze nicht ein furchtbarer Scherz war, musste er dem nachgehen. Das war wie ein innerer Zwang.

Er wusste sehr wohl, dass viele seiner Kollegen diese Stimme nicht weiter verfolgt und einfach abgetan hätten. Die Situation war ja auch skurril! Aber so lange er nicht ganz sicher sein konnte, dass da kein Mensch in akuter Not war, konnte er nicht loslassen.

Du bist und bleibst ein Bullterrier. Aber einer von den Guten!, hätte seine Exfrau gesagt.

Alexander gestattete sich ein wehmütiges Lächeln. Rita war noch immer mit das Beste, was ihm in seinem bisherigen Leben passiert war. Leider hatte sie sich irgendwann unfreiwillig „entliebt“ und war zu ihrem Fitnesstrainer gezogen. Sie versuchten noch immer beide tapfer, Freunde zu bleiben. Da das für Alexander wesentlich schwerer war als für Rita, wurden die Treffen jedoch immer seltener. Vielleicht würde es leichter werden, wenn auch er wieder jemanden an seiner Seite hätte.

Sofort sah er Serenas lachendes Gesicht vor sich. Gut möglich, dass dieser aufwühlende Tag doch noch etwas Gutes mit sich brachte …

„Hallo. Herr Doktor?“, riss ihn eine Stimme aus seinen Überlegungen und Alexander sah eine blonde, rundliche Schwester um die Vierzig vor sich, die nun verlegen errötete. Automatisch wanderte Alexanders Blick zum Namensschild der jungen Frau, von dem sie nun demonstrativ ein paar nicht existente Staubkörnchen wischte. Das war also die Doris.

„Ich habe zufällig Ihr Gespräch mit der Katja gehört und ich glaube, ich kann Ihnen helfen ...“

Sie klimperte mit den unechten Wimpern und strahlte Alexander bewundernd an. Ihre Finger nestelten mädchenhaft an dem gestärkten weißen Kittel und Alexander musste beinahe lachen, weil sie ihm so deutliche Avancen machte. Dennoch ging er darauf ein und lächelte die Schwester freundlich an. „Tatsächlich! Da wäre ich Ihnen aber sehr zu Dank verpflichtet ...“ Es hing in der Luft, worin dieser Dank bestehen könnte, sodass die Schwester eilig ergänzte: „Meistens hält sich Frau Dr. Breuer in ihrer Freizeit bei Dr. Haugen auf. Ich weiß gar nicht, was der an ihr findet! Sie ist zwar groß und blond, aber viel zu knochig und zu sehr geschminkt!“

Doris legte eine Hand auf die wohl gerundete Hüfte, anscheinend um die eigenen Vorzüge im Gegensatz deutlich zu machen.

„Warum der Haugen einen Doktortitel hat, weiß ich eigentlich gar nicht. Er ist kein Arzt oder so. Ich glaube, er ist Wissenschaftler und sieht auch ziemlich gut aus. Nicht so gut wie Sie natürlich ...“ Sie kicherte erneut mädchenhaft kokett.

„Das ist ja sehr interessant, Doris! Wissen Sie denn auch, wo dieser Doktor Haugen wohnt?“ Alexander beugte sich vertraulich zu der wesentlich kleineren Frau herunter, die ihm zum Dank eine Adresse in das Ohr hauchte. „ Das ist die Waldgasse 3. Am Ende der Welt! Total öde da! Nur Feld und Wald! So viele Bäume! Aber ein schickes Haus! Ich weiß das, weil ich dem Herrn Haugen einfach mal nachgefahren bin. Weil er … er hier etwas vergessen hatte.“

Doris schlug gespielt schüchtern die Augen nieder und errötete noch eine Spur mehr. „Frau Dr. Breuer weiß nicht, dass ich seine Adresse kenne. Das würde sie wohl auch nicht so toll finden. Sie haben diese Info also nicht von mir, okay?“

Also hatte sie wohl auch für diesen Haugen geschwärmt und ihm wahrscheinlich ähnlich offensiv ihr Interesse gezeigt. Alexander konnte es nur recht sein. Er drückte Doris‘ Hand. „Das war sehr hilfreich, Doris! Sie haben etwas gut bei mir!“

Doris hielt seine Hand mit erstaunlicher Kraft länger als nötig fest.

„Und was genau habe ich gut? Was bekomme ich dafür?“ Der begleitende Augenaufschlag wirkte gar nicht mehr so mädchenhaft und Alexander räusperte sich.

Er zog seine Finger mit einem Ruck aus den ihren, schenkte ihr aber gleichzeitig ein entschuldigendes Lächeln. „Ich komme bei Gelegenheit nochmal darauf zurück."

Doris' Lächeln gefror dagegen und ihre Enttäuschung war fast greifbar. Deshalb ergänzte er charmant: „Aber schon jetzt ist klar, dass ich ohne Sie dieses Problem wahrscheinlich heute nicht mehr gelöst hätte. Bitte richten Sie Schwester Katja meinen Gruß und meinen Dank aus."

Damit wandte er sich zum Gehen. Doris rief ihm hinterher: „Aber bitte nicht vergessen: Sie wissen das nicht von mir ..." Dann war der Psychotherapeut bereits wieder auf dem Weg zum Auto.

Er strahlte, als er die Fahrertür mit Schwung öffnete. „Ich habe eine Adresse!"

Geständnisse

„Keine Sorge! Ich bin gleich wieder weg! Ich hole nur meinen Fahrradschlüssel!" Sybilles Stimme klang schneidend. Sie war noch immer zutiefst gekränkt und wütend und hatte es tatsächlich eilig, Sebastians Wohnung so schnell wie möglich wieder zu verlassen.

Sie hatte sich nach dem Streit mit Sebastian vor einigen Stunden kurzentschlossen mit einer Freundin in einem nahe gelegenen Café getroffen und dort ihr Herz ausgeschüttet. Ihr war schon vor Wochen klar gewesen, dass Sebastian Steiger narzisstische Züge besaß und eine gemeinsame Zukunft mit ihm eher unwahrscheinlich war. Dennoch hatte sie etwas Unschuldiges, Sensibles in ihm gesehen, dessen er sich wahrscheinlich selbst nicht bewusst war. Dieses Etwas blitzte in ebenso kostbaren wie seltenen Momenten kurz auf, in denen sie miteinander lachten und tatsächlich miteinander redeten. Als hoffnungslose Romantikerin hatte Sybille daran geglaubt, diese andere sehr sympathische Seite des Schönlings dauerhaft hervorrufen zu können. Als Sebastian sich vor ein paar Stunden so verstört und unsicher gezeigt hatte, hatte sie für einen kurzen Moment gehofft, zu ihm durchgedrungen zu sein. Umso enttäuschter war sie nun, dass er sich letztendlich mehr denn je verschlossen hatte.

Das mehrfach wiederholte *Ich hab's dir doch gleich gesagt* der Freundin hatte ihre Laune nicht gerade verbessert. Als sie schließlich bemerkte, dass sie nicht nach Hause fahren konnte, weil ihr Fahrrad noch angeschlossen war und der Schlüssel sich in Sebastians Wohnung befand, war ihre Stimmung auf dem absoluten Tiefpunkt angekommen.

Insofern war es gut, dass sie Sebastians Wohnungsschlüssel noch nicht zurückgegeben hatte und sie sich nach einem kurzen, ankündigenden Klingeln selbst einlassen konnte.

Sie war etwas erstaunt, dass keine Reaktion kam. Sybille hatte eine Schimpftirade erwartet, ja sogar erhofft. Dann hätte sie zurück brüllen und ihren Frust loswerden können.

Stattdessen hörte sie nur das Radio und leises Weinen. Weinen? Hatte Sebastian schon wieder Besuch? Die Neugier siegte und sie lugte vorsichtig um die Ecke ins Wohnzimmer.

Der Anblick traf Sybille völlig unvorbereitet. Sebastian kauerte auf dem Boden und wiegte sich leise weinend vor und zurück. Er hielt sein Gesicht in beiden Händen und schien komplett in seine Welt versunken, sodass er sie anscheinend noch gar nicht bemerkt hatte.

Eine Woge von Mitgefühl überrollte Sybille und ohne sich Gedanken um eine weitere Abfuhr zur machen, kniete sie sich neben ihn und schlang die Arme um Sebastians Schultern. Er zuckte kurz zusammen, lehnte sich dann aber überraschend an sie, als er sie erkannte.

Es dauerte eine ganze Zeit lang, ehe er in der Lage war zu sprechen. Dann aber brach sich eine ganze Flut von Worten Bahn.

„Es war so furchtbar, Sybille! Ich hatte das das ganze Unglück verdrängt! Ich schätze, ich hatte einen Schock oder so. Es ist mir eben wieder eingefallen, nachdem ich im Radio davon gehört habe. So was habe ich noch nie erlebt! Wie kann das sein! Wie konnte ich das vergessen!"

Sybille verstand gar nichts. Sie hatte bis jetzt noch nichts von einem Unglück gehört. Sie schämte sich fast dafür, aber sie war einfach nur froh, ihn halten und ihm zuhören zu können. „Schschsch... ganz ruhig! Ich bin ja da! Und jetzt erzähl mir erst mal der Reihe nach, was los ist! Was ist denn passiert?"

Sebastian suchte ein Taschentuch und holte tief Luft. „Als ich heute morgen joggen war, bin ich am Shopping Castle vorbei gekommen. Draußen war Werbung für ein Styling und Fotoshooting angeschlagen und ich wollte mir einen Kaffee gönnen und kurz zuschauen ..."

Es war klar, dass er gehofft hatte, bei den sicher zahlreichen Frauen seinen Marktwert testen zu können, und er besaß sogar den Anstand, leicht zu erröten.

Sybille beschloss, kommentarlos darüber hinwegzugehen, und nickte ihm aufmunternd zu. „Weiter ..."

„Da war jede Menge los und ich hab einfach nur zugeschaut. Viele Frauen standen an. Im Hintergrund wurden Vorher/Nachher-Fotos gemacht und man konnte teilweise beim Schminke zusehen. Es war sehr warm durch die Scheinwerfer auf dem Gerüst und sehr laut. Ich habe mich mit einer Frau unterhalten. Eine hübsche, rothaarige Frau. Ich habe ihr gesagt, dass sie die Schminke gar nicht bräuchte, um gut auszusehen. Das habe ich auch so gemeint." Bei diesen Worten sah Sebastian kurz prüfend zu ihr auf und schien erleichtert zu sein, dass Sybille nicht einmal das Gesicht verzog. „Ich hab sie noch ein bisschen aus Neugier beobachtet, weil ich wissen wollte, wie sie nach dem Styling aussieht."

Sybille spürte tatsächlich einen Stich von Eifersucht, unterbrach ihn aber nicht.

„Etwas später habe ich gesehen, wie sie von einer großen Blonden aufgerufen wurde. Die Frau sah gar nicht danach aus, als wäre sie eine Stylistin und sie hat die Rothaarige Richtung Hinterausgang geführt. Ich hab mich noch gewundert. Es sah auch so aus, als wollte die Frau gar nicht mitgehen. Die beiden haben sich gestritten. Und dann dachte ich, dass die andere ihr eine Spritze oder so was in den Arm sticht. Auf jeden Fall schien sie fast umzukippen. Und ich wollte dahin! Ehrlich! Ich hab noch laut gerufen! Und plötzlich brach das Chaos los!“

Sybille war verwirrt. „Das heißt, andere haben die Situation auch beobachtet und sind der Rothaarigen zur Hilfe gekommen?“

„Nein! Das Gerüst ist umgekippt! Die Halterung an der Wand ist gerissen. Es hat richtig geknallt und dann sind die Stahlrohre in Zeitlupe umgekippt und haben ganz viele Menschen unter sich begraben.“ Sebastian schluchzte wieder.

„Oh mein Gott! Und du warst dabei? Bist du verletzt? Soll ich einen Arzt rufen? Weiß deine Mutter Bescheid?“

Sebastian schüttelte den Kopf und fuhr stockend fort. „Mir ist nichts passiert! Ich stand ja nur am Rand. Aber ich habe gesehen, wie es andere erwischt hat. Da war ein kleiner Junge ... Er stand ein Stück vor mir entfernt und ein besonders großer Balken ist direkt auf ihn gefallen.“

Sebastians Augen waren schreckgeweitet, als würde er all das noch einmal erleben.

Sybille wollte ihn unbedingt trösten. „Aber du konntest ihm nicht helfen. Du konntest nichts mehr für ihn tun, oder?“

Der Blick, mit dem Sebastian sie jetzt ansah, traf sie mitten ins Herz. „Oh doch! Ich hätte ihm helfen können – nein, müssen! Nur ich hab ihn gesehen. Er fiel direkt vor meine Füße und er hat geflüstert *Hilf mir.* Und weißt du, was ich gemacht habe? Ich habe ihn einfach liegen und wahrscheinlich sterben lassen. Ich habe mich umgedreht und bin weg gegangen. Zuerst ganz langsam. Dann immer schneller.

Auf der Straße habe ich wieder angefangen zu joggen und bis ich hier zuhause angekommen bin, hatte ich alles verdrängt. Die ganze Geschichte war komplett weg, bis ich vorhin im Radio davon gehört habe. Tolle Story, oder?“

Sybille blickte sprachlos auf Sebastian, der nun wieder sein Gesicht in beiden Händen vergraben hatte und haltlos schluchzte.

Was hätte sie auch dazu sagen sollen?

Van Doorns Augen schienen inzwischen auf Murmelgröße geschrumpft zu sein. Und obwohl er zwei Gläser des sündhaft teuren Whiskeys hintereinander wie Wasser heruntergekippt hatte, schien sein Verstand noch recht gut zu funktionieren. Zumindest konnte er noch klar artikulieren.

Torger fragte sich mäßig interessiert, wie er wohl später nach Hause kommen würde. Wahrscheinlich wäre es für alle auf der Straße lebensgefährlich, den angetrunkenen Millionär nochmal ans Steuer zu lassen. Da van Doorn selbst nüchtern schon katastrophal Auto fuhr, konnte er betrunken zum Mörder oder Selbstmörder werden.

Im Moment wuchtete er seinen voluminösen Körper ächzend aus dem Sessel und ging neugierig in das Labor hinüber, in dem Renata sich noch immer an einigen Bildschirmen und Geräten zu schaffen machte. Es würde noch eine Weile dauern, die bisherigen Ergebnisse zu sichern.

Die beiden Wissenschaftler wollten aber unbedingt van Doorns offizielles Einverständnis dafür haben, der jungen Frau letztendlich die tödliche Injektion zu verabreichten. Das war wichtig, um den Investor als Mitschuldigen im Boot zu behalten – auch wenn sie von seiner Seite aus keine Schwierigkeiten erwarteten.

Der tupfte sich gerade den Schweiß von der beginnenden Stirnglatze und fragte: „Wo sollte das Bewusstsein der Frau eigentlich festgehalten werden? Haben Sie dafür einen Käfig oder so was gebaut? Auch wenn ich nicht alles verstehe,möchte ich wenigstens eine ungefähre Vorstellung davon bekommen, was hier geschieht, Haugen. Ich will schon wissen, wo mein Geld bleibt! Vor allem, wenn wir das Ganze wiederholen." Den ungewöhnlich langen Ausführungen folgte ein leises Hicksen.

Torger unterdrückte ein Seufzen. „Natürlich haben Sie ein Recht darauf, Wilfried!" Es wurde Zeit für die vertrauliche Anrede, obwohl Torger aus den Augenwinkeln bemerkte, dass Renata die Augen verdrehte. Der Dicke war sicher leichter lenkbar, wenn man sich mit ihm verbrüderte.

„Wir haben eine Art umgekehrten Faradayschen Käfig entwickelt. Das ist, wie Sie sicher wissen, eine geschlossene Hülle aus einem elektrischen Leiter. Durch eine Influenz baut sich ein Gegenfeld ähnlicher Stärke auf, wenn äußere elektrische Felder darauf einwirken, so dass der innere Bereich feldfrei bleibt ..."

„Ja, ja!" Der Immobilienmogul schwankte leicht, während er genervt mit den Händen wedelte, um seine Ungeduld zu demonstrieren. „Das hatten wir schon mal auf diese Art. Ich weiß, ja, dass Sie ein ganz Schlauer sind, Torben. Aber erklären Sie es mir bitte auf Deutsch und so, dass ich es verstehe!"

Torger funkelte den Älteren kurz wütend an. Er hasste es, wenn Neureiche wie van Doorn sich so herablassend gebärdeten. Doch er hatte sich beinahe sofort wieder im Griff und antwortete freundlich. „Selbstverständlich. Also anders ausgedrückt, ist es bei unserer Konstruktion so, dass das entstandene elektrische Feld in dem Käfig festgehalten wird und nicht entweichen kann. Das Bewusstsein – Herr Groß hätte es Seele genannt – besteht wie jede andere Materie aus umgewandelter Energie und ist von einem elektrischen Feld umgeben. Dieses Feld erzeugt eine gewisse Spannung und bleibt eine Zeit lang in der Nähe des zugehörigen Körpers, bevor es – vielleicht oder vielleicht auch nicht – mit Lichtgeschwindigkeit in dem viel zitierten Tunnel verschwindet. Es scheint mit dem Körper über einen imaginären Draht verbunden zu sein. Das ist wichtig, falls es zum Beispiel durch Reanimation wieder zu einer Zusammenführung von Körper und Bewusstsein kommt.

Wir haben also zunächst mit Hilfe eines hochsensiblen Strommessers das Bewusstsein lokalisiert und in der kugeligen Drahtkonstruktion dort drüben regelrecht gefangen. Dadurch haben wir praktisch diesen imaginären Draht unterbrochen und das Bewusstsein vom Körper getrennt. Im nächsten Schritt haben wir versucht, einen Computer damit zu verbinden, der mit einem ähnlichen Chip ausgestattet ist, wie der, den ich Ihnen vorhin gezeigt habe. Zu diesem Zweck haben wir ihn, vereinfacht gesagt, ebenfalls in den umgekehrten Faraday Käfig gestellt."

Van Doorn konzentrierte sich erkennbar auf Torgers Ausführungen und versuchte erneut zu folgen. Er betrachtete interessiert den erwähnten Drahtkäfig, der eher wie ein schmückendes Dekorationsobjekt wirkte und nicht wie der wesentliche Teil eines wissenschaftliches Experimentes. Die Konstruktion hatte einen Durchmesser von nur circa einem Meter und bestand aus einem Geflecht leicht golden schimmernder Drähte. Van Doorn meinte ein leises Summen daraus zu vernehmen.

Er wandte sich mit gerunzelter Stirn an Torger. „Wie sollte das denn funktionieren?"

„Sowohl der Computer als auch das Bewusstsein erzeugen ein energetisches Feld aus verschiedenen Quellen. Diese Felder können sich gegenseitig beeinflussen und sogar miteinander kommunizieren. Es gibt – vereinfacht gesagt – einen Sender und einen Empfänger. Es kann je nach Übereinstimmung der Frequenzen, also der Polarität, zu Anziehung oder Abstoßung kommen. In unserem Fall kam es leider zu einer Art Abstoßung. Der Computer hat sozusagen die Kommunikation abgelehnt."

Van Doorn wirkte inzwischen tatsächlich erstaunlich nüchtern. Sein Blick wurde zunehmend wacher und wachsamer. Zum ersten Mal, seitdem er ihn kannte, fragte Torger sich, ob er den Dicken nicht doch unterschätzt hatte.

„Wie hätte denn der Erfolg genau ausgesehen?"

„Das Bewusstsein wäre praktisch eine Allianz mit dem Computer eingegangen und hätte diesen weitestgehend gesteuert. Der Computer hätte wie ein Mensch denken und im Idealfall sogar handeln können. Wir hätten die erste echte starke künstliche Intelligenz erschaffen. Es gibt einen Test, den so genannten Turing Test, den bisher noch keine künstliche Intelligenz bestanden hat. Er wurde bereits 1950 entwickelt. Dabei findet vereinfacht gesagt eine *Unterhaltung* zwischen zwei echten Menschen und einem Computer ohne Sichtkontakt statt. Der eine Mensch versucht durch explizite Fragestellungen herauszufinden, wer von seinen unsichtbaren *Gesprächspartnern* Mensch und wer Maschine ist. Gelänge es dem Computer aufgrund seiner Antworten den Eindruck zu vermitteln, menschlich zu denken und menschliche Intelligenz zu besitzen, wäre der Test bestanden. Bisher ist das allerdings noch keinem Computer vollständig gelungen. Wir hätten es schaffen können ..."

Van Doorn fixierte Torger lauernd. „Dann gehe ich wohl recht in der Annahme, dass Sie ohnehin nicht vorhatten, die Kleine am Leben zu lassen? Nun mal Butter bei die Fische, Torben!“

Renata fuhr herum, um Torger zu beobachten, während er antwortete. „Das sehen Sie falsch, Wilfried. Übrigens: Ich heiße Torger, nicht Torben … Wir haben gehofft, zügig eine Verbindung herstellen und den Test durchführen und aufzeichnen zu können. Danach hätte sich Frau Dr. Breuer um eine Reanimation bemüht. Wir haben bereits im Vorfeld vielversprechende Tests durchgeführt, die Anlass zu der berechtigten Hoffnung gaben, dass wir es gleich beim ersten Mal schaffen könnten.“

Van Doorn ließ ein zynisches Lachen hören. „Ach, deshalb haben Sie auch eine scheinbar promiskuitive Frau ohne Familie und feste Anstellung ausgesucht. Wenn das jemals herausgekommen wäre, hätte es sicher unangenehme Fragen aufgeworfen …“

Torger war unangenehm berührt. Offensichtlich war van Doorn tatsächlich nicht so schlicht und leicht manipulierbar, wie er bisher angenommen hatte. Es war in seiner Situation gefährlich, sich so sehr in einem Menschen zu täuschen. Der Immobilienmogul konnte offensichtlich gut schauspielern, was wiederum bedeutete, dass er hatte verkannt werden wollen. Warum zeigte er ausgerechnet jetzt sein wahres Gesicht und vor allem: Wie sollten er und Renata damit umgehen?

Torger konnte erkennen, dass Renata das Gespräch angespannt verfolgt hatte. Auch sie war blass geworden, schien sich aber noch nicht einmischen zu wollen.

Torger beschloss in Sekundenbruchteilen, die unterschwellige Drohung zu ignorieren und den Älteren erneut an seine Mitverantwortung zu erinnern.

„Wenn alles gut gegangen wäre, wäre der Name der Frau nie aufgetaucht und sie selbst hätte sich nicht mehr an das Geschehen erinnern können. Da Sie beinahe von Anfang an dabei waren, Wilfried, wissen Sie ja, dass wir auf die junge Frau durch Pastor Groß aufmerksam geworden sind. Sicher ist es von Vorteil, dass Sie keine Angehörigen zu haben scheint. Vor allem, da wir uns ja nun GEMEINSAM entschlossen haben, das Experiment als missglückt zu betrachten ...“

Erneut lachte van Doorn laut auf. „Was eine sehr nette Umschreibung dafür ist, dass wir das Mädchen nun nicht mehr brauchen. Und wenn Ihre reizende Assistentin dort drüben den Körper sterben lässt, ist ihr Bewusstsein sozusagen heimatlos und kann in den Tunnel oder wohin auch immer entlassen werden? Wird es dort auch unseren Gottesmann wieder treffen? Ist doch schön, wenn da schon jemand wartet, denn sie kennt, nicht, Torben?“

Renata starrte den Investor wütend an. Torger hätte nicht sagen können, ob sie wegen der Titulierung als *Assistentin* aufgewühlt war, oder weil er sie indirekt des Mordes bezichtigte. Dabei schien es keine Rolle zu spielen, dass das ja den Tatsachen entsprach.

Van Doorn verschränkte die Arme mit einem überlegenen Lächeln und schien entspannt auf eine Reaktion zu warten.

Torger spürte unangenehm berührt, dass ihm selbst der Schweiß ausbrach. Irgendetwas lief hier grundfalsch. So war das alles nicht geplant gewesen und Renatas emotionale Labilität machte die Situation nicht einfacher. Und schon zischte die Ärztin kampfbereit: „Natürlich wird sie das.

Wir wollten sie ja nicht allein ins Jenseits gehen lassen. Und wenn Sie so besorgt um sie sind …“

Torger ging dazwischen bevor sie den unheilvollen Satz beenden konnte, und zog Renata unsanft am Kittel zurück. „Es reicht! Wir sitzen alle in einem Boot!“

Van Doorn zuckte noch immer lächelnd die Achseln und ließ sich mit einem frischen Glas Whiskey scheinbar unberührt erneut in dem Sessel nieder. Er nippte genüsslich an der goldfarbenen Flüssigkeit. „Was für ein Temperament, Frau Doktor! Beeindruckend! Ich hätte nichts dagegen, wenn Sie mir das unter anderen Umständen nochmal zeigen!“

Es schien ihn noch mehr zu amüsieren, dass die Ärztin vor hilfloser Wut mit den Zähnen knirschte. Er hätte sich nicht gewundert, wenn sie inzwischen Schaum vor dem Mund gehabt hätte.

„Aber ich stimme Ihnen zu, Haugen. Es reicht! Ich dachte nur, Sie beide sollten wissen, dass ich weder blind noch blöd bin, auch wenn ich diesen Eindruck eigennützig gern erwecke ...!“ Er zwinkerte Torgen zu. „Und Sie, schöne Furie, sollten wissen, dass ich vorgesorgt habe, falls Sie mich dem Pastor hinterher schicken wollen. Wenn ich mich nicht in…“, er sah demonstrativ auf seine goldene Rolex, „... vierzig Minuten erneut bei meinem Protegé und Bodyguard melde, wird dieser einen Umschlag öffnen, in dem ich das ganze fantastische Experiment in Schriftform mit allen mir bekannten Namen und Daten hinterlegt habe. Er hat die klare Anweisung, das Dokument der Presse zuzuspielen.“ Van Doorn prostete den beiden siegesgewiss zu. „Nun schauen Sie doch nicht so bedröppelt! Wenn ich mich wie versprochen melde, ist doch alles gut! Und wir machen auch alles so, wie wir es besprochen haben. Ich wollte Sie nur wissen lassen, dass ich zwar möchte, dass sich meine Investition rentiert, aber dass ich auch am Leben hänge!“

Torger wandte sich ab, damit der andere nicht sah, wie sehr ihn das erneute, dröhnende Lachen abstieß.

Er atmete tief ein. „Gut, dann können wir ja offen reden. Renata. Wo ist die Leiche?“

Renata hatte sichtlich Mühe sich zu beruhigen. „Ich habe sie ...“

In diesem Moment klingelte es an der Tür.

Eskalation

Tobias klingelte sofort ein zweites Mal und hätte es sicher auch gleich noch ein drittes Mal getan, wenn Dörte ihm nicht Einhalt geboten hätte.

„Nun mal langsam! Wir sollten versuchen einen seriösen Eindruck zu machen, wenn wir etwas herausfinden wollen!“

Tobias wippte ungeduldig auf den Fersen. „Wie kannst du nur so ruhig bleiben! Wir wissen doch gar nicht, ob Sonia in Gefahr ist. Vielleicht läuft ihr die Zeit weg. Sie hofft bestimmt, dass wir sie schnell finden!“

Im Haus regte sich gar nichts. Das Anwesen atmete förmlich Reichtum und Geschmack aus allen Poren. Es war L-förmig angelegt und von geschickt platzierten Strahlern beleuchtet. Bodentiefe Fenster und jede Menge Glas gewährten einen Vorgeschmack auf eine großzügige Wohnlandschaft und puren Luxus. Knöcheltiefe Teppiche, lederne Sitzmöbel, ausladende Wandgemälde und teure Vasen waren erkennbar. Wer wohl hier die Fenster putzte?

Die mit Kies ausgelegte Auffahrt war gesäumt von akkurat gestutzten Buchsbäumen und exotisch wirkenden Pflanzen. Das war selbst im Dunkeln, nur durch die Solarlampen erhellt, erkennbar.

Neben der außergewöhnlich künstlerisch gestalteten Aluminiumhaustür prangte ein beleuchtetes Messingschild mit der schlichten Aufschrift *Haugen.* Also waren sie hier definitiv an der richtigen Adresse.

Auch im Haus brannten gedämpft ein paar in die Decke integrierte Lampen, aber es rührte sich nichts und niemand.

Dörte ging ein paar Schritte zur Seite, um den Bewegungsmelder zu aktivieren, weil das Außenlicht ausging.

Sie konnte Tobias nicht davon abhalten, mit der Faust nachdrücklich und fordernd gegen die Tür zu klopfen. „Es muss doch jemand zuhause sein, verdammt!“ Mit der freien Hand deutete er auf den protzigen Luxusschlitten, der irgendwie schief auf der Auffahrt abgestellt worden war. Außerdem war ein roter Audi A5 vor der Garage an der Seite geparkt.

„Vielleicht sind sie ja zu Fuß unterwegs oder mit einem dritten Wagen!“

„Ich gebe nicht auf! Ich bin sicher, dass jemand da drin ist! Wir haben nur diese Spur! Ich gehe jetzt um das Haus herum! Du musst ja nicht mitkommen. Ich will dich in nichts hineinziehen.“ Mit diesen Worten machte Tobias sich auch schon auf den Weg.

Dörte stolperte, wie heute schon so oft, hinterher. „Für eine Grillparty im Garten ist es definitiv zu kalt! Das ist Hausfriedensbruch! So warte doch.“

Langsam kam sie sich wie eine ältliche Gouvernante vor, da sie den Freund permanent auf Gefahren und illegales Handeln hinweisen musste. Im Moment fühlte sie sich nicht wie 25, sondern eher wie 75.

Der schmale Weg, der um das Haus herum führte, wirkte weniger gepflegt und beleuchtet als die Auffahrt an der Vorderfront. Hier waren schon seit längerem keine Blätter mehr zusammengefegt worden und das Unkraut breitete sich wuchernd immer großflächiger aus, je weniger der Weg von vorn einsehbar war.

„Außen hui, innen pfui … oder so ähnlich ...“, murmelte Dörte, die immer noch Mühe hatte, Tobias zu folgen und gleichzeitig nicht in die aufgeweichte Erde neben den

Gehwegplatten zu treten. Dafür waren ihre dünnen Stoffschuhe tatsächlich nicht gemacht.

Hinter dem Haus befand sich eine große, eingezäunte Rasenfläche. Vielleicht war das eine ehemalige Pferdekoppel, wobei weit und breit kein Pferd mehr zu sehen war.

Das Haus stand sehr einsam. So einsam, dass selbst der Taxifahrer zunächst Schwierigkeiten gehabt hatte, die angegebene Adresse zu finden. Zwei mal wären sie beinahe an der Abzweigung zu dem Anwesen vorbeigefahren.

Der dunkle Wald, der die einsame Straße hier herauf größtenteils säumte, schien das Scheinwerferlicht regelrecht absorbiert zu haben. Die Bäume standen stellenweise so dicht beieinander, dass weder der Wegweiser noch die Abbiegung selbst frühzeitig erkennbar gewesen waren. Dörte hatte sich ein bisschen gegruselt und versucht, das Unwohlsein auf gewohnt flapsige Art zu überspielen. Während sie nun etwas ungeschickt Tobias hinterher stolperte, ging es ihr keineswegs besser. Im Gegenteil. Sie schüttelte sich. Teilweise vor Kälte, aber auch, weil die Situation ihr zunehmend unheimlich und bedrohlich erschien. *Nun lass endlich von dir hören, Sonni! Es reicht jetzt. Ich will nach Hause.*

Hinter der Rasenfläche war ein brach liegendes Feld erkennbar. Wenn man in diese Richtung blickte, konnte man an einer Stelle sogar bis zu der verlassenen Zufahrtsstraße sehen. Natürlich war kein Mensch auf dieser Straße unterwegs. Per Anhalter würden sie hier wohl nicht weg kommen.

Tobias hatte inzwischen bestimmt mindestens 50 Meter Vorsprung und bewegte sich zügig auf eine Art ausladenden, dunklen Gartenschuppen zu, der nur vage zu erkennen war. Die Umrisse wirkten wie ein gigantisches, kauerndes

Tier. Als sich auch noch eine Wolke vor den Mond schob, konnte Dörte kaum noch etwas sehen. Und plötzlich hatte sie keine Lust mehr.

Sie beschloss, da, wo sie gerade stand, auf Tobias Rückkehr zu warten. Sie würde gleich nochmal versuchen, Sonia anzurufen. Das wäre ja der absolute Hammer, wenn die schon längst wieder zuhause säße und sich wundern würde, wo sie blieben. Vielleicht hockte sie ja wirklich schon im Warmen bei Opa Richter und erzählte ihm von ihren Abenteuern. Einen Moment lang konnte Dörte sich beinahe bildlich vorstellen, wie sie später alle drei bei einem Bier über diesen unglaublichen Tag und Tobias Eifer lachen würden, und schöpfte wieder Hoffnung.

Wenn das Telefonat trotzdem wieder erfolglos war, würde sie Tobias dazu bringen, nochmal zur Polizei zu gehen. Schließlich hatten sie inzwischen einiges in Erfahrung gebracht und konnten auch Zeugen benennen. Sie waren beide keine Superhelden – keine unverwundbaren Detektive wie im Film. Das hier war die Wirklichkeit und in der Realität gab es meistens ganz einfache Erklärungen, aber leider auch sehr reale Gefahren.

Dann geschahen zwei Dinge gleichzeitig. Ihr wurde bewusst, dass sie bereits seit einigen Minuten vergeblich in den Taschen nach ihrem Handy kramte, und sie hörte Kampfgeräusche. Unterdrücktes Stöhnen, dann schrie ein Mann und kurz darauf war ein lautes Klatschen zu hören. Danach herrschte absolute Stille.

„Tobias?“ Ihr Ruf war sehr zittrig und ziemlich zaghaft. Im Schuppen bewegte sich ein Lichtschimmer. Jemand schien mit einer Taschenlampe umher zu leuchten.

Dörte räusperte sich und rief erneut und diesmal etwas lauter. „Tobi?“ Sie wartete und lauschte angespannt.

Da kam jemand aus dem Schuppen. Dörte erkannte die Umrisse eines Mannes. Das war nicht Tobias! Aber er verschloss die Tür hinter sich und ging zielstrebig in ihre Richtung, kam direkt auf sie zu.

Einen kurzen Moment drückte sie sich zitternd an die Hauswand. Was war mit Tobias geschehen? Dörte hatte sich schon öfter mal gefragt, ob sie im Fall des Falles genügend Zivilcourage aufbringen würde, in Not geratenen Menschen mutig zur Hilfe zu eilen.

Nun wusste sie die Antwort. Sie drehte sich um und rannte so schnell sie konnte.

Es klingelte schon wieder. Van Doorn blickte zwischen Renata und Torger hin und her. „Was nun? Erwarten Sie noch jemanden? Wird vielleicht unser Gottesmann schon vermisst?“

„Das kann eigentlich nicht sein!“, stieß Renata hervor. „Er hat versprochen, niemandem von unserem Projekt zu erzählen ...“

„Ach, er hat es versprochen … na, dann kann ja gar nichts schiefgehen! Meine Güte! Sie sind ja noch naiver, als ich dachte!“ Nun wirkte van Doorn doch beunruhigt.

„Natürlich ist eine Verbindung zwischen Groß und mir bekannt. Das war ja auch kein Geheimnis! Er hat zwar viel Wind darum gemacht, dass wir gemeinsam Großes vorhaben, aber ich bin mir tatsächlich sicher, dass er den Mund gehalten hat, worum es eigentlich ging. Das war ja auch in seinem ureigenen Interesse“, besänftigte Torger.

„Ich würde auch nicht leugnen, dass er heute Abend hier war. Das hat er bestimmt sogar seiner Frau erzählt.“ Der Gesichtsausdruck des Wissenschaftlers machte deutlich, was er von der Pastorengattin hielt. „Aber wer will denn das Gegenteil beweisen, wenn ich sage, dass er vor einer Stunde wieder zurückgefahren ist! Der Weg in die Stadt ist weit, dunkel und einsam. Da kann sehr viel passiert sein! Menschen verschwinden dauernd und ICH habe immerhin einen sehr guten Ruf ..."

„Dann würde es aber weniger verdächtig wirken, wenn Sie jetzt die Tür öffnen würden", stellte van Doorn trocken fest.

Torger nickte. Auf sein Zeichen sorgte Renata mit einigen geschickten Handbewegungen dafür, dass die nahezu unsichtbare Tür des Labors wieder zur Wand des Partyraumes wurde. Sie selbst blieb neben der bewusstlosen Frau zurück, da zu diesem Zeitpunkt der Prozess der Datensicherung nicht unterbrochen werden sollte.

„Bleiben Sie am besten hier unten, Wilfried. Dann kommen wir nicht noch mehr in Erklärungsnot. Falls Sie doch gesehen werden, haben wir uns einfach auf ein Gläschen hierher zurückgezogen, um etwas Geschäftliches zu besprechen."

Van Doorn nickte und füllte sein Glas erneut, während Torger die Treppe hinauflief. Er versuchte entspannt zu atmen und einen gelassenen Gesichtsausdruck aufzusetzen. Vieles hing nun davon ab, dass er ruhig blieb.

Im Vorflur angekommen fiel ihm auf, dass der Bewegungsmelder vor der Tür inaktiv war. Entweder stand jemand ganz still vor der Tür oder die Person war schon wieder gegangen.

Torger war sich nicht sicher, welche Variante ihm besser gefiel. Es war auf jeden Fall unbefriedigend nicht zu wissen, wer da geklingelt haben könnte. Vielleicht war es ja einfach nur eine Paketzustellung. Er wartete immer noch auf ein paar bestellte Dioden. Aber dazu war es wohl auch schon zu spät.

Er atmete noch einmal tief durch und öffnete die Tür. Da war niemand. Es war auch nichts zu hören und kein fremder Wagen zu sehen.

Torger trat einen Schritt nach draußen. „Hallo? Ist da jemand?“

Die feuchte Luft roch angenehm nach Wald und nicht mehr allzu fernem Winter. Er atmete tief ein und genoss die unverhoffte Ruhe und Pause vom Schöntun und Vermitteln zwischen den beiden schwierigen Charakteren im Keller. Er tastete in seiner Brusttasche nach seiner Notfallzigarette, die er nun schon seit Wochen immer bei sich trug. Der Wissenschaftler hatte aus Vernunftgründen das Rauchen aufgegeben. Da die Glimmstängel aber über viele Jahrzehnte hinweg seine einzige Leidenschaft dargestellt hatten, traute er seiner eigenen Standhaftigkeit noch nicht ganz über den Weg. Die Notfallzigarette, die inzwischen schon sehr an Aroma verloren hatte, gab ihm das Gefühl, bei Bedarf zumindest einen eingebildeten Halt zu haben. Jetzt war der ideale Moment zum Rauchen gekommen. Torger brauchte Abstand und musste nachdenken.

Im Gegensatz zu Van Doorns Einschätzung war der Wissenschaftler alles andere als naiv. Ihm war durchaus klar, dass ihr Plan Schwächen hatte, aber er hatte in mehrfacher Hinsicht vorgesorgt. Er hatte bereits vor der Ankunft von Pastor Groß die Überwachungskameras so deaktiviert, dass man später gegebenenfalls von einem Defekt sprechen konnte. Sollte es tatsächlich zu polizeilichen Ermittlungen kommen, wollte Torger gewappnet sein. Niemand sollte ihm nachweisen können, wer seine Besucher gewesen waren, und vor allem, wann sie das Haus verlassen hatten.

Man musste schließlich immer mit dem Unberechenbaren rechnen, was allein schon durch das dramatische Unglück bewiesen war, das ihnen beinahe alle Pläne durchkreuzt hätte.

Torger hatte es nicht laut ausgesprochen, aber er fürchtete, dass irgendein Schaulustiger das Drama gefilmt und dabei eventuell sogar Renata im Gespräch mit der jungen Frau verewigt hatte, die jetzt leblos in seinem Keller lag. Irgendjemand zückte doch heutzutage immer das Handy. Trotz oder gerade wegen des Dramas. Dann wäre die Verbindung zu der Beinahe-Toten offensichtlich. Er hatte sich aber ohnehin vorgenommen, im Ernstfall die Ärztin den Wölfen zum Fraß vorzuwerfen. Sie war zwar intelligent und verschwiegen, aber auch viel zu aufbrausend, anstrengend und eben ersetzlich. Ihm würde man sicher Glauben schenken, wenn er dezente Hinweise auf ihre Beteiligung streute.

Bis vor wenigen Minuten war er sich allerdings auch sicher gewesen, dass der trinkfeste Millionär an seiner Bar eine leicht lenkbare Marionette war. Torger war zutiefst erschüttert, sich diesbezüglich geirrt zu haben. Er mochte es nicht, wenn die Dinge solch extrem überraschende Wendungen nahmen.

Er nahm einen letzten, tiefen Zug von der Zigarette und atmete langsam und genüsslich aus. Dann zertrat er den Filter und wischte die Kippe mit dem Fuß unter einen Busch, bevor er sich wieder der Haustür zuwandte.

In diesem Moment kam eine Frau keuchend und schlitternd um das Haus herum gerannt. Torger wich automatisch in den Flur zurück, aber sie sah ihn gar nicht an. Wie dumm von ihm! Es war ihm gar nicht eingefallen, hinter das Haus zu sehen!

Sie war schreckensbleich und weinte. Er hatte ihr Gesicht noch nie gesehen, aber da sie so aufgewühlt war, musste sie etwas entscheidendes auf seinem Grundstück gesehen oder gehört haben, und im Bruchteil von Sekunden entschied Torger, dass er sie nicht einfach laufen lassen konnte.

Fluchend lief er ihr hinterher.

Van Doorn beobachtete, wie die Wand sich langsam wieder schützend vor ihr düsteres Geheimnis schob, und kippte den letzten Rest des teuren Whiskeys in einem Zug hinunter. Er war zufrieden. Er wurde oft unterschätzt, aber nur, weil er es so wollte. Van Doorn hatte schon ganz andere Kaliber als die beiden Wissenschaftler getäuscht und letztendlich davon profitiert, dass seine Gegner ihn für leichtgläubig und lenkbar hielten. Es war erstaunlich, wie freigiebig an und für sich intelligente Menschen mit brisanten Informationen umgingen, wenn sie ihr Gegenüber für ungefährlich hielten.

Seine Finger tasteten automatisch nach der kleinen Platine, die er unauffällig hatte in die Hemdtasche gleiten lassen. Der Chip schien wirklich wichtig zu sein und es war immer gut, ein Druckmittel und einen Plan B zu haben.

Nun wussten seine Mitspieler allerdings, dass sie ihn künftig in eine andere Liga einordnen mussten, und er konnte die Maske fallen lassen. Er angelte ein wenig gelangweilt sein Handy aus der Brusttasche und überflog die aktuellen Nachrichten, während er wartete. Viele Artikel beleuchteten das Unglück vom Mittag. Plötzlich blieb van Doorns Blick an dem Foto eines schwarzen SUV hängen und er vergrößerte rasch den zugehörigen Text. Er fühlte sich sofort wieder ganz nüchtern.

Irgendein Passant hatte den Wagen beim auffällig eiligen Verlassen der Tiefgarage fotografiert und nun wurde ermittelt, ob ein Zusammenhang mit dem Unglück bestand. Sabotage wurde nicht ausgeschlossen. Der Halter des Wagens wurde gesucht.

Der Wagen gehörte van Doorns Firma. Er hatte von Anfang an Bedenken gehabt, eines seiner Fahrzeuge einzusetzen, aber Haugen hatte gemeint, dass sie die Kleine in einem blickdichten Wagen transportieren mussten, in dem auch das medizinische Equipment Platz fand. Die Ärztin musste ja sofort die Zellen kühlen und die Sauerstoff- und Kohlendioxidwerte überwachen, oder so ähnlich. Da sie sich kein Auto mieten wollten, weil das noch auffälliger gewesen wäre, hatte er sich schließlich doch dazu bereiterklärt, ein Fahrzeug zur Verfügung zu stellen. Allerdings nicht ohne das Kennzeichen auszuwechseln.

Es hatte ja auch keiner ahnen können, dass ausgerechnet an diesem Tag das blöde Gerüst umfiel. Sie waren tatsächlich sehr schnell von dem Unglücksort verschwunden, bevor die Polizei zu viele Fragen stellen konnte. Was dem Millionär jetzt große Sorgen machte war die Tatsache, dass genau dieser Wagen auf dem Grundstück hinter dem Haus in dem alten Schuppen versteckt war.

Wer auch immer oben vor der Tür stand: Wenn diese Person die Nachrichten verfolgt hatte und aus irgendeinem Grund den Wagen im Schuppen sah, wäre sofort ein Zusammenhang zwischen dem Shopping Castle und ihnen hergestellt. Das wäre sehr verdächtig und selbst wenn ihnen eine gute Erklärung dafür einfiele, wäre es dann erst mal unmöglich, sofort weiter zu experimentieren. Die Situation würde auf jeden Fall Zweifel und Irritationen wecken und dann müssten sie zunächst auf Tauchstation gehen und die Bälle sehr flach halten.

Van Doorn beschloss, zügig durch den Hintereingang zum Schuppen zu gehen und die Tür so zu sichern, dass kein Schnüffler sie so schnell würde öffnen können. Wie gut, dass er vorhin mit Torger im Weinkeller gewesen war. Dabei hatte er den Kellerausgang entdeckt. Auf diesem Weg konnte er sein Vorhaben unauffällig und schnell erledigen.

Trotz seiner Leibesfülle konnte van Doorn sich erstaunlich leichtfüßig bewegen, wenn die Situation es erforderte. In kürzester Zeit stand er bereits in der kühlen Nachtluft vor dem Hintereingang und versuchte sich in der Dunkelheit zu orientieren. An der Rückseite des Hauses waren keine Bewegungsmelder angebracht und der Mond wurde immer wieder von Wolken verdeckt.

Hinzu kam, dass die Hintertür sich halb verborgen hinter einer Steinstatur und zwei sehr hohen Tannen befand. Van Doorn brauchte einen Moment, um seine Augen an die Lichtverhältnisse zu gewöhnen und die Umrisse des Schuppens zu seiner Rechten ausfindig zu machen.

Während er sich vorsichtig in die Richtung bewegte, um nicht zu stolpern, hörte er ein Geräusch und sah im gleichen Moment, dass die Schuppentür weit offen stand. Und nicht nur die Schuppentür war geöffnet. Auf der ausladenden Ladefläche des SUV schienen zwei Gestalten miteinander zu rangeln. Er konnte für einen Moment drei ineinander verschlungene Arme erkennen.

Van Doorn schlich näher heran. Kurzzeitig wurde die unwirkliche Szene etwas besser beleuchtet, als der Wind die Wolken zur Seite schob. Das Mondlicht fiel wie eine überdimensionale Taschenlampe direkt in den Schuppeneingang. Van Doorn erkannte schockiert, dass nur eine der beiden Gestalten lebendig war. Ein unbekannter Mann versuchte anscheinend, die leblose Gestalt von Pastor Groß wiederzubeleben.

Na, dann viel Erfolg!, dachte van Doorn. Das wird wohl nicht mehr funktionieren. Renata, die dumme Kuh, hatte die Ladefläche des SUV anscheinend für ein gutes Leichenversteck gehalten. Wie hatte sie es nur geschafft, den Pastor dorthin zu bringen?

Er seufzte tief. Das änderte natürlich alles! Das Tor abzuschließen würde hier nicht mehr helfen. *Abschießen* wäre schon eher sinnvoll, aber er hatte natürlich keine Waffe dabei.

Der andere war noch viel zu sehr beschäftigt, um ihn zu bemerken. Das war gut. Selbstverständlich konnte van Doorn den jungen Mann nun nicht mehr gehen lassen. Mit viel gutem Willen hätten sie vielleicht noch eine Erklärung für den versteckten SUV finden können, aber die Leiche auf der Ladefläche ließ sich nicht mehr harmlos begründen. Vor allem, da der Pastor offensichtlich gewaltsam zu Tode gekommen war.

Der Fremde musste weg. Und zwar zügig. Van Doorn dachte fieberhaft nach, während er näher heran schlich. Rechts vom Eingang hatte Haugen jede Menge Werkzeug auf einer Lochplatte untergebracht.

Zangen, Hammer, Kupferrohre und ähnliche Materialien, die sich gut zu einer tödlichen Waffe umfunktionieren ließen, hingen ordentlich aufgereiht an Haken nebeneinander.

Es musste ihm nur noch gelingen, ungehört so weit zu kommen, dass er ein geeignetes Werkzeug zu fassen bekam. Das Überraschungsmoment war noch auf seiner Seite!

Der Fremde schien allerdings langsam aufzugeben. Die hektischen Wiederbelebungsmaßnahmen wurden deutlich langsamer. Van Doorn konnte sich auch nicht vorstellen, dass bei dem Pastor tatsächlich noch ein Puls zu fühlen gewesen war. Jetzt richtete der junge Mann sich schwer atmend auf und begann in seinen Jackentaschen zu wühlen.

Mist! Der suchte sein Handy! Nun war van Doorn einer Panik gefährlich nah und bewegte sich schneller. Der andere durfte auf keinen Fall die Polizei rufen!

Dieser Gedanke ließ den Millionär unvorsichtig werden. Der Kies knirschte hörbar unter seinen maßgeschneiderte Lederschuhen, sobald er schneller wurde. Kurz bevor er das Werkzeugsortiment erreichte, drehte der junge Mann sich erschrocken um, entdeckte ihn und schrie überrascht auf.

Van Doorn tastete blind nach dem nächstbesten Werkzeug und wollte sich auf den jüngeren Mann stürzen. Der schien sich leider sehr schnell von dem Schrecken erholt zu haben, richtete sich auf und schmetterte ihm reflexartig die Faust ins Gesicht.

Der Schwung kam von oben und hatte daher noch mehr Wucht. Van Doorn taumelte ein paar Schritte rückwärts und stieß schmerzhaft gegen einen harten Gegenstand, der dadurch scheppernd umfiel. Er spürte einen scharfen Schmerz in der Nierengegend, hatte aber keine Zeit, sich umzudrehen. Der junge Mann richtete sich nämlich über ihm zu seiner vollen Größe auf und die war beachtlich. Er trat an den Rand der Ladefläche und schien bereit, sich auf ihn zu stürzen, wobei er einen bedrohlich wirkenden Schatten an die Wand warf.

Einen Moment lang war van Doorn versucht, einfach wegzulaufen und anderen die Drecksarbeit zu überlassen. Dann kam ihm plötzlich eine geniale Idee.

Das Werkzeug lag schwer in seiner Hand. Er näherte sich wieder der Ladefläche und zielte mit der Brechstange schwungvoll auf die Kniehöhe des Fremden.

Damit brachte er sein Gegenüber schwer ins Straucheln. Der andere keuchte vor Schmerz. Trotzdem schien es kurzzeitig so, als würde er sich im letzten Moment noch fangen, dann aber erwies der Pastor dem Millionär einen letzten Dienst.

Der junge Mann taumelte zurück und stolperte dabei über das linke Bein des Toten, das im unnatürlichen Winkel aufgestellt war. Deshalb fiel der Fremde van Doorn praktisch entgegen und dieser machte einen großen Schritt zur Seite. Der Körper des jungen Mannes schlug mit einem dumpfen Klatschen auf dem Betonboden auf und der feiste Investor brachte sich schwitzend mit erhobener Brechstange in Position, um den nächsten Angriff abzuwehren.

Doch der kam nicht. Es blieb totenstill. Van Doorn tastete in seiner Hosentasche nach dem Handy, ohne den Körper auf dem Boden aus den Augen zu lassen. Er war hochgradig angespannt. Das war mit Sicherheit ein Trick. Die Fallhöhe hätte niemals ausgereicht, um den Fremden zu töten.

Er schaltete die Taschenlampe am Handy ein und erkannte auf einen Blick: Die Fallhöhe hatte den Mann tatsächlich nicht umgebracht. Dafür aber die umgedrehte Schubkarre. Der Fremde war direkt mit der Schläfe auf eine hochstehende Kante der Karre gefallen. Sein Kopf war unnatürlich abgeknickt und seine starren, dunklen Augen wirkten eher überrascht als verängstigt. Ein einzelnes, dünnes Blutrinnsal lief über seine blasse Wange.

Die Karre musste umgekippt sein, als er selbst im Zurückweichen dagegengestoßen war. Das war also der Grund für die Schmerzen in der Nierengegend. Van Doorn beugte sich ächzend zu dem Mann hinunter und suchte nach einem Puls, um ganz sicherzugehen. Er war zufrieden, als er keinen mehr finden konnte.

„Damit hast du nicht gerechnet! Und glaub ja nicht, dass ich jetzt Wiederbelebungsversuche mache!", murmelte er und ließ den Schein der Taschenlampe über die Schubkarre gleiten. Die gesamte Innenfläche war mit angetrockneten Blutspuren überzogen, die keinesfalls alle von dem Fremden stammen konnten. Damit war also geklärt, wie Frau Dr. Breuer die Leiche des Pastors transportiert hatte.

Plötzlich meinte er, eine Frauenstimme rufen zu hören. Van Doorn lauschte angespannt und mit klopfendem Herzen. Nicht noch jemand, der nachsehen wollte, was hier gespielt wurde! Das konnte er nun wirklich nicht gebrauchen.

Da anschließend aber nichts weiter zu hören war als sein eigener Atem, nahm er erleichtert an, dass ihm der Wind einen Streich gespielt hatte.

Der Millionär richtete sich schwer atmend auf und ließ die Brechstange einfach auf den Boden fallen. Aufräumen konnten andere. Er brauchte jetzt einen Drink. Er fuhr mit der Zungenspitze über eine schmerzhafte Lücke in der unteren Zahnreihe und schmeckte Blut. Der Alkohol würde auch diese Wunde desinfizieren.

Er zog die Schuppentüren hinter sich zu und verschloss sie ordentlich mit der dafür vorgesehenen Türkette. Auch daran hatte Frau Doktor vorhin im Eifer des Gefechts wohl nicht gedacht. Letztendlich war die Ärztin an der ganzen Misere Schuld. Er würde sie auf jeden Fall zur Rechenschaft ziehen. Er hatte jeden einzelnen ihrer verächtlichen Blicke bemerkt und wusste sehr gut, dass sie sich über ihn lustig machte. Zumindest bis zu seinem Auftritt vorhin. Und spätestens jetzt sollte ihr das Lachen über ihn endgültig vergangen sein.

Van Doorn spürte Stolz darauf, den wesentlich jüngeren und schlankeren Mann besiegt zu haben. Die Tatsache, dass dieser Sieg nur einem unglücklichen – oder glücklichen – Zufall zu verdanken war, je nachdem, aus welcher Perspektive man das Geschehen betrachtete, war dabei vernachlässigenswert.

Etwas weniger leichtfüßig als auf dem Hinweg machte sich der Investor auf den Rückweg zum Labor.

Fügungen

Schwester Katja seufzte. Diesen Tag würde sie wirklich nicht so schnell vergessen! Gut, dass ihre Schicht bald zuende war. Bei allem Verständnis für die Sorge der Angehörigen,waren heute doch sehr merkwürdige Besucher mit ungewöhnlichen Anliegen dabei gewesen. Und sie hatte bereits mehrmals Mitgefühl gezeigt und ungewöhnliche Bitten erfüllen wollen, ohne dass es ihr gedankt wurde.

Deshalb reagierte sie auch zunächst sehr schmallippig, als ein aufgewühlt wirkendes Paar zielsicher zu ihr an den Tresen trat und die Frau ihre Situation erklärte.

„Das klingt jetzt bestimmt komisch, aber wir brauchen Ihre Hilfe. Mein Freund hier war heute morgen im Shopping Castle. Ihm ist nichts passiert, aber er hat alles mit angesehen. Er hat wohl einen Schock erlitten, denn er hat das Geschehen zuerst komplett verdrängt. Inzwischen ist ihm aber alles wieder eingefallen."

„Ja … und?" Katja verstand tatsächlich nicht, worauf die Geschichte hinauslaufen sollte.

Sybille sah sie um Verständnis bittend an. „Das Problem ist, dass er sich besonders an einen kleinen Jungen erinnert, der wohl direkt vor seinen Augen schwer verletzt wurde. Dieses Kind geht ihm nicht aus dem Kopf."

„Lebt er noch?", unterbrach Sebastian. Der Mann, der jetzt am Infotresen des Krankenhauses stand, glich kaum noch dem selbstbewussten Frauenhelden vom Morgen. Er wirkte geschrumpft und hohläugig. Man sah ihm deutlich an, dass er litt.

Katja seufzte erneut. Nicht schon wieder … „Bei allem Verständnis, aber wenn Sie keine Angehörigen sind, darf ich Ihnen keine Auskunft darüber geben!“

„Bitte!“ Sebastians Blick bohrte sich tief in ihr Herz und Katja wurde weich.

„Na, ja … Es war ja nur ein Kind vor Ort. Und ich glaube, es wurde sogar schon in den Nachrichten durchgegeben, dass der Junge schwer verletzt ist und im Koma liegt. Er lebt also … noch.“

Sebastian liefen erneut Tränen über die Wangen. „Was kann ich tun?“

„Gar nichts, junger Mann! Nur warten und beten. Und ansonsten würde ich Ihnen dringend raten, professionelle Hilfe in Anspruch zu nehmen. Hier im Krankenhaus kümmern sich eine Seelsorgerin und ein Psychologe um die Betroffenen und ihre Angehörigen. Sie sollten sich dringend anschließen! Mit einem Schock ist nicht zu spaßen!“

Sebastian nickte bekümmert. „Sagen Sie, kann es sein dass ...“ Der Mann rang offensichtlich damit, eine ihm unangenehme Frage loszuwerden. Schließlich holte er tief Luft und fragte: „„… dass man unter Schock auch Stimmen hört?“

Katja blickte ihn mitleidig an und zuckte mit den Schultern. „Das kann ich Ihnen leider nicht sagen. Ich bin ja auch keine Fachfrau. Aber umso besser ist es, wenn Sie tatsächlich hierbleiben und sich helfen lassen. Der Psychologe kann Ihnen diese Frage bestimmt beantworten.“

Katja sah den beiden hinterher, als sie in die angewiesene Richtung gingen. Sie wirkten sehr vertraut miteinander. Der an und für sich deutlich größere und muskulösere Mann schien sich vertrauensvoll auf die wesentlich zartere Frau zu stützen.

Wie sehr ein traumatisches Erlebnis, selbst wenn man es nur am Rande mitbekam, die Seele aufwühlen konnte. Wie gut, dass dieser Mann nicht alleine war. Voller Mitleid dachte Katja wieder an den kleinen Jungen, nach dem die beiden sich erkundigt hatten. Nach dem armen Kind hatte bisher noch niemand gefragt. Hoffentlich ließen sich die Angehörigen bald ermitteln. Katja war davon überzeugt, dass liebevolle Worte und die Nähe der Eltern dem kleinen tapferen Jungen helfen würden, den Weg zurück ins Leben zu finden.

Wenn die ältere Dame den Kleinen nicht mit letzter Kraft von dem schweren Gewicht auf seiner Brust befreit hätte – bevor sie selbst zusammengebrochen war – hätte er vielleicht gar nicht überlebt.

Auch das war ein Phänomen, über das Schwester Katja schon oft nachgedacht hatte, weil sie hier im Krankenhaus immer wieder davon hörte. In lebensbedrohlichen Situationen setzten Menschen manchmal Kräfte frei, die weit über das hinausgingen, was sie selbst an Kraft in sich vermutet hätten. Die zarte alte Dame, Frau Heider, war in dieser Notsituation zu einem weiblichen Hulk Hogan geworden. Hieß das nun, dass der Mensch sein eigentliches Kraftpotenzial generell gar nicht voll ausschöpfte, oder war es immer nur die Macht der Gedanken, die sowohl über die körperliche als auch über die geistige Stärke entschied?

Warum vergaß man Erlebnisse, die zunächst unerträglich waren? Wie und warum entschied die Seele, einen Schleier des Vergessens über das zu legen, was man nicht verarbeiten konnte, und lüftete diesen Schleier nach und nach, wenn man stark genug für die Wahrheit war.

Seitdem Katja im Krankenhaus tätig war, glaubte sie daran, dass das menschliche Bewusstsein die größte Macht im Leben eines Menschen darstellte. Und all die Pflaster, Salben und Tabletten hatten oft nicht so eine starke Wirkung wie ein gutes Wort und echtes Mitgefühl. Schade, dass kein Arzt diese so wichtigen Heilmittel per Rezept verordnete.

Sie hatte neulich sogar in einem Blog von einem Prof. Wolfgang Berger[2] gelesen, dass das menschliche Herz mit Feldern umgeben ist, die wiederum mit den elektromagnetischen Feldern lebender Zellen in der Außenwelt kommunizieren. Als Beispiel wurde unter anderem angeführt, dass Menschen ja auch durch Zuwendung Pflanzen gedeihen oder durch Abwehr eingehen lassen können.

Wie faszinierend, was Emotionen und Gedanken bewirken konnten! Und bei allem Fortschritt war sich Katja sicher, dass ein Computer niemals die menschliche Zuwendung vermitteln konnte, die so wichtig für den Heilungsprozess von Körper, Geist und Seele ist.

Katja seufzte und begann kopfschüttelnd, die Ablage zu sortieren. So weit käme es noch, dass an ihrer Stelle eine Maschine die Besucher mit einer vorgefertigten Ansage begrüßte. Manche Fragen konnte eben kein Computer beantworten. Hilfesuchende Menschen brauchten ein menschliches Gegenüber.

Und schon musste sich Katja den nächsten Besuchern widmen. Ein Ehepaar mit Migrationshintergrund. Die junge Frau schien fast unter ihrem Kopftuch zu verschwinden und blickte nur kurz mit rotgeweinten Augen auf. Der Mann wirkte ebenfalls sichtlich aufgewühlt. Dennoch gab er sich große Mühe, sich verständlich zu artikulieren.

---

[2] Artgerecht, Blog, Kino and more; Prof. Wolfgang Berger

„Wir suchen unser Sohn! Er war nicht wieder zuhause seit dem Frühstück. Meine ältere Söhne und ich suchen den ganzen Tag. Meine Frau wartet zuhause. Er kommt nicht! Wir wollen nun wissen, ob verletzt. Ist hier ein Kind? Er ist acht Jahre alt. Kurzes dunkle Haare. T-Shirt mit blauen Streifen an.“

„Ja, hier liegt ein kleiner, noch unidentifizierter Junge, auf den Ihre Beschreibung passt. Er ist heute Mittag Opfer des Unglücks im Shopping Castle geworden.“

Katja war voller Mitgefühl, aber auch sehr erleichtert, dass die Eltern des Jungen nun endlich da zu sein schienen.

„Wir werden gleich feststellen, ob es sich um Ihren Sohn handelt. Einen Moment noch. Ich rufe den Oberarzt!“

Sie hörte, wie der Mann anscheinend das Gesagte für seine Frau ins Arabische übersetzte und wie diese daraufhin aufschrie. „Nadim!“

Der regennasse Asphalt der Auffahrt ließ Dörte ein paar mal beinahe wegrutschen und schon nach einigen Metern litt sie spürbar unter Atemnot und Seitenstechen. Ein innerer Motor aber trieb die junge Frau an, immer weiter zu laufen, vor allem als sie wahrnahm, dass ihr jemand folgte. Da waren schwere Schritte im Kies hinter ihr und ein Keuchen. Dörte rannte, als hätte sie den Teufel leibhaftig im Rücken. Ganz kurz blitzte der Gedanke in ihr auf, dass man dieses Gefühl wohl landläufig Todesangst nannte.

Nur weiter, immer weiter dem Weg folgen, zurück Richtung Straße. Das Taxi war natürlich längst weg und ihr Handy musste sie verloren haben. Es gab also nur noch die Option, so schnell wie möglich Hilfe zu finden. Wann und wo hatte sie auf dem Hinweg das letzte Wohnhaus gesehen?

Kam das Keuchen schon näher? Sie musste noch schneller werden. Die Hochsteckfrisur hatte sich inzwischen komplett aufgelöst und das Haar wehte wie ein dunkler Schleier hinter ihr, wenn es ihr nicht gerade in die Augen fiel und ihr die Sicht nahm. Tiefhängende Äste verhakten sich in einigen Strähnen, als sie einem Baum am Straßenrand zu nahe kam.

Dörte wurde dadurch plötzlich nach hinten gerissen und schrie vor Schreck laut auf, weil sie glaubte, der Verfolger hätte sie erwischt. Durch einen Blick zurück registrierte sie erleichtert, dass die dunkle Gestalt hinter ihr noch einige Meter entfernt war, und befreite sich mit einem schmerzhaften Ruck, der eine lange Haarsträhne im Baum zurückließ. Der dadurch entstandene Schwung nach vorn katapultierte sie auf die Knie und da der Weg an dieser Stelle etwas abschüssig war, rutschte sie seitlich in den Graben, wo sie mit der Schläfe gegen einen Findling stieß.

Der Schmerz setzte trotz des Adrenalinschubs sofort ein und als Dörte nach der Verletzung tastete, spürte sie eine warme, klebrige Flüssigkeit. Ihr war übel und die Welt drehte sich, trotzdem versuchte sie erneut, auf die Beine zu kommen. Der Mond hatte sich inzwischen wieder hinter der Wolke hervorgeschoben, sodass die nähere Umgebung gut erkennbar war.

Dörte drehte den Kopf vorsichtig in alle Richtungen. Wo war der Verfolger? Sie konnte ihn nicht mehr hören. Nur ihr Blut rauschte beinahe schmerzhaft laut in den Ohren. Er musste sich versteckt haben. Er konnte doch nicht verschwunden sein. Er wartete wahrscheinlich nur darauf, dass sie ihm in die Arme lief. Oder war die ganze Verfolgungsjagd nur Einbildung gewesen?

Dörte hob vorsichtig einen spitzen Ast als Waffe vom Boden auf und wankte zurück in Richtung Straße. Dabei blickte sie sich immer wieder um, in der Erwartung, jeden Moment von dem Fremden angefallen zu werden.

Das Rauschen ihres Blutes wurde lauter und immer lauter, bis ihr Verstand ihr signalisierte, dass da ein Auto auf sie zukam. Die Welle der Erleichterung war so stark, dass sie beinahe wieder gestürzt wäre. Dann spürte sie neue Kraft und Energie und lief dem Wagen entgegen.

„Dieser Typ lebt aber sehr zurückgezogen. Die Adresse ist ja kaum zu finden und im Dunkeln ist es noch schwerer!“ Alexander versuchte stirnrunzelnd zu erkennen, wo er abbiegen musste.

Die Straße war sehr kurvenreich und auf der rechten Seite lag der Wald, der momentan undurchdringlich wirkte.

Das Feld auf der linken Seite war lange schon abgeerntet und lag brach. An dem letzten Wohnhaus waren die drei bereits vor einigen Kilometern vorbeigefahren.

Serena biss sich angespannt auf die Lippe. „Das ist ganz schön unheimlich hier! Vielleicht hätten wir doch einfach die Polizei einschalten sollen.“

„Tagsüber sieht es hier bestimmt sehr nett aus! Die Atmosphäre kommt nur durch den Vollmond und weil bald Halloween ist! Irgendwo müssen ja auch die Geister Platz zum Feiern haben!“, versetzte Maria augenzwinkernd.

Alle drei lachten, was die Stimmung tatsächlich kurzzeitig auflockerte.

Und dann rannte plötzlich wie aus dem Nichts eine Frau auf sie zu. Wirre, dunkle Haare flatterten um ihren blutverschmierten Kopf und sie schwang drohend einen Ast.

Alexander drückte das Bremspedal bis zur Bodenplatte durch. Die Bremsen quietschten, der Wagen brach zur Seite aus und die Frauen begannen gleichzeitig zu schreien.

Schon war die Fremde am Auto und hämmerte hysterisch gegen die Scheibe.

„Nicht aufmachen! Bloß nicht aufmachen!“ Maria hatte sich panisch hinter den Beifahrersitz geduckt und Serena griff automatisch nach der Türverriegelung, um sich in Sicherheit zu bringen.

Alexander sah der Frau aufmerksam ins Gesicht und mahnte mit seiner Therapeutenstimme: „Ganz ruhig! Die Frau ist nicht gefährlich! Ich glaube, sie hat Angst und braucht Hilfe! Nicht erschrecken! Ich öffne jetzt die Tür!“

Mit einem leisen Klacken öffnete sich die Fahrertür und die Fremde fiel dem Psychotherapeuten schluchzend beinahe in den Schoß. „Oh, Gott sei Dank! Ich glaube, er ist noch da draußen! Ich weiß nicht, ob er uns gerade beobachtet aber wir müssen ganz schnell weg und Hilfe holen! Tobias braucht uns und mein Handy ist weg!“

Torger empfand es als extrem würdelos, der Frau hinterher zu laufen, zumal sie schneller war, als er vermutet hätte. Er hasste es, keuchen zu müssen, und ihm wurde ebenfalls bewusst, dass er keinerlei Plan hatte, was er tun sollte, wenn er sie einholte.

Es wäre wahrscheinlich unangebracht, sie höflich zu fragen, was sie eigentlich gewollt hatte und ob er ihr einen Schluck Wasser zur Beruhigung anbieten sollte, aber er spielte mit dem Gedanken.

Der Wissenschaftler hatte keine Skrupel, wenn es darum ging, Hindernisse aus dem Weg zu räumen. Er war nur nicht selbst gern der Mann fürs Grobe. Das entsprach dann doch eher Renatas Natur.

Torger verfolgte die Fremde also wie ferngesteuert und planlos und hoffte auf eine glückliche Fügung. Der ganze Tag entwickelte sich langsam zum Albtraum.

Irgendwann bemerkte sie ihn und lief umso schneller. Damit war dann der Überraschungseffekt ebenfalls hinüber. Zumindest waren die Fronten nun geklärt. Er musste sie stoppen – notfalls mit Gewalt. Und er musste unbedingt in Erfahrung bringen, was sie auf seinem Grundstück entdeckt hatte. Als er sie stürzen sah, war Torger erleichtert. Jetzt hatte er das Gefühl, die Situation endlich wieder unter Kontrolle zu bekommen.

Automatisch wurde er ein bisschen langsamer. Sie sah nicht so aus, als wäre sie in der Lage, sofort wieder aufzuspringen und weiterzulaufen. Während er auf sie zuging, versuchte er sich das weitere Vorgehen zurechtzulegen. Er sah, wie sie taumelnd auf die Beine kam und blieb hinter einem Baumstamm stehen, um sie einen Moment lang zu beobachten. Sie sah sich panisch um und er erkannte, dass sie ihn suchte und durch sein Verschwinden verunsichert war. Sie hatte Angst und dafür war er verantwortlich.

Das plötzliche Gefühl von Macht gefiel ihm. Vielleicht war es das, was auch Renata so reizte, wenn Menschen in ihrer Gewalt waren. Torger wollte gar nicht wissen, wie oft die Ärztin schon entgegen dem hippokratischen Eid gehandelt hatte. Er kannte sie erst seit ein paar Jahren. Über die Zeit davor hatte sie bisher immer geschwiegen. Allerdings hatte sie keinen Hehl daraus gemacht, dass sie im wahrsten Sinne des Wortes über Leichen ging. In diesem Moment verstand er sie ein bisschen besser. Die hilflose Frau zu sehen und zu wissen, dass er darüber entscheiden konnte, was mit ihr geschah, erzeugte ein angenehmes Allmachtsgefühl, das er bewusst auskostete.

Und dann sah er die Scheinwerfer. Das angenehme Kribbeln verwandelte sich in Wut. Heute lief aber auch gar nichts glatt! Wenn er die Fremde jetzt überwältigte, müsste es sehr schnell gehen und er würde nicht erfahren, wer sie war. Außerdem könnte er dabei praktisch in flagranti erwischt werden.

Er musste stattdessen versuchen, sich so schnell und so leise wie möglich zurückzuziehen und in Erfahrung bringen, was die Frau auf seinem Grundstück verstört haben könnte.

Alexander half Dörte dabei, auf der Rückbank Platz zu nehmen. Maria rutschte noch immer ein wenig skeptisch zur Seite und beobachtete angespannt, wie der Psychiater eine Decke aus dem Kofferraum holte und der zitternden Fremden um die Schultern legte. Er redete dabei unablässig beruhigend auf sie ein und stellte alle Anwesenden einander vor. Schließlich reichte er ihr eine angebrochene Wasserflasche. „So, das wird Ihnen gut tun, Dörte! Ich habe den Namen doch richtig verstanden? Man sollte die positive Wirkung von Wasser in einer Schocksituation nicht unterschätzen! Atmen Sie tief ein und aus. Sie sind in Sicherheit! Ich fahre den Wagen jetzt erst einmal an den Straßenrand, damit wir nicht noch einen Unfall verursachen, wenn jemand um die Ecke kommt und uns im Dunkeln auffährt.“

Während Alexander nach einer geschützten Parkmöglichkeit Ausschau hielt, suchte Serena bereits nach ihrem Handy. Jetzt reichte es wirklich. Das hier war definitiv eine Nummer zu groß und bei aller Spannung wurde das Abenteuer langsam zu einem Albtraum. Bis jetzt hatte Dörte noch nicht wirklich zusammenhängend berichten können, was genau geschehen war. Allerdings hatten sie alle verstanden, dass ein Mann in akuter Gefahr und sie selbst verfolgt worden war.

Also ganz klar ein Fall für die Profis.

Warum bekam sie denn jetzt keine Verbindung? Serena unterdrückte einen Fluch und schaltete die Innenbeleuchtung ein, um ihr Handy zu inspizieren. Der Akku war noch zu 40 Prozent geladen, aber im oberen Sichtfeld wurde keine einziger Balken angezeigt.

„Oh verdammter Mist! Ich habe keinen Empfang! Was ist das hier? Eine Funkwüste?“

Alexander hatte endlich eine Ausbuchtung am Straßenrand gefunden und stellte den Audi dort ab. Er warf einen Blick auf sein eigenes Handy und Serena konnte trotz der schlechten Beleuchtung erkennen, dass er blass wurde. „Ich kann ebenfalls nicht telefonieren. Maria?“

Maria schüttelte den Kopf und Dörte begann leise zu weinen. „Vielleicht haben sie ihn längst umgebracht! Ich bin weggelaufen! Ich habe ihn im Stich gelassen! Wir müssen doch irgendwas tun können!“

Der Psychiater räusperte sich. „Erzählen Sie uns doch erst mal ganz in Ruhe, was genau passiert ist!“

Dörte wischte sich mit einem zerknüllten Taschentuch über die Augen und riss sich erkennbar zusammen. „Wir haben unsere Freundin gesucht. Sonia. Sie ist seit heute Mittag verschwunden. Wir haben uns Sorgen gemacht, weil sie einen wichtigen Termin versäumt hat. Wir haben aber herausgefunden, dass sie im Shopping Castle war und wohl auch im *Top Skin*, als das Unglück passiert ist. Merkwürdigerweise wurde sie aber nicht ins Krankenhaus eingeliefert. Wir haben ihre Spur ein bisschen verfolgen können, weil sie von einem Pastor, dem sie ab und zu geholfen hat, einen Gutschein für eine Beauty-Anwendung geschenkt bekommen hat. Der hatte den Gutschein aber wohl selbst von einer mysteriösen Frau erhalten, die ebenfalls am Unglücksort gesehen wurde. Die Frau des Pastors hat uns den Tipp gegeben, zu diesem Wissenschaftler, Torger Haugen, zu gehen, weil der eventuell den Namen der Frau kennt, die den Gutschein ursprünglich ins Spiel gebracht hat. Die arbeiten wohl alle zusammen. Deswegen sind wir mit dem Taxi zu seiner Adresse gefahren. Niemand hat uns aufgemacht, aber Tobias wollte nicht aufgeben. Er ist hinter das Haus gegangen und ich bin ihm nicht ganz gefolgt. Ich habe den Weg ja kaum erkennen können, weil es so dunkel war. Und dann hat Tobias plötzlich geschrien und ich habe Kampfgeräusche gehört. Außerdem war da noch ein Mann, den ich aber nicht richtig sehen konnte. Ich war so feige und bin einfach weggelaufen ..." Dörte verstummte beschämt.

Alexander und Serena tauschten irritierte Blicke und Maria sprach aus, was sie dachten. „Das ist ja merkwürdig. Wir verfolgen die Spur einer Frau, die wir bisher nur als Stimme über eine Art Geister-App gehört haben. Sie scheint ernsthaft in Gefahr zu sein. Sie hat sich mit einem Kind unterhalten."

Dörte starrte Maria beinahe verängstigt an und wich ein Stück vor ihr zurück, sodass diese beschwichtigend die Hände hob. „Ich weiß, das klingt total schräg, ist aber die Wahrheit! Ich will jetzt auch nicht jedes Detail erzählen, weil wir gar keine Zeit dafür haben, aber wir sind tatsächlich fast den gleichen Spuren gefolgt. Wir waren am Unglücksort im Shopping Castle und haben über die Geisterstimme den Namen einer Frau erfahren, Renata Breuer, die sich angeblich hier bei diesem Wissenschaftler aufhalten soll. Das kann doch kein Zufall sein!“

Serena drehte sich um und betrachtete Dörte genauer. Die aufgelöste Frau hatte wenig mit der bunten, extrovertiert wirkenden Gestalt vom Nachmittag gemeinsam, trotzdem erkannte sie sie jetzt. „Sie haben doch vorhin auch vor dem *Top Skin* gestanden und das Foto Ihrer Freundin herumgezeigt. Richtig? Ihr Bekannter war auch dabei. Er schien sehr aufgewühlt zu sein.“

Dörte nickte aufgeregt. „Ja, das stimmt. Wir waren da und das war Sonias Foto! Aber von den Leuten dort hatte sie niemand gesehen! Wir sind danach noch ins Krankenhaus gefahren und Tobias konnte mit einem anderen Opfer des Unglücks reden. Diese ältere Dame hat Sonia tatsächlich wiedererkannt. Sie hat Tobias übrigens auch von der mysteriösen Frau erzählt. Denn jemand, der anscheinend nicht zum Personal gehörte, hat Sonia aufgerufen und anschließend mit ihr Streit gehabt. Das muss sie gewesen sein.“

„Wissen Sie, wie die Frau aussah? Ich habe im Krankenhaus eine grobe Beschreibung von Frau Dr. Breuer erhalten. Vielleicht handelt es sich ja tatsächlich um dieselbe Person!“

Dörte versuchte sich konzentriert zu erinnern. „Die Frau des Pastors meinte, dass sie groß und blond wäre. Ihrer Meinung nach wohl auch zu sehr geschminkt.“

Alexander nickte. Die Schwester im Krankenhaus hat ebenfalls von einer großen, blonden, stark geschminkten Frau gesprochen. „Ich weiß wirklich nicht, was hier genau passiert, aber wir scheinen alle aus demselben Grund hier zu sein. Wahrscheinlich suchen wir dieselbe Person …!“

Ehrfurchtsvolles Schweigen senkte sich einen Moment lang über die Insassen des Autos. Das war wirklich eine unglaubliche Fügung.

„Es gibt tatsächlich Dinge zwischen Himmel und Erde … Das ist ja fast, als hätte Sonia uns alle gerufen!“ Dörte begann wieder zu weinen. „Und ich bin schuld, dass ihr Freund jetzt auch noch in Gefahr schwebt! Wir dürfen hier nicht länger plaudern! Wir müssen etwas tun!“

„Aber was denn bitte, wenn wir nicht die Polizei rufen können? Ich werde auf keinen Fall ohne Polizeischutz in dieses Haus gehen, wenn es so gefährlich ist, wie Sie sagen.“ Maria verschränkte entschlossen die Arme über der Brust.

Alexander seufzte: „Wir dürfen aber tatsächlich nicht einfach nur abwarten. Wir können ja auch nicht ausschließen, dass Ihr Bekannter einfach gestürzt ist und deswegen geschrien hat.“

Dörte lachte bitter auf. „Und was ist mit den Kampfgeräuschen und meinem Verfolger? Ich glaube nicht, dass der mit mir Skat spielen wollte!“

„Sie haben Recht!“ Alexander hob die Schultern. „Die Situation scheint wirklich nicht ungefährlich zu sein. Aber wenn Menschen in Gefahr sind, kann man schließlich nicht die Hände in den Schoß legen. Ihr Bekannter braucht akut Hilfe und Ihre Freundin wahrscheinlich auch. Trotzdem – oder besser gesagt deswegen – brauchen wir die Polizei. Ich würde sagen, wir teilen uns auf. Ihr fahrt in den nächsten Ort und ruft Hilfe, sobald ihr aus dem Funkloch heraus kommt, und ich fahre zum Anwesen von Haugen.“

„Auf keinen Fall fährst du allein!“, rief Serena. „Ich gehe mit dir! Wenn dir auch noch etwas geschieht ...“

Alexander schüttelte abwehrend den Kopf. „Das kommt gar nicht in Frage! Ich bin hier der einzige Mann und ich habe bis vor ein paar Jahren noch halbprofessionell geboxt. Ich weiß mir schon zu helfen!"

„Aber ..."

Der Psychiater stieg entschlossen aus dem Auto und winkte Serena, sich ans Steuer zu setzen. „Diskussionen helfen jetzt nicht. Fahrt lieber los und holt so schnell wie möglich Hilfe!"

Serena zitterte, als sie den Fahrersitz auf ihre Größe einstellte. Die ganze Geschichte war ausgesprochen beängstigend. Sie brauchte einen Moment, um sich in dem fremden Wagen zu orientieren, dann ließ sie den Motor an, wendete vorsichtig und beschleunigte langsam.

Im Rückspiegel sah sie Alexanders Gestalt immer kleiner werden und schickte ein lautloses Gebet an seinen Schutzengel. Hoffentlich sah sie ihn unversehrt wieder.

Zwischen Himmel und Erde

„Na dim? Wo b i s t du? Hö rs t du mic h?“

Nadim bewegte sich apathisch Schritt für Schritt vorwärts. Ihm war so kalt und das Gehen war so unglaublich schwierig. Seine Beine schienen mit Bleigewichten beschwert zu sein und er kam kaum voran. In dem kleinen Park, den er bereits auf dem Hinweg durchquert hatte, war es inzwischen so dunkel, dass er kaum noch einen Meter weit sehen konnte. Er hatte Mühe zu atmen, bekam nur schwer Luft. Die Bleigewichte schienen nun auch auf seiner Brust zu liegen. Das ist bestimmt die feuchte, kalte Luft, dachte der Junge.

Er war umgeben von unheimlichen Geräuschen, deren Quelle er in der Dunkelheit nicht identifizieren konnte. Da war ein hohes Pfeifen, das sich nach kurzen Pausen immer wiederholte. Wahrscheinlich kam das von irgendeinem seltsamen Vogel. Außerdem knackte und raschelte es dicht vor und neben ihm und in einiger Entfernung konnte er sogar noch andere Schritte hören.

Hoffentlich hatte er sich nicht verlaufen. Er konnte so schlecht sehen! Und der Kopf tat ihm inzwischen auch ganz furchtbar weh. Ob er Fieber bekam? Er hatte kaum noch Kraft, der Stimme der blinden Frau zu antworten, aber er musste sich zusammenreißen. Schließlich hatte sie nur ihn.

„Das weißt du doch. Ich bin auf dem Weg nach Hause. Hoffentlich sind mein Vater und die Brüder schon wieder zurück. Dann können wir dich gemeinsam suchen ...“

„Al les in Ord n u ng?“ Die Stimme klang besorgt. Wie nett, dass sie sich um ihn sorgte, obwohl sie doch selbst in Gefahr war. Nadim straffte die Schultern.

„Ja, ja. Ich schaffe das schon. Es kann ja nicht mehr weit sein!“ Allerdings kam ihm der Weg schon längst wie eine Ewigkeit vor. Mindestens doppelt so lang wie auf dem Hinweg. Wenn er doch nur nicht so müde wäre! Er konnte auch nicht mehr richtig denken. Die Stimme hatte vorhin etwas ganz Wichtiges gesagt, aber es wollte ihm nicht mehr einfallen. Der Kopf tat viel zu weh vom Denken.

„Ic h wei ß w ieder, w as pa s siert is t. D ie Fr au. Re na t a Bre u er. S ie w o ll te mi t mir d as St u d io ver lass e n. D as ka m mir ko mi sch vor. Sie me int e, so nst k ö nnte ich m ei ne n Gut schein ni cht ein lösen. S ie wurd e rich t ig agg ressiv! Da nn ha t sie et w as au s der Tas che gezo ge n. Dabe i is t ihre Br ieft asch e mit de m Ausw eis run ter gefa lle n u nd ich kon nte ihren Na me n le se n.“

Die Stimme schien erschöpft, Das waren viele Worte gewesen und sie brauchte wohl eine Pause. Nadim trottete einfach immer weiter und wartete auf den Rest der Geschichte.

„I ch hab si e mit Na me n ange sprochen. Sie wa r so bö s e! Plöt zl i ch ha be ich ein en St i ch gespü rt un d mi r wur de üb el. Ich wo l lte um Hil fe ru fe n un d da bra ch da s Ge rü st ein …“

Das Ende hatte Nadim wieder etwas wacher werden lassen. „Heißt das, sie wollte dich entführen? Wer bist du? Bist du reich oder berühmt?“

„Ne in! Ich b in nur So ni a! Ic h w eiß nich t , wel che Exper im ente di e hi er mit mir mach en. Ab er ... ic h gla ube, die brin gen mi ch um!“

Nadim wurde noch kälter – falls das überhaupt möglich war. „Du musst mir unbedingt einen Hinweis geben, wo du bist! Fällt dir gar nichts ein? Denk nach!“

Ic h ha be no ch ei n pa ar Nam en geh ört. Tor ge r Hau gen und Wil frie d v an Doo rn. Da war no ch je man d, ab er ich glau be, der i st tot ...“ Die Stimme klang so, als würde sie weinen, und Nadim versuchte, ein bisschen schneller voranzukommen. Hier musste doch irgendwo Licht sein! Er wollte raus aus dem Dunkel!

Immer wieder murmelte er die Namen vor sich hin, damit er sie auf keinen Fall vergaß. *Torger Haugen, Wilfried van Doorn, Renata Breuer, Torger Haugen, Wilfried van Doorn, Renata Breuer.*

Der Junge strengte sich so sehr an, dass er zu keuchen begann. „Mach dir keine Sorgen! Wir helfen dir! Mein Papa und meine Brüder sind ganz stark! Vor allem Ali.“

Weiter vorn sah Nadim einen Lichtschimmer und lief so schnell er konnte darauf zu.

Torger Haugen, Wilfried van Doorn, Renata Breuer.

Das Licht war inzwischen sehr hell. War das wirklich eine Straßenlaterne am Rand des Parks oder kam da ein Auto auf ihn zu? Er hörte auch Stimmen, die immer lauter wurden, und versuchte auf sich aufmerksam zu machen. Es war so schwierig, laut zu rufen. Er konnte nur noch keuchen vor lauter Anstrengung. Das Licht wurde noch heller, die Stimmen immer lauter. Da rief jemand nach ihm. Suchten sie ihn schon?

„Nadim! Albi! Mein Herz!“

War das seine Mutter? Einen kurzen Moment erschrak Nadim und hatte Angst, Ärger zu bekommen. Aber dann ließ er alle Bedenken hinter sich. Er wollte ganz schnell zu seiner Mama und ganz fest umarmt werden. Deshalb lief er auf das Licht zu. Plötzlich schien es ihm, als müsse er sich gar nicht mehr bewegen, um vorwärts zu kommen. Er hatte das unwirklich Gefühl, zu schweben, gezogen zu werden, und die Helligkeit blendete ihn so, dass er blinzeln musste.

„Er macht die Augen auf!“, schrie da jemand. Und das tat der Junge auch.

Das erste was er sah, war die helle Deckenlampe, die ihm genau in die Augen schien. Er blinzelte und da war seine tränenüberströmte Mama, die ihn gleichzeitig lachend und weinend in ihre Arme riss. Ach wie gut, dass sie da war. Sie roch nach Sicherheit und Liebe und endlich durfte er wieder Kind sein und sich fallen lassen. Da redeten so viele Menschen durcheinander. Was war denn hier los? Und wieso lag er plötzlich in einem Bett? Das war aber gar nicht sein Bett! Und da waren Papa und Ali. Beide so ungewohnt ernst, aber stark und groß wie immer. Er brauchte sie doch. Da war doch etwas. Eben hatte er es noch gewusst ...

Ein freundlicher Mann im weißen Kittel sprach ihn an. „Wie fühlst du dich, Nadim? Hast du Schmerzen? Du hattest einen schlimmen Unfall! Wir haben uns große Sorgen um dich gemacht!“

Unfall, Schmerzen, Sorgen,Torger Haugen, Wilfried van Doorn, Renata Breuer.

Nadims Stimme klang heiser und leise, aber alle konnten ihn deutlich verstehen, als er sagte: „Ihr müsst ihr helfen! Sonia ist in großer Gefahr! Ein paar Leute haben sie entführt. Sie heißen Torger Haugen, Wilfried van Doorn und Renata Breuer.“

Torger bemerkte besorgt, dass seine Hände beim Öffnen der Haustür zitterten. Das war nicht gut. Gerade jetzt war es von großer Bedeutung, dass er ruhig blieb. Das weitere Vorgehen war entscheidend. Noch hatten sie die Chance, glimpflich aus der Sache herauszukommen.

Die Sicht über das abgeerntete Feld hinweg war relativ frei im Mondlicht und er hatte Ausschau nach dem Wagen gehalten, der ihm und der Frau entgegengekommen war. Zuerst war der Audi wieder ein Stück des Weges in seine Richtung gefahren, dann hatte er für ein paar Minuten am Straßenrand geparkt. Torger grinste in sich hinein. Er konnte sich denken, warum. Es kam ihm sehr entgegen, dass sein Haus praktisch mitten in einem gigantischen Funkloch lag.

Immer wieder wurde ja die unzureichende Netzabdeckung in den ländlichen Bereichen diskutiert. Hier war das Problem besonders groß, aber Torger hatte nicht vor, sich dagegen aufzulehnen. Seinen Privatbereich hatte er zusätzlich zu diversen technischen Spielereien mit einem hervorragenden mobilen Router ausgestattet. Aber davon hatten die Fremden dort unten jetzt natürlich nichts.

Als er den Audi schließlich drehen und in Richtung Dorf verschwinden sah, atmete er erleichtert aus. Für den Moment hatte er etwas Luft gewonnen. Natürlich würden die Unbekannten zurückkommen. Wer wusste schon, was die Frau zu berichten hatte. Wahrscheinlich würden sie die Polizei rufen.

Bis dahin musste alles Verdächtige verschwunden sein und sie sollten sich besser eine glaubhafte Story zurechtlegen. Vielleicht war es ja doch nicht so schlecht, dass der Investor sich letztlich als gar nicht so naiv entpuppt hatte. Zumindest würde er die Brisanz der Situation erfassen und sie mussten nicht mehr wegen des Pastors lügen.

Endlich war es ihm gelungen aufzuschließen. Torger trat in den schwach beleuchteten Flur und straffte einatmend die Schultern.

Ein leises, klackendes Geräusch kündigte die Ankunft von *Hades* an. Der Roboter war darauf programmiert, sofort zu erscheinen, sobald sich die Haustür öffnete. Fast wie ein kleiner Hund. So hörte es sich auch an, wenn *Hades* in Bewegung war. Torger würde es niemals vor seinen Kollegen und schon gar nicht vor Renata zugeben, aber ihm lag tatsächlich etwas an seinem kleinen „Hausfreund“. Obwohl *Hades* natürlich weder denken noch fühlen konnte wie ein Mensch, war er doch Torgers ureigenstes Geschöpf. Er plante, speziell diesen kleinen Roboter mit einem echten Bewusstsein zu veredeln, sobald das Experiment jemals gelang. Der kleine Körper war schon jetzt gut gelungen und die Motorik passte sich bereits reflexartig seinen Bewegungen an. *Hades* lernte interaktiv durch Rückmeldungen aus der Umwelt, wobei seine Kamera und kleine Mikrofone dabei ähnlich wie Sinnesorgane funktionierten. Erfahrungen wurden auf seiner SD-Karte gespeichert und ließen ihn immer „klüger“ werden.

Das besondere an dem hüfthohen Androiden war vor allem, dass er Beine hatte. Kurze, staksige Beine, aber immerhin war er in der Lage, sogar Treppen zu steigen. So konnte er bei Bedarf beide Etagen kontrollieren. Torger nahm wahr, dass die künstlichen Gelenke leise quietschten, während sein kleiner Freund sich auf ihn zu bewegte. Ein bisschen Gelenkschmiere in Form von Öl würde ihm sicher gut tun.

Mit einem echten Bewusstsein ausgestattet, wäre *Hades* auch zu Verknüpfungen und Übertragungen in der Lage. Dann wäre der Kleine unschlagbar.

Torger fürchtete sich nicht vor dem Schreckgespenst der viel zitierten „Superintelligenz“, die den Menschen übertreffen und vielleicht auslöschen würde. Er glaubte an das Prinzip, dass der Schöpfer das Geschöpf leiten musste und konnte. *Hades* würde sicher immer seine Existenz in Torgers Dienste, in die des Meisters, stellen.

Im Vorübergehen tätschelte er den glatten, runden Kopf der kleinen Gestalt. „Lass mich sofort wissen, wenn jemand vor der Tür steht, *Hades*. Und schick mir auch gleich Fotos.“

Torger konnte sicher sein, dass dieser Befehl befolgt werden würde.

Mit dem ersten Überraschungsbesuch hatte niemand gerechnet. Dementsprechend war der Roboter auch nicht als Warnsystem programmiert gewesen. Aber ab jetzt würde der Kleine umso besser aufpassen.

Er lief zügig die Kellertreppe hinunter und fand einen derangiert wirkenden van Doorn an der Bar vor. Die Unterlippe war rot und geschwollen, das Designerhemd hing zum größten Teil aus der Hose und die Stirn des Dicken glänzte schweißnass. „Was ist Ihnen denn passiert? Sie sitzen ja noch immer unverändert vor Ihrem Glas, Wilfried! Allerdings sehen Sie nicht mehr ganz so frisch aus wie vorhin!“

Der Ältere lachte auf und prostete ihm zu. „Na, ein bisschen was hat sich schon verändert! Wussten Sie, dass die Ärztin unseren Pastor im SUV entsorgt hat?“

„Nein, aber mir war schon klar, dass sie nicht weit mit ihm gekommen ist. Das heißt also, wir haben im Schuppen nicht nur ein Fluchtfahrzeug, sondern auch noch eine Leiche geparkt!“, summierte Torger zähneknirschend.

„Fasch! Inzwischen sind es zwei Leichen! Ich habe noch eine dazugelegt!“ Van Doorn klang unfreiwillig stolz.

Torger wurde blass. „Mist. Das wird ja immer schlimmer! Dann kann ich mir denken, was die Frau gesehen hat, die ich verfolgt habe! Sie ist mir entwischt. Ein Wagen kam ihr entgegen und hat sie mitgenommen. Sie sind jetzt Richtung Ort verschwunden. Ich weiß nicht, ob die Leute in dem Audi auch dazugehörten oder ob sie zufällig vorbeigekommen sind. Ist ja auch egal. Wir müssen damit rechnen, dass die Polizei gleich vor der Tür steht. Hat Ihr Toter noch irgendwas gesagt? Was wollten die beiden hier?“

Van Doorn schüttelte den Kopf. „Das ging alles viel zu schnell. Ich habe den Mann noch nie gesehen! Vielleicht hat er ja den Pastor gesucht. Er hat ihn auf jeden Fall auf der Ladefläche gefunden und sofort versucht wiederzubeleben.“

Er kippte den Rest im Glas herunter und stand leicht schwankend auf. „Unsere Eiskönigin hat sich übrigens immer noch nicht wieder blicken lassen. Sie hat sich schön hinter der Wand verschanzt und ist fein raus! Wenn Lady Cruella daran gedacht hätte, den Schuppen zu verschließen, wären wir auch nicht aufgeflogen Schuld ist sie ganz allein!“ Van Doorn zeigte anklagend Richtung Spiegelwand.

Torgers Gedanken überschlugen sich. Er arbeitete fieberhaft an einer Lösung. Der Investor schien jetzt doch ein wenig die Nerven zu verlieren. Ein weiterer Mord hatte ja auch nicht auf dem Programm gestanden.

Er legte ihm beruhigend eine Hand auf die verschwitzte Schulter. „Ich weiß, das ist schwer vorstellbar, aber wenn Frau Dr. Breuer jetzt nicht alle bisherigen Daten sichert und die Geräte langsam herunterfährt, dann fangen wir beim nächsten Mal wieder ganz von vorn an. Sie braucht die Zeit. Ich verspreche Ihnen, dass ich mit ihr über ihr Versäumnis reden werde. Jetzt müssen wir aber einen kühlen Kopf bewahren und zügig handeln. Die Polizei kann tatsächlich jeden Moment vor der Tür stehen. Die Leute in dem Audi werden bald wieder aus dem Funkloch heraus sein."

„Wollen Sie damit sagen, dass es außerhalb des Hauses gar keinen Empfang gibt? Dann hätte ich mich wohl doch nicht so beeilen müssen, den Knaben im Schuppen auszuschalten. Aber Sie haben Recht. Die Beweise müssen weg." Van Doorn nickte zustimmend.

„Genau. Und deshalb möchte ich, dass Sie den SUV mit den Leichen wegfahren, Wilfried. Sie verstehen sicher, dass das jetzt als erstes passieren muss. Und der Wagen könnte ja auch zu Ihnen zurückverfolgt werden ..."

Schwang da eine Drohung mit? Van Doorn spürte, wie die Wut in ihm hochkochte. Was bildete der andere sich eigentlich ein? Doch Torger fuhr bereits fort. „Es ist wahrscheinlich auch das Beste, wenn Sie gar nicht mehr hier sind, sobald die Polizei auftaucht. Ich werde mit Frau Dr. Breuer nach oben in das offizielle Labor gehen, wo wir gerade sehr beschäftigt sein werden. Sie ist oft hier und alle wissen, dass wir zusammenarbeiten. Das ist nicht ungewöhnlich. Wir ziehen uns häufig zurück, um ungestört arbeiten zu können. Da kann man schon mal ein Klingeln überhören. Ich habe vor, die fremde Frau als hysterisch darzustellen. Im Dunkeln hat sie hoffentlich nicht viel erkennen können, ihr Wort gegen meins. Bevor hier irgendeine Spurensicherung auftauchen kann, machen wir natürlich gründlich sauber. Hauptsache, der Schuppen ist erst mal leer."

Van Doorn war etwas besänftigt. Sich vom Tatort zu entfernen klang tatsächlich gut. „Ich kann aber schlecht den gleichen Weg nehmen, auf dem mir die Polizei jeden Moment entgegenkommen wird.“

„Stimmt. Sie müssen auch nur ein kleines Stück in diese Richtung fahren. Kurz vor dem Ortsschild führt eine Art Wanderweg in den Wald. Da biegen Sie ab. Diese Straße ist schmal und holperig, führt aber auf Umwegen zur Autobahn. Unterwegs kommen Sie an einem Teich vorbei. Vielleicht können Sie ja dort die Leichen entsorgen.“

Der Plan war definitiv das Beste und auch das Einzige, was sich in dieser knappen Zeit umsetzen ließ und die beiden Männer hetzten erneut zum Schuppen zurück.

Eine Frauenstimme sang vergnügt vor sich hin.

Sonia tauchte wieder aus den undurchdringlichen Tiefen des „Nicht-Seins“ auf, in das sie anscheinend immer dann fiel, wenn sie sich sehr stark konzentriert und kommuniziert hatte. Starke Anstrengung schien wie eine Betäubung zu wirken. Allerdings hatte die Kommunikation beim letzten Mal nahezu hervorragend funktioniert. Die Euphorie überschwemmte ihr Bewusstsein zusammen mit der Erinnerung. Sie hatte tatsächlich Namen weitergeben können. Nadim hatte sie verstanden. Nun bestand wirklich Hoffnung auf Rettung. Sie musste nur durchhalten!

Wer sang denn da ebenso fröhlich wie falsch? Sie musste sich erneut konzentrieren, um „zu hören“. Das war bestimmt diese Renata Breuer. Sonia sah das kantige, kühle Gesicht sozusagen vor ihrem inneren Auge. Die Melodie war wunderschön, im Gegensatz zu der Interpretation der Ärztin, die hingebungsvoll den Text von *Time to say goodbye* schmetterte.

Ausgerechnet diese Lied. Sollte sie das beunruhigen? Es konnte doch jetzt nicht mehr lange dauern und außerdem musste die Frau schon sehr kaltblütig sein, wenn sie sang, während sie einen Mord beging.

Sonia streckte ihre mentalen Fühler nach Nadim aus. Ob der Junge schon mit Vater und Brüdern hatte sprechen können?

Doch sie fand keinen Kontakt, obwohl sie ganz intensiv zu ihm „hin dachte." Das war tatsächlich beunruhigend! Vorhin hatte sie das Kind problemlos erreichen können. Noch ein Versuch. Wieder nichts! Die plötzliche Angst schien ihr Bewusstsein zu vernebeln.

Wie unheimlich, wie befremdlich, die eigenen Emotionen und Gedanken so intensiv zu empfinden, ohne diese Schwere körperlich ableiten oder ausagieren zu können. Leben brauchte Form, Empfindung brauchte Ausdrucksmöglichkeit. Die Körper-, Geist- und Seele-Einheit war zerstört. Es schien ihr, als wäre die Intensität des reinen Bewusstseins in der Lage, enorme Kräfte freizusetzen. Als würde dieses energetische Feld glühen und sich ausdehnen. Gleich gäbe es bestimmt eine kleine Explosion. Die Angst würde sie auslöschen.

Nein! Sie hatte es schon einmal bewiesen und würde es wieder schaffen. Gedanken haben Macht. Stell dir vor zu atmen. Langsam. Ganz langsam. Stell dir Tobias' Samtaugen vor. Sein Lächeln …

„Soni? Liebes? Wo bist du?"

Der mentale Nebel lichtete sich mit einem Schlag. Sonia konzentrierte ihr gesamtes Sein auf Tobis Gesicht. War das seine Stimme?

„Tobi?" Eine neue Welle, diesmal von positiven Emotionen, von Hoffnung, Liebe und Erleichterung floss in dieses eine Wort. Und sie erhielt Antwort. Sah ihn vor sich, so als stünde er leibhaftig bei ihr. Eine Stimme wie ein sanftes Streicheln. „Du glaubst gar nicht, wie lange ich dich schon suche! Ich war so verzweifelt! Gott sei Dank! Ich habe dich gefunden! Wie schön du bist!“

„Kannst du mich denn sehen?“ Was geschah hier auf einmal? Sie konnte wieder flüssig sprechen. Tobias war da. Er leuchtete regelrecht und das kam nicht nur von seinem strahlenden Lächeln. Er konnte sie sehen und auch Sonia selbst fühlte sich zunehmend wieder „ganz“, so als bekäme das Bewusstsein wieder eine Hülle, eine Kontur, in der es sich wohl fühlte. Das dunkle Nichts wurde zunehmend von Helligkeit verdrängt. Keine grelle, bedrohliche Helligkeit, sondern ein warmes Licht, das sie beide umfing. Sonia wollte gleichzeitig lachen und weinen vor Glück. Da stand ihr Tobi und breitete glückstrahlend seine Arme aus. „Komm zu mir, mein Herz!“

Und sie konnte sich tatsächlich auf ihn zubewegen. So federleicht, als würde sie schweben. Ihr Bewusstsein bestand nur noch aus purer Freude und hellem Licht.

So fühlte sich Glück an.

Der Ärztin unter ihr, die, noch immer singend, langsam die Injektionsnadel aus der Vene zog, schenkte sie keine Beachtung mehr.

Wagnisse

Serena umklammerte das Lenkrad so fest, dass ihre Fingerknöchel weiß hervortraten.

Maria plapperte ununterbrochen vor Aufregung. Sie kommentierte den unglaublichen Zufall, dass sie sich getroffen hatten und wollte alles über die gesuchte Sonia wissen.

Serena konnte nicht zuhören. Sie konnte sich kaum auf die Straße konzentrieren. Es hatte sich unglaublich falsch angefühlt, Alexander zurückzulassen.

Wütend schlug sie auf das Lenkrad ein, sodass Maria abrupt verstummte. Endlich fand sie jemanden, der sie aus ihrer Singlelethargie weckte und ihr Hoffnung schenkte. Und natürlich musste derjenige gleich am Kennenlerntag den Helden spielen und ganz allein bei vermeintlichen Entführern, vielleicht sogar Mördern, spionieren.

„Serena …?“ Maria strich ihr vom Rücksitz aus sanft über den Arm. „Alles okay bei dir?“

„Natürlich nicht!“, zischte Serena zurück. „Ich habe noch nie verstanden, warum die Leute in Filmen in absolut gruseligen Situation einander immer wieder fragen, ob alles okay ist. Und das hier ist die Wirklichkeit, Himmelherrgott nochmal! Was soll daran gut sein, dass wir Alexander allein gelassen haben, obwohl wir absolut nicht wissen, was ihn erwartet! Sieh lieber nochmal nach, ob wir inzwischen wieder Empfang haben!“

Es war unglaublich, wie weit sie fahren mussten, um wieder ein Netz zu finden. Diese Gegend schien wirklich ganz und gar verlassen und von der Zivilisation vergessen zu sein. Wie konnte man hier nur freiwillig leben? Perfekt, wenn man ein Verbrechen begehen will, flüsterte eine innere Stimme.

Die anhaltende Dunkelheit und der undurchdringliche Wald zur Linken wirkten bedrohlich. Zeitweilig schienen ein paar Augen zwischen den Ästen aufzuleuchten und Serena musste sich zwingen, nicht auf das Gas zu treten. Sie wollte ganz schnell Hilfe holen, musste aber vorsichtig fahren, weil die Straße sehr kurvenreich und unübersichtlich war.

„Ich habe Empfang!“, kreischte Maria plötzlich und Serena drehte reflexartig den Kopf nach hinten, um einen Blick auf deren Handy zu werfen.

Der Hirsch, der übergangslos vor dem Auto auftauchte, schien es noch nicht einmal eilig zu haben und blickte dem Wagen stoisch entgegen. Nun schrie auch Dörte und alarmierte Serena dadurch, schnell wieder auf die Straße zu sehen.

Sie reagierte im Bruchteil von Sekunden und riss das Steuer nach links, um dem Tier auszuweichen.

Auch wenn sie nicht schnell gefahren waren, reichte der Schwung doch aus, um den Audi frontal gegen einen Baum zu katapultieren. Das Kühlwasser entwich zischend, während die Airbags sich den drei Frauen entgegenwölbten. Dann herrschte Stille.

Der Hirsch wandte sein majestätisches Haupt in Richtung des Unfalls, überquerte dann ungerührt die Straße und verschwand zwischen den Bäumen.

Van Doorn schwitzte und keuchte noch immer von der ungewohnten Anstrengung. Tote Menschen waren so unglaublich schwer! Er bewunderte die Ärztin widerwillig, dass sie den Pastor sogar über eine längere Strecke allein transportiert hatte. Er hatte den Fremden gemeinsam mit Torger auf die Ladefläche gehievt und dabei sämtliche Kraftreserven aufgebraucht. Torger hatte das Werkzeug und die Schubkarre zur Seite geräumt und ihn zur Eile angetrieben.

„Wenn alles gut gegangen ist, schicken Sie mir eine SMS vom Handy irgendeines Angestellten. Fragen Sie einfach an, ob ich auch Vorträge zum Thema KI halte. Das klingt unverfänglich. Wenden Sie sich während der nächsten Tage nicht direkt an mich. Frühestens wieder in zwei Wochen!"

Van Doorn nickte angespannt und wischte sich den Schweiß aus den Augen. „Ich muss los!"

Er legte den Rückwärtsgang ein, was ihm nicht auf Anhieb gelang. Das Getriebe jaulte auf und Torger blickte verschreckt zurück. Hoffentlich kam der Investor ungesehen vom Grundstück. Er war ein schlechter Autofahrer mit geringer Fahrpraxis und er hatte nicht gerade wenig Alkohol getrunken. Aber der Wissenschaftler sah im Moment wirklich keine andere Lösung. Er wartete noch, bis van Doorn den SUV ungeschickt um das Haus herum manövriert hatte, und verschloss den Schuppen dann mit besonderer Sorgfalt. Ganz langsam atmete er durch und erlaubte sich wieder etwas Optimismus. Die Corpora Delicti waren vom Hof. Nun musste er nur noch van Doorns Protzkarre in die Garage fahren und sich mit Renata abstimmen.

Flüchtig zog er die Kellertür zu und lief mit dem Autoschlüssel des Investors vor das Haus. Innerhalb weniger Minuten war der Lexus hinter dem Garagentor verschwunden und Torger eilte durch den Vordereingang und die Treppe hinunter.

Als er den Partyraum betrat, öffnete sich gerade die Wand und die sehr entspannt wirkende Ärztin trat in Erscheinung.

„Ich sehe, du bist zurück. Also ist wohl alles gut gegangen?“

„Ich verstehe dich nicht!“, versetzte Torger atemlos und kopfschüttelnd. Van Doorn und ich haben hier panisch versucht, zu retten, was zu retten ist, und du hast dir noch nicht einmal Sorgen gemacht? Immerhin geht es auch um deine Existenz!“

Renata zuckte mit den Schultern und nahm sich eine Flasche Bier. „Bisher ist uns doch immer irgendwas eingefallen. Ich habe übrigens alle Daten gespeichert und das Schneewittchen in den Himmel geschickt. Es entspannt mich sehr, dass das nun erledigt ist. Momentan ist es wahrscheinlich schlauer, sie da zu lassen, wo sie gerade ist. Wie geht‘s jetzt weiter?“

Dr. Renata Breuer war mit Sicherheit eine Soziopathin. Torger bekam manchmal Gänsehaut, wenn er sie so reden hörte. Empathie und Mitleid waren Fremdworte für sie und ihr Narzissmus ließ sie immer wieder an die eigene Unverwundbarkeit glauben.

„Wir beide gehen jetzt nach oben in das offizielle Labor. Falls die Polizei auftaucht, sind wir schon den ganzen Abend dort schwer beschäftigt. Lass mich aber bitte generell alle Fragen beantworten. Ich bringe dich oben auf den neuesten Stand.“

Renata betrachte sich kurz im Barspiegel und lockerte das lange blonde Haar. Dann überprüfte sie, ob sich Lippenstift auf ihren Schneidezähnen befand, und nickte schließlich. „Alles klar, Meister. Ich folge natürlich deinen Anweisungen.“

Summend und hüftschwenkend lief sie vor ihm die Treppe hinauf. Torger erkannte das Lied und musste widerwillig grinsen. Ja, es war in mehrerer Hinsicht „Time to say goodbye“.

Alexander hatte selten so viel Angst verspürt. Im Gegensatz zu der Entschlossenheit, die er den Frauen signalisiert hatte, zitterten ihm die Knie und ihm war regelrecht übel. Er hasste Gewalt, aber er musste der Sache nachgehen, wenn er sich in Zukunft noch im Spiegel ansehen wollte.

Der Weg führte leicht bergauf und war schlecht beleuchtet. Die Wolken hatten sich inzwischen wie eine Jalousie vor den Mond geschoben und ließen kaum noch Licht hindurch. Der Kies knirschte leise unter seinen Füßen. Ansonsten war kein weiteres Geräusch zu hören. Da seine Nerven zum Zerreißen gespannt waren, warf sich Alexander sofort zu Boden, als er plötzlich einen Motor aufheulen hörte. Da kam ihm ein ziemlich imposanter Wagen vom Anwesen des Dr. Haugen entgegen. Der Fahrer wirkte unsicher, fuhr viel zu nah am Straßenrand und hatte hörbar Schwierigkeiten zu schalten.

Alexander versuchte aus seiner Perspektive das Modell und das Kennzeichen zu erkennen. Ein schwarzer SUV. Das Kennzeichen war dreckverschmiert und schlecht lesbar. Der Fahrer war nur einen Sekundenbruchteil zu erkennen. Der Psychiater sah, dass es ein Mann mit einem runden Gesicht war.

Mit klopfendem Herzen erhob er sich, als der SUV kleiner wurde, und klopfte sich die Erde von der Hose.

Ob das Dr. Haugen gewesen war? Vielleicht war jetzt niemand mehr zuhause und er konnte sich in Ruhe umsehen, bis die Polizei eintraf. Die Frauen müssten doch inzwischen aus dem Funkloch herausgekommen sein.

Die letzten Meter bis zu dem Haus legte Alexander mit neuem Mut zurück. Vielleicht würden sie ja doch alle unbeschadet aus dieser Nummer herauskommen!

„Ein Mann vor der Haustür. Mitte Vierzig. Groß, bärtig“, machte *Hades* Meldung und fügte auch gleich aktuelle Bilder an. Der Fremde hatte das Gesicht an die Scheibe gepresst und versuchte offensichtlich zu erkunden, ob jemand im Haus war.

„Den kenne ich nicht. Du vielleicht?“ Renata inspizierte ihre Fingernägel und wippte mit den langen Beinen.

Sie trug noch immer den weißen Kittel und hatte sich eine moderne Brille an einer Kette um den Hals gehängt. Einfach weil es professionell und arbeitsam wirkte.

Torger schüttelte angespannt den Kopf. „Nie gesehen! Was ist hier bloß los! Wer sind all diese Leute?“

„Vielleicht wird ja der Pastor vermisst. Aber dann hätte seine spießige Frau wahrscheinlich zuerst angerufen. Es wundert mich eigentlich, dass sie das noch nicht getan hat. Im Hause von Gottes rechter Hand gibt es doch bestimmt feste Essenszeiten!“

„Ich gehe jetzt zur Tür. Ich will endlich wissen, was die alle hier suchen ...“

„Das würde ich besser sein lassen! Damit zeigst du ihm ja, dass du ihn beobachtest! Ich denke, wir sind hier ganz fleißig am Arbeiten und haben uns nichts zu Schulden kommen lassen! Wenn das stimmt, was du mir gerade erzählt hast, taucht die Polizei ohnehin gleich auf. Ich glaube nicht, dass der Typ bis dahin weg ist!“

Wahrscheinlich hatte die Ärztin recht. Es würde sich lohnen, der Anspannung nicht nachzugeben. Vielleicht sollten sie tatsächlich versuchen, ein paar Daten auszuwerten ...

„Der Mann geht Richtung Hausrückseite", schnarrte *Hades.*

„Mist!" Torger sprang unruhig auf.

„Ganz ruhig, Brauner!", lachte Renata höhnisch. „So nervös kenne ich dich ja gar nicht! Es war doch klar, dass er hinten nachschaut, ob er etwas oder jemanden findet! Ihr habt doch alle Spuren beseitigt! Er wird nichts finden! Das kann er doch auch gleich der Polizei erzählen! Umso besser!"

Torger ließ sich schwer atmend wieder auf den Stuhl fallen. Auch das stimmte. Er war viel zu nervös! Das passte nicht zu ihm. Er war absolut und immer Realist und selbst in Krisensituationen ruhig und bedacht. Aber heute bedrängte ihn ein Gefühl, das er so noch nicht empfunden hatte. Wenn er es nicht besser wüsste, müsste er annehmen, dass gerade eine düstere Vorahnung von ihm Besitz ergriff.

Diese Geschichte würde nicht gut ausgehen.

Alexander war zuerst sehr erschrocken, als er den roten Audi A5 an einer Seite der Auffahrt stehen sah. War doch noch jemand zuhause und wollte oder konnte ihm nicht öffnen? Durchaus möglich!

Er hoffte dennoch, dass das Haus verlassen war.

Viele Menschen besaßen schließlich einen Zweitwagen. Vor allem, wenn einer davon eher ein großes Transport- und Geländefahrzeug war, das man nicht immer und überall fahren konnte. Aber das konnte auch die Polizei gleich klären. Bis jetzt hatte er noch kein Anzeichen von Leben entdeckt. In dem durch das bodentiefe Fenster teilweise einsehbare Wohnzimmer brannte zwar eine der drei Deckenleuchten, aber schwach gedimmt und eher in Nachtlichtstärke.

Der Eingangsbereich war dunkel und leer. Geräusche waren nicht zu hören. Einen Moment lang meinte der Psychotherapeut, ein Augenpaar in Kniehöhe hinter der Tür aufleuchten zu sehen. Aber das war wahrscheinlich nur ein Haustier, falls er sich nicht ohnehin aufgrund der Anspannung geirrt hatte. Alexander fühlte sich in seiner Hoffnung bestärkt.

Ein bisschen mutiger wagte sich der Psychotherapeut nun an die Inspektion der Hausrückseite. Er rechnete jeden Augenblick damit, das Martinshorn zu hören. Inzwischen mussten die Frauen längst wieder Empfang haben!

Er versuchte sich an Dörtes genaue Worte zu erinnern. Ihr Freund, Tobias, war dem Weg rechts herum gefolgt. Dörte hatte am Ende des Weges einen Schuppen erkannt. Von dort waren auch der Schrei und die Kampfgeräusche gekommen. Der rückseitige Weg erschien ihm sehr ungepflegt und unwegsam. Er konnte kaum noch etwas sehen und bewegte sich sehr unsicher vorwärts.

Alexander entschied sich schließlich dafür, die Taschenlampen-App zu nutzen. Er konnte niemandem mehr helfen, wenn er selbst stürzte oder auf unliebsame Hindernisse stieß.

Die Hauswand zu seiner Rechten war dicht mit Efeu bewachsen. Die Rasenfläche zur Linken war leicht abschüssig und mit Maulwurfshügeln übersät. Allerdings waren auch Reifenspuren im Rasen erkennbar. Jemand war vor kurzem hier entlang gefahren und leicht vom Weg abgekommen. Eine Thuja-Hecke, die die Rasenfläche großzügig begrenzte, schien dabei ebenfalls touchiert worden zu sein. Ob das der SUV Fahrer zu verantworten hatte? Hatte der hier hinter dem Haus geparkt? Wie unpraktisch!

Das Licht der Taschenlampe erfasste den beeindruckenden Gartenschuppen, der aus nordischen Kiefern gefertigt zu sein schien. Alexander hatte sich tatsächlich vor gar nicht allzu langer Zeit ebenfalls für ein ähnliches Modell interessiert und nahm an, dass es in etwa die Maße 6 x 9 Meter hatte. Bei Tag war die Konstruktion bestimmt eine Zierde für das Gelände, jetzt im Dunkeln wirkte es eher bedrohlich. Fast wie ein kauernder Riese. Darin ließ sich schon einiges unterbringen! Und, wie es aussah, eben auch ein Geländefahrzeug, denn die Reifenspuren vom Rasen schienen dort ihren Anfang zu nehmen.

Der Psychotherapeut schlich mit klopfendem Herzen näher, wobei er den Blick angespannt auf den Gartenschuppen richtete.

Irgendwo schrie ein Käuzchen und ein Zweig barst krachend. Alexander erschrak und riss den Kopf herum, in der Erwartung, irgendeinen blutrünstigen Angreifer hinter sich zu entdecken. Die abrupte Kehrtwende und die Tatsache, dass er dabei auf die Kante einer Gehwegplatte trat, ließen ihn stolpern und er stürzte mit rudernden Armen seitlich auf den Rasen. Das Handy fiel ihm aus der Hand und von einer Sekunde auf die andere war Alexander erneut in Dunkelheit gehüllt.

Da außer seinem eigenen, keuchenden Atem kein weiterer menschlicher Laut zu hören war, beruhigte sich sein Herzschlag wieder. Er war allein. Da schien niemand gewaltbereit auf der Lauer zu liegen. Er musste so schnell wie möglich das Handy wiederfinden. Ohne Licht fühlte er sich regelrecht ausgeliefert.

Alexander ignorierte den Schmerz an der geprellten Hüfte und kroch vorsichtig auf den Knien vorwärts, während seine Hände systematisch suchend über den Rasen tasteten. Verdammtes Handy! Wo bist du!

Seine Finger glitten über einen Gegenstand im Gras. Er spürte Vertiefungen, die Gesichter darzustellen schienen, ertastete eine kurze Kette und einen Ringverschluss. Automatisch ließ er das Fundstück in seine Tasche gleiten und suchte weiter nach dem Handy.

Er wollte schon aufgeben, als der Mond ihm kurzzeitig einen etwas größeren Sichtradius gewährte und sein bleiches Licht vom Handydisplay reflektieren ließ. Aufatmend griff Alexander nach dem Handy und kam auf die Beine. Gott sei Dank. Die Taschenlampenfunktion ließ sich erneut aktivieren. Er kramte den gefundenen Anhänger aus der Tasche und beleuchtete ihn neugierig. Die Gravur auf der Rückseite weckte sein Interesse. *Sonia und Tobias.*

Also war er auf der richtigen Spur. Dörtes Freund, der wiederum seine Freundin suchte, war hier gewesen. Oder war er noch immer hier? Lag der junge Mann hier vielleicht irgendwo verletzt im Gras oder im Schuppen?

Alexander ließ den Lichtkegel weiter schweifen und tastete seine Umgebung mit zusammengekniffenen Augen ab, während er weiterging.

Auf den ersten Blick war hier kein Verletzter zu sehen. Was, wenn er sich in ein Versteck geschleppt hatte. Vielleicht hatte er Angst und wartete auf Hilfe?

Das Licht fiel auf die Statue einer römischen Göttin, die von zwei hohen Tannen flankiert wurde. Dahinter könnte sich durchaus jemand versteckt haben. Der Psychotherapeut umrundete die Statue vorsichtig und lauschte intensiv. „Hallo! Tobias? Sind Sie hier? Keine Angst! Ich komme, um zu helfen!“

Hinter den Tannen lag kein verwundeter Tobias. Stattdessen beleuchtete die Taschenlampe eine weitere Tür. Das musste der Hintereingang sein. Sollte er versuchen sie öffnen? War das nicht leichtsinnig und gefährlich? Was aber, wenn da drinnen wirklich jemand Hilfe brauchte? Alexander malte sich aus, dass nur wenige Meter entfernt, nur durch diese Tür von ihm getrennt, der unbekannte Tobias auf Hilfe hoffte. Nach Dörtes Schilderung könnte er verletzt sein. Was, wenn er verblutete?

Der Psychotherapeut straffte die Schultern. Schließlich war er nicht so weit gegangen, um jetzt, bei einem möglichen Anhaltspunkt, aufzugeben. Vielleicht ließ die Tür sich ja auch gar nicht öffnen und außerdem mussten die Ordnungshüter ja nun wirklich bald auftauchen.

So leise wie möglich schlich er zu der Tür und holte tief Luft, bevor er die Klinke herunterdrückte.

Mit einem leisen Klacken schwang sie nach innen auf.

Serena glaubte, ihr Kopf müsste explodieren und gleichzeitig hatte sie das Gefühl, nicht mehr atmen zu können.

Auf den Schmerz folgte die Panik. Wo war sie? Was war geschehen? Wer weinte da irgendwo im Dunkeln hinter ihr? War das Lucy? Sie hatte das drängende Gefühl, irgendetwas erledigen zu müssen, aber sie kam nicht darauf, was das war. Sie stöhnte frustriert, räusperte sich und probierte ihre Stimme aus. „Hallo! Hört mich jemand?“

„Natürlich höre ich dich! Was denn sonst! Du sitzt doch genau vor mir!“, kam die prompte Reaktion vom Rücksitz. „Aber ich glaube, Dörte hat es ganz schön erwischt! Sie scheint bewusstlos zu sein, obwohl sie nicht blutet. Ich habe sie schon oberflächlich untersucht. Was ist mit dir? Bist du verletzt?“, schniefte die Stimme.

Serena tastete vorsichtig ihren Kopf ab, konnte aber außer einer schmerzhaften Beule an der Stirn nichts fühlen und atmete erleichtert aus. Diese Frage konnte sie offenbar verneinen. Dörte war also bewusstlos? Dörte … Ja. Sie erinnerte sich wieder. Sah die junge Frau mit wehenden Haaren und Blut im Gesicht auf sich zulaufen. Sie war zu ihr und Maria ins Auto gestiegen und Alexander war zurückgeblieben. Dann hatte da plötzlich ein Hirsch auf der Straße gestanden. Kurz vorher hatten ihre Handys endlich wieder ein Signal empfangen. „Oh mein Gott! Wie spät ist es? Wir müssen die Polizei rufen! Sofort!“ Schon begann sie hektisch nach ihrem Handy zu suchen und spürte, wie ihr der Schweiß ausbrach. Es hatte doch kurz vor dem Unfall noch auf dem Beifahrersitz gelegen. Es musste heruntergerutscht sein und lag nun wahrscheinlich irgendwo im Fußraum. Sie schob den schlaffen Airbag beiseite und tastete den Bereich unter ihren Füßen ab. „Maria! Ich kann mein Handy nicht finden! Wir brauchen die Polizei und einen Krankenwagen. Du musst anrufen!“

„Ich kann nicht!“, kam die leise Antwort vom Rücksitz. „Ich hab‘s schon versucht. Mein Akku ist leer! Dein Handy kann doch nicht weg sein!“ Den Geräuschen nach zu urteilen, suchte nun auch Maria den Boden ab.

Serena bückte sich so tief sie konnte. Da war nichts! Sofort sah sie Sterne und ihre Stirn pulsierte. Ihre Atmung wurde schneller. Sie war kurz vorm Hyperventilieren. So ging das alles nicht. Diese Hilflosigkeit war ja nicht auszuhalten!

„Ich steige jetzt aus und gehe zu Fuß weiter. Wir können keine Zeit mehr verlieren. Entweder finde ich ein Wohnhaus, wo ich klingeln kann, oder ich halte ein Auto an. Du suchst weiter nach dem Handy. Vielleicht habe ich es ja übersehen. Wenn du es findest, ruf bitte sofort die Polizei. Besser wir melden uns beide dort als keiner!“

„Bitte nicht, Serena!“, wimmerte Maria. „Lass mich hier nicht allein zurück! Ich habe Angst!“

„Wenn wir beide hier bleiben, könnten Alexander und Dörte sterben! Das ist kein einfaches Abenteuer mehr! Wir müssen ihnen jetzt helfen! Der Hirsch wird sicher nicht die Polizei holen.“

Als sie entschlossen die Fahrertür öffnete, erhellte die Innenraumbeleuchtung Marias tränennasses Gesicht und Serena wurde etwas sanfter. Sie strich der jungen Frau über den Arm und gab ihrer Stimme einen beruhigenden Klang. „Hier passiert dir schon nichts! Du siehst doch ein, dass jemand bei Dörte bleiben muss. Diese Gegend ist zwar sehr ruhig und wenig bewohnt, aber wir sind hier doch auch nicht auf dem Mond! Ich finde sicher bald jemanden, der uns helfen kann, und dann können wir noch unseren Enkelkindern von dieser unglaublichen Nacht erzählen!“

Maria nickte schniefend und Serena marschierte los, ohne sich umzusehen.

Sie hatte selbst große Angst. Angst um Alexander, um die verletzte Dörte und auch vor der im Wald lauernden Dunkelheit. Die ganze Situation war so unwirklich und unheimlich. Das war der Stoff, aus dem Horrorfilme gemacht wurden.

Sie zwang sich, nicht zu viel zu denken, und ging stur mitten auf der Straße. Sie wollte dem Wald nicht zu nahe kommen. Der konnte alle möglichen Bedrohungen unentdeckt beherbergen. Menschliche, aber eventuell auch solche, die nicht von dieser Welt waren.

Serena war selbst erstaunt, wie schnell sie unterwegs war. Das Adrenalin trieb sie offensichtlich an. Die Stille wirkte allerdings unheilschwanger und wurde nur manchmal vom Rauschen des Windes in den Zweigen unterbrochen.

Irgendwann musste sie doch endlich mal auf Zeichen der Zivilisation stoßen! Schließlich begann sie singen, um wenigstens ihre eigene Stimme zu hören.

It's a long way to tipperary, it`s a long way to go ... Der Song hatte ihr schon immer gefallen. Ihre Füße folgten wie von selbst dem Rhythmus. Das half und ließ den dunklen Weg weniger bedrohlich erscheinen. Serena sang lauter und konnte sich fast einreden, dass alles gar nicht so schlimm war und auf jeden Fall gut ausgehen würde. Zumindest so lange, bis der SUV sie streifte.

Van Doorn schwitzte noch immer. Der Schweiß lief ihm sogar in die Augen. Es ging ihm gar nicht gut! Bestimmt war sein Blutdruck wieder viel zu hoch! Er hätte sich niemals auf diese Aktion einlassen sollen. Wer war er denn, dass er es nötig hatte, die Drecksarbeit zu erledigen! Torger würde sich künftig schon sehr entgegenkommend zeigen müssen, um das wiedergutzumachen! Da musste mindestens eine Kiste von seinem Lieblingswhiskey drin sein und die Garantie, dass solche Zwischenfälle nicht mehr vorkamen. Das hätte man alles ganz anders planen müssen! Sie hätten heute gar nicht weiter machen dürfen, nachdem dieses Unglück in dem Kaufhaus geschehen war. Solche Katastrophen riefen viel zu viele Neugierige und Augenzeugen auf den Plan. Je mehr er darüber nachdachte, desto verärgerter wurde van Doorn.

Und dass die Kleine dran glauben musste, war auch eine Verschwendung von Ressourcen. Wenn er das Sagen gehabt hätte, wäre die ganze Aktion von Anfang an anders und besser gelaufen.

Aber nun hatte er den beiden ja gezeigt, dass mit ihm nicht zu spaßen war. Beim nächsten Mal würde er ein entscheidendes Wörtchen mitzureden haben …

Wo war denn diese blöde Abzweigung? Hier sah man ja die Hand vor Augen nicht. Er musste runter von dieser Straße, obwohl die Polizei wahrscheinlich gar nicht anhalten würde, wenn sie ihm entgegenkäme. Die würden es bestimmt viel zu eilig haben, um jedes entgegenkommende Auto kontrollieren zu können. Trotzdem: Er wollte jetzt endlich weg hier! Die Leichen loswerden und den Wagen wieder in der Firma unterstellen. Und dann endlich die Beine hochlegen. Was für ein Tag! Er wischte sich erneut den Schweiß aus dem Gesicht und kniff die Augen zusammen. Etwa zweihundert Meter voraus glaubte er ein Verkehrsschild und eine Abbiegung erkennen zu können. Endlich! Dort musste es sein.

Die Erleichterung trieb ihn an und sein Fuß sank schwer auf das Gaspedal. Gut, dass hier kein Verkehr war.

Da van Doorn angespannt auf den Straßenrand blickte, um den Weg nicht zu verpassen, nahm er zunächst nur aus dem Augenwinkel wahr, dass mitten auf der Straße eine Gestalt mit einem dunklen Mantel lief, der er sich rasant näherte. Er hatte kaum Zeit, sich darüber zu wundern, als er bewusst erkannte, dass er gleich einen Menschen überfahren würde. Er bremste reflexartig, verriss das Lenkrad und spürte gleichzeitig einen so extrem brennenden Schmerz in der Brust, dass er eine Hand vom Steuer nehmen und auf das Herz legen musste.

Van Doorn schnappte entsetzt nach Luft, seine Lippen verfärbten sich blau und seine Sicht wurde trüb. Dann wurde alles schwarz. Den kurzen Ruck, als der Kühler die Gestalt streifte, nahm er schon gar nicht mehr wahr.

Im Moment des Todes begann die Platine in van Doorns Brusttasche zu leuchten und leise zu summen.

Showdown

Schon beim ersten Schritt schaltete sich der Bewegungsmelder ein.Vor ihm lag ein halbdunkler, leerer Gang. Alexander war unschlüssig. Auch hier war niemand zu sehen und zu hören. Wahrscheinlich war es besser, das Haus zu verlassen und draußen auf die Polizei zu warten. Warum war die eigentlich immer noch nicht eingetroffen? Langsam wurde er unruhig. Hoffentlich war den Frauen nichts geschehen. Dieser Tag bestand aus einer Anhäufung seltsamer Vorfälle und filmreifer Szenarien. In einem Film hätte er all diese Zufälle allerdings als sehr unwahrscheinlich abgetan. In Filmen verhielten sich die Protagonisten auch permanent so unvernünftig, dass man als Zuschauer nur den Kopf schütteln konnte. Die meisten rannten ihren Mördern sehenden Auges in die Arme.

Dieser Gedanke ließ den Psychotherapeuten grinsen und er entschied, tatsächlich vernünftigerweise wieder nach draußen zu gehen. Er hatte sich ohnehin den gigantischen Gartenschuppen näher ansehen wollen.

In dem Moment als er sich erneut der Hintertür zuwandte, hörte Alexander ein klickendes Geräusch hinter sich. Es klang nicht bedrohlich und er blieb neugierig stehen. Gab es doch ein Haustier? War das ein Hund, dessen Krallen dieses Geräusch auf dem Parkett erzeugten? Falls es so war, hatte das Tier anscheinend nichts böses im Sinn. Das Klicken kam nur sehr langsam näher.

Als am Ende des Ganges schließlich der Androide sichtbar wurde, holte der Psychotherapeut erstaunt Luft und ging ihm neugierig entgegen. Er ertappte sich dabei, dass er mit der Maschine wie mit einem Kind redete. „Ja, wer bist du denn? Du kannst ja richtig laufen!“

Es sah fast so aus, als würde der Roboter ihm aufmerksam zuhören. Die großen runden Augen schienen Alexander von Kopf bis Fuß regelrecht zu scannen.

In seinen Schaltkreisen begann es sichtbar zu arbeiten. Für den Psychotherapeuten unhörbar machte *Hades* Meldung an seinen Herrn. Der Fremde war ins Haus eingedrungen. Er befand sich in unmittelbarer Nähe des Geheimlabors, selbst wenn das als solches auf den ersten Blick nicht erkennbar war.

Ein Stockwerk über ihm fluchte Torger laut. „Verdammt! Wie konnte das denn passieren? Wie ist der bloß rein gekommen?“

Renatas Augen begannen zu funkeln. Sie liebte spannende Überraschungen. Angst war ihr – wie immer – fremd. „Vielleicht hast du vorhin in der Eile die Tür nicht richtig geschlossen. Soll ich mich darum kümmern, Torger?“, schnurrte sie begeistert.

Torger raufte sich das volle Haar. „Heute läuft auch gar nichts rund! Du kümmerst dich auf keinen Fall um ihn! Ich kann mir schon vorstellen, wie das aussehen würde und wir können nicht noch mehr Leichen gebrauchen. Ich gehe jetzt runter und frage ihn, was er will. Vielleicht kann ich ihn gleich ein bisschen einschüchtern. Angriff ist die beste Verteidigung. Immerhin begeht er Hausfriedensbruch.“

Alexander war völlig fasziniert von dem mechanischen Wunderwerk, das irgendwie mit ihm zu kommunizieren schien. Dieser Androide war anders als alle, die er bisher gesehen hatte. Obwohl das nicht gerade viele waren.

Ein paar Minuten lang hatte er sogar vergessen, warum er hier war. Allerdings fiel ihm das siedend heiß wieder ein, als er menschliche Schritte auf der Treppe hörte, die sich rasch näherten. So viel zu dem Thema, dass niemand im Haus war.

Im Bruchteil von Sekunden entschied er, zu verschwinden. Er war aber noch nicht weit gekommen, als ihn bereits eine männliche Stimme zurück rief. „Hey, Sie! Was tun Sie hier?"

Alexander blieb stehen und wandte sich langsam zu dem respekteinflößenden Mann im weißen Kittel um. Automatisch hob er dabei die Hände, als wollte er sich ergeben.

„Ich kann mir vorstellen, wie das aussieht! Es tut mir leid! Ich dachte, es wäre niemand zuhause."

Der andere fixierte ihn streng. „Das ist ja dann wohl erst recht kein Grund, in den Keller fremder Leute einzusteigen. Bargeld werden Sie hier unten auf jeden Fall nicht finden!"

„Oh nein!", wehrte Alexander ab. „Ich bin kein Dieb! Wie gesagt, es mag komisch klingen, aber ich suche jemanden ..." Er fragte sich, wie viel er von seiner ursprünglichen Absicht preisgeben sollte.

Der Fremde kam drohend und mit finsterem Gesicht näher. „Wen oder was suchen Sie denn? Hier werden Sie nur meine Kollegin und mich finden. Wir arbeiten wissenschaftlich im ersten Stock."

Dem Kittel nach zu urteilen entsprach das der Wahrheit. Wahrscheinlich stand er dem Hausherrn gegenüber und der wirkte sehr seriös. Alexander entschied sich dafür, die Karten zumindest teilweise auf den Tisch zu legen, allerdings ohne Maria, Serena und Dörte zu erwähnen.

„Ich habe mich noch gar nicht vorgestellt. Mein Name ist Alexander Bonhaus und ich bin Psychotherapeut. Was ich

Ihnen jetzt erzähle, werden Sie wahrscheinlich kaum für möglich halten, aber es ist die Wahrheit. Eigentlich suche ich eine Frau Dr. Breuer. Ich habe heute eine unglaubliche Erfahrung gemacht. Über eine Art Geister-App habe ich Signale von einer Unbekannten empfangen, deren Spur zu Frau Dr. Breuer führt. Die Botschaft klang wichtig und gefährlich, und es hat mir keine Ruhe gelassen, ob das Ganze ernst zu nehmen ist und meine Hilfe gebraucht wird. Ich habe erfahren, dass Frau Breuer bei Ihnen ist – Sie sind doch Torger Haugen, oder? – und wollte mit ihr sprechen. Auf mein Klingeln kam niemand, deshalb bin ich um das Haus herum gegangen. Die Hintertür habe ich durch Zufall entdeckt. Ich hätte nicht einfach hineingehen dürfen. Ich bitte um Entschuldigung!"

Alexander sah den Wissenschaftler um Verständnis bittend an.

Torger war blass geworden. Seine Gedanken rasten. Jeder andere hätte wahrscheinlich laut über die absurde Vorstellung gelacht, dass eine körperlose Stimme über eine Geister-App Hilfe suchte. Mit seinem Hintergrundwissen fand er die Vorstellung jedoch absolut nicht lustig! War es tatsächlich möglich, dass Sonias Bewusstsein einen Weg gefunden hatte, zu kommunizieren? Wenn ja, was hatte sie weitergegeben?

„Frau Dr. Breuer arbeitet mit mir zusammen an einem Experiment. Sie ist oben. Wir sind sehr vertieft in unsere Arbeit und tragen zeitweise Kopfhörer. Deshalb haben wir Ihr Klingeln wahrscheinlich nicht gehört. Allerdings klingt das, was Sie da erzählen, wirklich nicht sehr glaubwürdig. Was hat diese Stimme Ihnen denn gesagt?"

Alexander atmete auf. Es war ein gutes Zeichen, dass Haugen nicht sofort damit drohte, die Polizei oder die Leute mit den Zwangsjacken zu rufen.

„Ich wäre Ihnen dankbar, wenn ich das mit Frau Dr. Breuer persönlich besprechen könnte."

Torger nickte und wies ihm den Weg nach oben, indem er vorausging.

Er musste unbedingt erfahren, was der Psychotherapeut wusste und wer noch davon Kenntnis hatte. Der Mann war offensichtlich allein gekommen, aber er selbst hatte die fremde Frau vorhin weglaufen sehen und immerhin hatte ein toter Mann in seinem Schuppen gelegen. Er musste herausfinden, wie das zusammenhing.

Dieser Tag wurde tatsächlich immer schlimmer und der Sumpf immer tiefer. Wie sollte er da nur wieder herausfinden! Torger wollte nicht noch eine Leiche am Hacken haben. Zu viele Spuren führten ohnehin schon zu ihm. Wenn dieser Haugen allerdings Hinweise auf ihr eigentliches Projekt hatte, konnten sie ihn tatsächlich nicht am Leben lassen.

Mit einem leisen Quietschen folgte *Hades* den Menschen die Treppe hinauf.

Nadim wurde von seinen überglücklichen Eltern beinahe erdrückt. Seine Mutter hörte gar nicht mehr auf zu weinen. Ein Anblick, den er ja gewohnt war. Allerdings war das heute eine andere Art von Weinen. Hinter dem Tränenschleier lag ein seliges Lächeln auf ihrem Gesicht und ließ sie viel jünger und hübscher wirken. Der Vater und Ali blinzelten immer wieder selbst ein paar Tränen weg und Papa musste sich mehrfach räuspern, bevor er sprechen konnte. Und sie konnten einfach nicht aufhören, ihn zu umarmen und zu streicheln.

Selbst die Krankenschwester im Hintergrund tupfte sich mit einem Taschentuch die Augen trocken. Nadim staunte. Das hatte er bewirkt? So viel Freude und Erleichterung! Trotz der Schmerzen lächelte der Junge. So nah war er einem Glücksgefühl lange nicht mehr gekommen, selbst wenn er noch nicht ganz erfasst hatte, was hier eigentlich geschah.

Er genoss das Gefühl, im Mittelpunkt zu stehen und so geliebt zu werden.

Da kam noch jemand. Eine ältere Frau wurde im Rollstuhl von einem jungen Mann in das Zimmer geschoben. Sie wirkte sehr blass und zart und der Kopfverband erschreckte Nadim ein bisschen. Aber dann erkannte er ihr Gesicht und die freundlichen, braunen Augen. Diese Frau hatte ihm geholfen! In diese Augen hatte er geblickt, als das Gewicht auf seiner Brust weniger geworden war. Er musste sie einfach anlächeln und die Frau strahlte voller Freude zurück.

„Ich bin die Margarete, Nadim! Ich habe so gehofft, dass du aufwachst! Wie schön, dass du wieder da bist!“

„Es ist tatsächlich ein kleines Wunder, dass er schon wieder so wach und ansprechbar wirkt und problemlos sprechen kann. Wir hatten schlimmeres befürchtet.“ Den Arzt in der anderen Zimmerecke hatte der Junge schon fast wieder vergessen. Er wandte den Kopf vorsichtig in dessen Richtung. Auch der Mann im weißen Kittel lächelte ihn an und sprach weiter. „Nadim, das ist die Frau, die dir sehr wahrscheinlich das Leben gerettet hat. Frau Heider hat unglaubliche Kräfte entwickelt, um den Balken von deiner Brust zu heben und dich aus der schlimmsten Gefahrenzone zu ziehen, obwohl sie selbst am Kopf verletzt war. Sie hat immer wieder nach dir gefragt!"

Sein Vater nahm die Hände der Frau und dankte ihr sichtlich berührt. Seine Mutter murmelte einen Segensspruch und alle waren einfach nur dankbar und glücklich.

Zumindest für einen Moment. Dann drängte sich Nadim wieder das Gefühl auf, sich unbedingt nach der blinden Frau, nach Sonia, erkundigen zu müssen. Er durfte sie nicht vergessen.

„Ich danke Ihnen auch sehr! Aber ich muss nochmal fragen, ob Sonia gefunden wurde! Sie hat mir gesagt, dass sie nicht mehr viel Zeit hat. Ich habe ihr versprochen, dass wir ihr helfen! Ich habe euch doch die Namen der bösen Leute genannt. Papa, Ali! Wenn die anderen Leute sie nicht finden, müsst ihr das tun!"

Die Erwachsenen blickten sich vielsagend an und der Arzt kam näher an Nadims Bett. „Weißt du, mein Junge. Du hast etwas ganz Schlimmes erlebt und dir sehr weh getan. Manchmal ist man nach so einem Erlebnis ganz durcheinander und glaubt, dass das, was man geträumt hat, auch wirklich passiert ist ..."

„Nein! Ganz sicher nicht!" Nadim presste die Lippen entschlossen aufeinander und schüttelte den Kopf. „Das war bestimmt kein Traum! Sonia hat zuerst immer geweint und um Hilfe gerufen und dann ganz deutlich mit mir gesprochen! Sie hat mir diese Namen genannt. *Dr. Renata Breuer, Torger Haugen* und *Wilfried van Doorn*. Woher sollte ich die sonst kennen! Diese Leute haben sie entführt! Sie hat mir das alles erzählt, während ich vorhin vom Shopping Castle zurück gelaufen bin!"

Der Arzt lächelte mild. „Siehst du, Nadim. Das kann gar nicht sein! Du bist seit heute Mittag im Krankenhaus. Du hast im Koma gelegen und konntest gar nicht mehr laufen! Du hast also doch nur geträumt!“

Der Junge war verwirrt. Er war gar nicht zum Shopping Castle und durch den Park gelaufen? Der Kopf tat ihm weh von dem Versuch, das Gehörte zu verarbeiten.

„Ähhh, Doktor Mendel?“ Die Schwester schob sich in Nadims Sichtfeld, offenbar unsicher, ob sie aussprechen sollte was sie dachte. „Sie sind ja heute nur wegen des Unglücks zur Unterstützung hier, deswegen sagen Ihnen die Namen wahrscheinlich nichts, die der Junge genannt hat. Frau Dr. Breuer ist in unserem Haus allerdings sehr bekannt und es gibt da auch eine Verbindung zu einem Wissenschaftler namens Torger Haugen …!“

Der Arzt lächelte die Schwester freundlich an. „Na sehen Sie. Das erklärt doch einiges. Nadim wird die Namen unbewusst aufgenommen haben. Vielleicht hat das Pflegepersonal über die Betreffenden gesprochen. Ich glaube kaum, dass eine körperlose Stimme um Hilfe bittet, indem sie Kontakt zu einem Komapatienten aufnimmt!“ Der Arzt war sichtlich bemüht, die Situation aufzulockern und zwinkerte der Schwester zu. „Oder können Sie sich so etwas ernsthaft vorstellen?“

„Ich schon …“ Margarete Heider hatte den Wortwechsel mit großem Interesse verfolgt und mischte sich nun mit klopfendem Herzen in die Unterhaltung ein.

„Wie Sie ja wissen, war ich ebenfalls eine Zeitlang bewusstlos. In dieser Zeit hat auch zu mir eine Frauenstimme irgendwie Kontakt aufgenommen. Ich habe keine Worte oder Namen gehört wie Nadim, aber ich erinnere mich, dass es sich sehr intensiv und sehr real angefühlt hat!“

Nadim blickte seine Retterin dankbar an. Nun würden sie ihm bestimmt glauben und Hilfe holen.

„Vielleicht sollten wir das ja doch ernst nehmen und zumindest oberflächlich Erkundigungen einziehen. Wenn die Ärztin hier bekannt ist, kann man sie ja vielleicht ohne Umwege fragen, ob sie mit dieser Aussage etwas anfangen kann!“, schlug Margaretes Enkel Maik vor.

„Aber Sonia braucht doch ganz schnell Hilfe! Sie hat kaum noch Zeit!“ Nadim weinte schon fast. „Papa, Ali! Bitte helft ihr doch!“

Der Syrer und sein ältester Sohn blickten hilfesuchend zu Dr. Mendel.

Der hob beide Hände und zeigte, dass er sich geschlagen gab. „Okay, okay! Wenn es der Genesung unserer Patienten dient, werde ich einfach mal im Ärztezimmer nachfragen, ob mir jemand sagen kann, wo sich Dr. Breuer aufhält. Aber wenn das eine Sackgasse ist und zumindest die zwei bekannten der drei genannten Personen eindeutig nichts mit einer Sonia zu tun haben, sollte auch klar sein, dass unsere Patienten ausnahmsweise ähnliche Träume hatten. Dann legen wir das Thema ad acta!“ Er nickte freundlich und verließ das Krankenzimmer, in dem die Verbliebenen aufgeregt diskutierten.

Dr. Mendel spürte die Müdigkeit in allen Knochen und legte auf dem Gang das Lächeln ab, sobald ihn niemand mehr sehen konnte. Ein harter Tag lag hinter ihm und eigentlich hatte er wenig Lust und Energie, einer Geisterstimme nachzujagen. Er wusste aber aus Erfahrung, dass solche Fantasien und Gedanken Patienten tatsächlich an der Genesung hindern konnten. Deshalb wollte er ihnen schnellstmöglich beweisen, dass sie sich nicht um eine Unbekannte sorgen mussten.

Als ihm ein junges Pärchen entgegenkam, das sehr bedrückt wirkte, knipste er zügig sein professionelles Beruhigungslächeln wieder an.

Die junge Frau sprach ihn an. „Bitte entschuldigen Sie! Wir suchen einen kleinen Jungen. Er war Opfer des Unglücks heute morgen und hat im Koma gelegen. Eben hat sich herumgesprochen, dass er wieder wach ist. Für meinen Freund hier ist es extrem wichtig, dass er kurz mit ihm sprechen kann. Meinen Sie, das geht? Bitte …“

Dr. Mendel spürte die Verzweiflung hinter der Bitte. Einer Eingebung folgend fragte er: „Ist Ihr Name vielleicht zufällig Sonia?“

Sie schüttelte verwirrt den Kopf. „Warum? Ich verstehe nicht ...“

Der Arzt musste über sich selber lächeln. Er war einfach nur müde, sonst hätte er wahrscheinlich gar nicht erst gefragt. „Schon gut! Der Kleine hat mir nur gerade erzählt, dass er sich um eine unsichtbare, weinende Frauenstimme Sorgen macht, die mit ihm Kontakt aufgenommen hat, während er im Koma lag. Ich wollte nur sichergehen, dass die Stimme nicht vielleicht doch einen realen Ursprung hat. Er nannte sie Sonia.“

Überrascht zuckte Dr. Mendel zurück, als der junge Mann plötzlich schmerzhaft seinen Arm drückte. „Oh, mein Gott! Ich habe auch eine Art Geisterstimme weinen hören. Das war extrem unheimlich. Ich dachte, das wäre der Schock gewesen und ich hätte Halluzinationen gehabt. Dann habe ich sie mir nicht eingebildet! Also: Wer und wo ist Sonia? Wir müssen dem nachgehen!“

Die Frau war sehr attraktiv, wirkte allerdings etwas überheblich und kühl. Die große Blonde taxierte Alexander so ungeniert, dass er sich unwohl zu fühlen begann. Der innere Radar des Psychotherapeuten schlug Alarm und mahnte ihn zur Vorsicht. Mit der Frau war nicht gut Kirschen essen. Im Märchen wäre sie der Typ Schneewittchens böse Stiefmutter gewesen.

„Ich bin Frau Dr. Breuer. Und Sie sind …“

Alexander ärgerte sich, dass er sich zunächst räuspern musste, bevor seine Stimme wieder fest klang. „Alexander Bonhaus. Psychotherapeut.“

„Ich höre, Sie suchen mich? Bisher hatte ich noch nicht so viel mit Psychodoktoren zu tun! Ich hätte nicht gedacht, dass ich nochmal einem Rede und Antwort stehen müsste.“ Ihr Lachen klang böse.

Irgendetwas an dieser Frau machte ihm Angst. Umso mehr bemühte sich Alexander, diese nicht zu zeigen. So ruhig und sicher wie möglich wiederholte er seine Geschichte, wobei er erneut seine Mitstreiterinnen nicht erwähnte und sich sehr vage ausdrückte. Er berichtete von der Geister-App und davon, mitgehört zu haben, was die Frauenstimme beschrieben hatte. Instinktiv verharmloste er die geschilderte Begegnung mit Frau Dr. Breuer im *Top Skin.* Er erwähnte nur, dass es anscheinend zu einem Streit gekommen wäre. Inzwischen klang Alexander beinahe so, als würde er selbst gar nicht an das Erlebte glauben. Es klang ja auch alles absolut mysteriös.

Er bemerkte allerdings, dass die kühle Blonde durchaus an seinen Ausführungen interessiert war. Sie lauschte mit zusammengekniffenen Augen und spitzem Mund.

„Und was soll ich jetzt Ihrer Meinung nach tun? Sie brechen in ein Haus ein, unterbrechen wichtige wissenschaftliche Studien und beschuldigen mich indirekt, an einem Verbrechen beteiligt gewesen zu sein. Ein Verbrechen, von dem Sie durch eine Geisterstimme erfahren haben! Sehr überzeugend! Geht es vielleicht noch ein bisschen präziser? Was soll ich denn der Frau, mit der ich angeblich im *Top Skin* gesehen wurde, getan haben? Habe ich sie vielleicht hier versteckt?“ Mit ihrer Stimme hätte man Glas schneiden können.

Haugen zuckte bei der letzten Frage sichtlich zusammen. Seine Nerven lagen blank. Dieser Showdown war unerträglich. Beinahe wünschte er sich, dass die Polizei endlich auftauchte.

Alexander richtete sich zu seiner vollen Größe auf. Es würde ihm sicher nicht helfen, sich jetzt klein zu machen. Nicht bei diesem Gegenüber. Auch er fragte sich, wo die verdammte Polizei blieb.

„Das weiß ich nicht! Deswegen bin ich ja hier! Es ist gut möglich, dass sich da jemand einen ganz üblen Scherz erlaubt hat. Trotzdem habe ich es für meine Pflicht gehalten nachzusehen, ob jemand in Not ist und Hilfe braucht. Wenn das nicht der Fall ist, ist ja alles gut und ich kann wieder nach Hause gehen.“

„Aber nein, Herr Bonhaus!“ Renata näherte sich lauernd dem Psychotherapeuten. „Ich möchte selbstverständlich meinen guten Namen reinwaschen! Sie sollten sich selbst überzeugen, dass ich nichts zu verbergen habe! Machen wir doch einfach eine kleine Hausbesichtigung! Folgen Sie mir und überzeugen Sie sich, dass hier wirklich niemand um Hilfe ruft!“

„Renata …“ Torger trat auf die Ärztin zu und Alexander beobachtete überrascht, dass diese ihn wie eine lästige Fliege zur Seite wischte. Der Wissenschaftler hatte angefangen zu schwitzen und auch Alexander fühlte sich extrem unwohl. Er wäre am liebsten weggelaufen, aber da er die Ärztin mit diesen Fragen und indirekten Vorwürfen konfrontiert hatte, musste er ihr wohl oder über die Gelegenheit geben, darauf zu reagieren. Also folgte er ihr pflichtschuldig. Sobald sie ihre Show beendet hatte, wollte er schnellstmöglich verschwinden.

Während Renata mehrere Türen im Vorbeigehen öffnete, bemerkte sie zynisch: „Schauen Sie bitte nach, ob sich hier irgendwo eine Jungfrau befindet, die gerettet werden möchte!“

Alexander winkte ab und lächelte entschuldigend, während er bereits ein paar Schritte rückwärts Richtung Haustür machte. „Ich habe schon verstanden. Nein. Ich sehe tatsächlich keinen Anhaltspunkt dafür, dass hier jemand außer Ihnen beiden ist. Das werde ich den anderen auch so weitergeben und dann vergessen wir die ganze Geschichte einfach!“

Nachdem er den Satz bereits ausgesprochen hatte, biss sich der Psychotherapeut innerlich auf die Zunge. Er hatte von *den anderen* gesprochen! Wie dumm von ihm! Hoffentlich war das der Ärztin nicht aufgefallen. Er wollte nur noch hier raus. Er warf ihr rasch einen Blick zu. Sie wirkte vollkommen ungerührt.

Torger hingegen atmete scharf ein. Das war eine Katastrophe. Er kannte Renata gut genug um zu wissen, dass sie nach dessen letzter Bemerkung bereits die Entsorgung des Therapeuten plante, und er selbst hatte auch keine Idee, wie er ansonsten diesem Albtraum noch entkommen sollte.

Scheinbar einladend forderte die Ärztin Alexander auf: „Sie möchten doch bestimmt ganz sicher sein und ich will, dass Sie das ganze Haus gesehen haben. Wir sehen uns noch kurz im Keller um und dann zeigen wir Ihnen, wie Sie am besten zurückkommen.“

Alexander wollte ablehnen, als er bemerkte, dass Haugen inzwischen hinter ihm stand und dadurch den Weg zur Tür versperrte. Die Atmosphäre hatte sich verändert.

Sie hatten ihn also sehr wohl verstanden! Nun blieb ihm nichts anderes übrig, als auf Zeit zu spielen. Noch hatte er die Hoffnung nicht aufgegeben, dass die Polizei gleich eintraf. Es konnte doch nicht sein, dass er heute und hier sein Ende fand.

Während er schweigend zwischen Dr. Breuer und Haugen die Treppe hinabstieg, sah er plötzlich Serenas Gesicht vor sich. Schade, Mädchen. Das mit uns hätte etwas werden können!

Das Bett war viel zu hart! Es kratzte an der Wange und ihr war eiskalt! Von dem Schmerz an der Hüfte ganz zu schweigen. Und warum war ihr Bein nass?

Serenas Bewusstsein kämpfte um Klarheit. Es war dunkel um sie herum und sie wälzte sich stöhnend auf den Rücken. Das war nicht ihr Bett! Das war harter, kalter Asphalt und ihr Bein lag in einer Pfütze. Die Kälte war ihr bis tief in die Knochen gedrungen. Ganz langsam kehrte die Erinnerung zurück und sie fuhr mit einem leisen Schrei in die Sitzposition, was ihr die Hüfte und der Kopf sofort übel nahmen.

Unkraut vergeht nicht, Mama! Los! Hoch!, hätte Lucy jetzt gesagt. Es war wichtig, dass sie endlich Hilfe holte!

Serena versuchte trotz der Dunkelheit die Uhrzeit zu erkennen, aber ein großer Riss im Zifferblatt signalisierte, dass die wohl nicht mehr aktuell war.

Mühsam kam sie auf die Beine und versuchte sich trotz des starken Schwindelgefühls zu orientieren. Da stand ein großer, dunkler SUV quer auf der Straße. Das erklärte den Hüftschmerz und die Ohnmacht. Die Beifahrerseite wurde von einem Baum komplett eingedrückt. Hoffentlich ging es wenigstens dem Fahrer gut!

So schnell es ging humpelte sie zur Fahrertür. Der Mann lag mit überstrecktem Kopf im Fahrersitz. Das volle Gesicht war schmerzverzerrt, die Augen weit geöffnet.

Serena musste kein Arzt sein, um zu erkennen, dass dieser Mann tot war.

Sie unterdrückte ein Schluchzen. Jetzt war keine Zeit für Trauer oder Panik. Sie brauchte ein Handy. Es widerstrebte ihr absolut den toten Mann abzutasten oder das Auto zu durchsuchen, während er darin lag. Vor allem, weil es so dunkel war und sie sich hauptsächlich auf ihre Hände verlassen musste.

Serena beschloss, im hinteren Bereich und auf der Ladefläche nachzuschauen, ob dort eine Taschenlampe zu finden war. Ansonsten würde sie versuchen müssen, die Innenbeleuchtung in der Fahrerkabine einzuschalten, indem sie sich über den Toten beugte. Die Beifahrertür ließ sich definitiv nicht mehr öffnen.

Sie atmetet erleichtert auf, als sie sah, dass die Klappe des Laderaums durch den Unfall bereits einen Spalt weit aufgesprungen war. Vielleicht hatte sie ja Glück! Sie musste ein bisschen Kraft anwenden, um die verzogene Klappe ganz aufzuziehen, aber dann konnte sie einen Blick hineinwerfen.

Die Umrisse von menschlichen Körpern unter einer dunklen Decke waren so mit der schwarzen Innenverkleidung verschmolzen, dass Serena sie erst auf dem zweiten Blick als solche identifizierte. Die Decke war verrutscht und gab auf einer Seite den Blick auf eine blasse Hand frei. Serena zog noch etwas mehr an der Decke und hörte einen langgezogenen Schrei. Sie brauchte einen Moment, um zu begreifen, dass der von ihr selbst kam.

Der Schrei ging in ein Schluchzen über und sie musste sich an der Ladefläche abstützen, um nicht zu stürzen. Hörte dieser Albtraum denn gar nicht mehr auf? Zumindest konnte sie sich ab jetzt wohl die Trauer um den Fahrer sparen. Wie es aussah, war der Tote kein sehr netter Mensch gewesen. Wer Leichen durch die Gegend kutschierte, hatte im Allgemeinen keine guten Absichten.

Als wollte er sie trösten, lugte der Mond plötzlich hinter einer Wolkenwand hervor und beleuchtete das bizarre Szenario. Serena wurde erneut schwindelig, aber diesmal vor Erleichterung. Einem der Toten war anscheinend bei dem Aufprall ein Handy aus der Tasche gerutscht, das gut erkennbar auf der Ladefläche lag.

Hastig angelte sie danach. Gott sei Dank! Sie hatte Empfang und die Akkuleistung war ausreichend. Endlich konnte sie Hilfe holen!

Polizeiobermeister Jochen Kolbe biss mit Inbrunst in sein Leberwurstbrot. Schließlich hatte Marianne doch noch verstanden, dass es nicht gesund war, auf Fett und Fleisch zu verzichten! Zumindest nicht für sie, denn Jochen war während seiner Zwangsdiät in den letzten Wochen unausstehlich gewesen, wie ihm selbst sehr wohl bewusst war. Er hatte sich aber auch keine Mühe gegeben, seine Abscheu vor all dem gesunden Grünzeug zu verbergen. Das hatte sie nun davon. Irgendwann war es selbst Marianne zu viel geworden und sie hatte aufgegeben. Das Leberwurstbrot in seiner Hand war die Antwort auf ihren gestrigen Streit. Offensichtlich hatte er gewonnen!

Er lehnte sich entspannt zurück und ließ seinen Geschmacksnerven Zeit, sich von der fetten Wurst umschmeicheln zu lassen.

Der Feierabend war zum Greifen nah und der heutige Tag war im Großen und Ganzen recht ruhig verlaufen. Vor einer halben Stunde hatte er zwar einen etwas merkwürdigen Anruf entgegengenommen, aber die Sache bereitete ihm wenig Kopfzerbrechen. Solche Suchmeldungen klärten sich meistens von ganz allein wieder auf. Der Anrufer hatte sich als Doktor Mendel vorgestellt. Er hatte wissen wollen, ob eine Sonia vermisst wurde. Allein schon die Frage war seltsam, da der Arzt nur den Vornamen kannte. Und auf Nachfrage hatte der andere zugeben müssen, dass man sich um diese Sonia sorgte, weil zwei Patienten im Koma Hilferufe von ihr empfangen hatten. Verrückte Welt! Kolbe schüttelte noch immer fassungslos den Kopf. Was sich manche Leute so einbildeten!

Zugegeben, es war schon seltsam, dass er nach dem Telefonat feststellen musste, dass sein Kollege am Mittag tatsächlich eine Vermisstenmeldung für eine Sonia Bartholdi aufgenommen hatte. Aber das war sicher nur ein Zufall!

Bei dem Gedanken an den letzten Vermisstenfall, den er bearbeitet hatte, musste Kolbe grinsen. Vergangenen Monat war das Verschwinden von Konrad, dem Malermeister, aufzuklären gewesen, der zwei Tage nicht zu Hause erschienen war. Kolbe hatte ihn schließlich sturzbetrunken im Bett der Nachbarin gefunden.

Das Telefon klingelte schon wieder. Der Polizeiobermeister runzelte die Stirn. Hoffentlich nichts, was seinen Feierabend verzögerte. Um diese Zeit tat sich hier normalerweise kaum noch etwas. Er hob seufzend den Hörer ab und meldete sich vorschriftsmäßig.

Die Frauenstimme am anderen Ende klang so aufgelöst, dass Jochen automatisch das Wurstbrot beiseitelegte. Das war wohl doch etwas ernstes.

Mit der Souveränität des Staatsbeamten und einem beruhigendem Timbre in seiner Stimme bat er die Anruferin: „Nun mal ganz langsam und nochmal von vorn, gute Frau. Sie waren in einen Unfall verwickelt?“

„Ja, nicht nur in einen! Aber ich habe wirklich keine Zeit, Ihnen jetzt die ganze Geschichte zu erzählen. Ein Mann ist sehr wahrscheinlich in großer Gefahr! Alexander Bonhaus wollte zum Haus von Dr. Torger Haugen, Waldgasse 3. Vorher waren bereits ein Mann und eine Frau dort, um Sonia zu suchen, und die Frau kam uns verletzt entgegen. Der Mann ist laut ihrer Aussage auch verletzt worden, befindet sich aber wohl noch auf dem Grundstück von Haugen. Dr. Bonhaus wollte nachsehen und gegebenenfalls helfen. Das ist jetzt schon wieder so lange her! Ich konnte ohne Handy und wegen des Unfalls nicht vorher anrufen und Hilfe holen. Bitte machen Sie ganz schnell!“

Die Fremde weinte schon wieder.

„Was haben Sie gerade gesagt? Wen haben der Mann und die Frau dort gesucht? Und wo genau sind Sie? “

„Ich stehe hier allein auf einer dunklen Straße, die zu Haugens Anwesen führt, mit drei unbekannten Toten. Ein Stückchen weiter die Straße hoch befinden sich noch zwei Frauen in einem verunglückten Wagen. Eine davon ist verletzt. Wir brauchen auch einen Krankenwagen! Die Frau, die gesucht wurde, kenne ich nicht persönlich. Ich weiß nur, dass sie Sonia heißt!“

Nicht schon wieder die, dachte Kolbe. Aber er musste zähneknirschend zugeben, dass er die Situation anscheinend unterschätzt hatte. Nun musste wohl doch zügig gehandelt werden.

Er warf noch einen bedauernden Blick auf das angebissene Wurstbrot und setzte dann die Maschinerie in Gang. Langsam war er selbst neugierig darauf, was mit dieser Sonia geschehen war.

Er wollte dort nicht hineingehen. Ihm war glasklar, dass er aus diesem Geheimlabor nicht wieder lebendig heraus käme. Die Ärztin hatte die Maske schon auf dem Weg nach unten fallengelassen und sah ihn inzwischen offen drohend an.

„Nach Ihnen, Herr Psychodoktor Bonhaus! Sie müssen doch noch unser geheimstes Refugium kennenlernen und dort nach der verschwundenen Jungfrau suchen!“

Er musste ruhig bleiben, sie hinhalten, verbal ablenken oder eventuell Haugen auf seine Seite ziehen. Der wirkte nämlich inzwischen gar nicht mehr so glücklich mit der eskalierten Situation.

Alexander versuchte sich seine therapeutischen Fähigkeiten zunutze zu machen.

„Sie müssen das nicht tun, Frau Doktor Breuer! Es gibt immer noch andere Lösungen, auch wenn man das auf den ersten Blick oft nicht sieht! Ich würde Ihnen gern helfen! Dies alles kann noch immer einen guten Ausgang nehmen! Wenn Sie allerdings ein Verbrechen begehen, verlieren Sie nicht nur Ihre Freiheit, sondern auch Ihre Approbation und damit die Möglichkeit, der Wissenschaft zu dienen. Außerdem ist es schwerer und im Nachhinein belastender als man glaubt, einem anderen Menschen Gewalt anzutun ...“

Das Lachen der Ärztin klang nun zum ersten Mal ehrlich amüsiert. „Das ist ja goldig, Herr Bonhaus! Aber Sie können sich all die guten Worte sparen! Ich weiß ja nicht, ob Sie bei anderen Menschen damit Erfolg haben, aber bei mir absolut nicht! Ich wäre vielleicht tatsächlich ein spannender Fall für Ihre Praxis, aber Sie können ganz sicher sein, dass ich nicht darunter leide, anderen weh zu tun! Tut mir leid, aber die Tour zieht bei mir nicht."

Renata versuchte den Psychotherapeuten grob durch die inzwischen halbgeöffnete Geheimwand zu schieben, während sie sprach.

Alexander leistete Widerstand. Auch wenn die Ärztin eiskalt und entschlossen war, war er doch körperlich stärker.

Hinter ihm bückte sich Torger hinter die Bar und tauchte mit einer glänzenden Kurzwaffe in der Hand wieder auf. Er zuckte resigniert mit den Schultern.

„Leider lohnt es sich, so ein Ding im Haus zu haben. Hübsch, nicht wahr? Das ist eine Smith & Wesson 629. Funkelnagelneu, aber ich habe mir sagen lassen, dass sie funktioniert! Also möchte ich Sie höflich bitten, Frau Dr. Breuer zu folgen!"

Alexanders Gedanken rasten, aber er sah keine Möglichkeit mehr, sich zu wehren. Der kleine Roboter folgte ihm mit leisem Klacken.

Die leise surrenden und blinkenden Apparaturen in dem Raum, der sich vor ihm auftat, wirkten beeindruckend effizient und modern. Der Psychotherapeut hatte keine Ahnung, was er da vor sich hatte, und entdeckte auch erst auf den zweiten Blick, dass sich unter dem Tuch auf der Liege ein Körper befand. Eisiger Schrecken durchfuhr ihn. Der Größe und Form nach zu urteilen handelte es sich um eine Frau.

„Ist das Sonia?", fragte er heiser und spürte eine große Traurigkeit darüber, dass all die Versuche, die junge Frau zu retten, wohl umsonst gewesen waren.

„Mein Gott! Was tun Sie hier? Und warum musste diese Frau sterben?"

„Wie haben Sie es vorhin so schön formuliert? Wir dienen der Wissenschaft! Und wenn ich es recht bedenke, ist Ihre Anwesenheit hier ein Glücksfall, denn Sie können tatsächlich auch noch von Nutzen für uns und die ganze Welt sein! Wir können Ihren Namen eventuell sogar unsterblich machen! Stimmt's, Torger?"

Die Ärztin lächelte Haugen an, der noch immer mit der Waffe in der Hand in der halbgeöffneten Wand stand. Der nickte nachdenklich. „Ich verstehe! Ja, Herr Bonhaus. Frau Doktor Breuer hat Recht. Es ist bestimmt in Ihrem Sinne, der Wissenschaft einen großen Dienst zu erweisen, wenn Sie schon aus diesem Leben scheiden müssen. Und das Beste ist, dass sogar eine geringe Überlebenschance besteht, wenn Sie jetzt freiwillig mit uns zusammenarbeiten!"

Alexander sah ihn verwirrt und ängstlich an. „Was genau bedeutet das? Wollen Sie mich als Versuchskaninchen missbrauchen? Ist es das, was Sie auch Sonia angetan haben? Nur sie scheint den Versuch ja tatsächlich nicht überlebt zu haben!"

Die Ärztin wirkte nahezu beschwingt über die Möglichkeit, den Psychotherapeuten für einen weiteren Versuch nutzen zu können. So schnell hatten sie ja tatsächlich nicht mit weiterem „Testmaterial" rechnen können.

„Sie können von Glück reden, dass wir inzwischen schon etwas mehr Erfahrung haben und wissen, worauf wir diesmal speziell achten müssen. Das erhöht Ihre Überlebenschancen! Außerdem scheinen Sie in guter körperlicher Verfassung zu sein. Das ist ebenfalls hilfreich! Nehmen Sie doch gleich hier drüben Platz. Ich brauche nachher nur kurz Ihren rechten Arm. Ein kleiner Piks und ich werde einen Herzstillstand erwirken, den ich später versuche rückgängig zu machen. Versprochen!", trällerte die Ärztin und schob einen Bürostuhl in seine Richtung.

Alexander hatte noch nie in seinem Leben so große Angst verspürt. Ihm war eiskalt. Automatisch wich er ein paar Schritte zurück. Alles in ihm schrie um Hilfe. So und hier durfte sein Leben einfach nicht enden!

„Sie sollten wissen, dass die Polizei jeden Moment hier eintreffen muss! Meine Bekannten sind direkt in den nächsten Ort gefahren, um Hilfe zu holen. Damit kommen Sie nicht durch!"

Torger nickte. „Ja, das haben wir uns schon gedacht. Tatsächlich wundern wir uns ebenfalls, dass die Ordnungshüter noch immer nicht hier sind! Dann gehört die junge Frau mit der bunten Kleidung also doch zu Ihnen! Gut zu wissen! Schade nur, dass Sie selbst ja nie hier angekommen sind!" Er zuckte scheinbar bedauernd die Schultern und dirigierte Alexander mit Hilfe der Pistole zu dem Stuhl. Er hielt ihn in Schach, während Renata ein paar Kabelbinder aus einer Schublade zog und seine Handgelenke so geschickt damit fesselte, als hätte sie schon viel Übung darin. Um seine Hüfte schlang sie ein Seil, mit dem sie ihn an der Stuhllehne fixierte. Die harten Kanten des Kabelbinders schnitten schmerzhaft in seine Haut und das Herz des Psychotherapeuten schlug inzwischen so schnell, dass ihm schwindelig wurde. Er konnte sich zwar nach vorne beugen, aber nicht aufstehen, ohne den schweren Stuhl wie einen Panzer mitzuschleppen.

Die Ärztin lächelte ihn liebenswürdig an. „Sie kommen zwar sowieso nicht mehr hier raus, aber Sie müssen gleich ein bisschen still halten, damit Sie sich nicht unnötig verletzen. Das wäre ungünstig!“

Torger nickte zustimmend. „Ich danke Ihnen auf jeden Fall für den Hinweis, Herr Bonhaus. Dann sollten wir erst mal wieder hoch gehen und auf die Polizisten warten. Es würde keinen guten Eindruck erwecken, wenn wir nicht aufmachen. Wir geben uns eben schnell gegenseitig ein Alibi und sind so bald wie möglich wieder bei Ihnen! Schreien ist übrigens vollkommen sinnlos! Hier unten hört Sie niemand! Also sparen Sie Ihre Kraft am besten.“

In diesem Augenblick hörten sie wie aufs Stichwort die Türklingel und Haugen und Renata beeilten sich, die Wand zu schließen, um die Haustür öffnen zu können.

Hades folgte ihnen erneut.

Alexander blieb mit Sonias Leiche im Dunkeln zurück.

Serena war so erleichtert, dass ihre Beine nachgaben und sie sich kurzzeitig an den Wagen lehnen musste, um nicht umzufallen. Endlich hatte sie die Polizei verständigen können! Bald würden sie nach Alexander sehen! Wenn dies alles doch schon vorbei wäre! Sie wünschte sich sehnlichst, in ihrem warmen Bett zu liegen und in Sicherheit zu sein. Plötzlich spürte sie wieder alle Blessuren, die sie sich während der beiden Unfällen zugezogen hatte, überdeutlich.

Was jetzt? Sollte sie hier auf die Polizei warten und sich mitnehmen lassen oder lieber wieder zurück zu Maria und Dörte gehen?

Das war wahrscheinlich am besten. Sie musste den Frauen unbedingt sagen, dass Hilfe unterwegs war, und sie beruhigen. Außerdem waren drei Leichen auf einem einsamen, dunklen Waldweg auch nicht gerade die angenehmste Gesellschaft! Hoffentlich war Dörte inzwischen aufgewacht! Serena mochte gar nicht darüber nachdenken, dass die junge Frau schwer verletzt sein könnte.

Müde, aber hoffnungsvoll machte sie sich auf den Rückweg. Diesmal allerdings ohne Gesang und am Rand der Straße. Einen dritten Unfall wollte sie nicht auch noch provozieren!

Diesmal hörte Serena das Auto, bevor sie es sah. Sie war inzwischen etwa zweihundert Meter vom Unfallort entfernt, als sich aus Richtung des Dorfes ein Wagen näherte, der allerdings neben dem SUV anhielt. Ihr erster Impuls war umzudrehen und laut rufend auf sich aufmerksam zu machen. Entweder war das die Polizei oder jemand, der den Unfall bemerkt hatte und Hilfe leisten wollte. Die bedauernswerte Person erschrak sicher zu Tode, wenn sie auf die Leichen stieß.

Serena war bereits ein paar Meter zurück gelaufen und hatte schon den Arm gehoben, als sie einen einzelnen, extrem großen Mann im Scheinwerferlicht erkannte, der auf den verunfallten SUV zuging. Irgendetwas an den verstohlen wirkenden Bewegungen des Fremden irritierte sie und ihr Instinkt ließ sie innehalten und schweigen.

Sie beobachtete, wie der Mann zur Fahrertür ging und diese öffnete. Inzwischen musste er die Leiche des Fahrers entdeckt haben, aber er gab keinen Laut von sich und von ihrer Position aus konnte sie auch sein Gesicht nicht erkennen. Ohne erkennbare Reaktion ging er um den Wagen herum und warf auch einen Blick auf die Ladefläche. Serena hörte wiederum weder einen Schrei noch irgendeinen anderen Ausdruck des Entsetzens. Es war außerdem sehr merkwürdig, dass der Fremde anscheinend auch darauf verzichtete, die Polizei zu verständigen. Stattdessen kehrte er zügig zum Auto zurück und startete den Kleinwagen sofort wieder.

Serena duckte sich, als der blaue Seat mit aufheulendem Motor dicht an ihr vorbeifuhr. Das war seltsam gewesen. Wo wollte der denn jetzt hin? Er fuhr auf jeden Fall nicht zurück ins Dorf. Sie seufzte und machte sich erneut auf den Weg, um zu den beiden Frauen zurückzukehren.

Heute stand die ganze Welt Kopf und so langsam sollten sich die Leute darüber Gedanken machen, die dafür bezahlt wurden. Sie würde ohne die Polizei gar nichts mehr im Alleingang unternehmen.

Torger öffnete die Haustür. Er trug eine betont beschäftigte und durch die Störung scheinbar genervte Miene zur Schau.

Allerdings wich dieser Ausdruck schnell einer echten Überraschung. Da stand kein Polizist, sondern ein etwa 1,90 Meter großer, kräftiger Mann. Er strahlte eine unglaublich starke Präsenz und Kraft aus, allein schon dadurch, dass er Torger um fast eine Kopflänge überragte. Die stoppelkurzen Haare, das hervorspringende Kinn und die schmalen, kleinen Augen ließen den Fremden bedrohlich wirken. Am Hals war der tätowierte Kopf einer Schlange zu erkennen, deren Körper in dem schwarzen Rollkragenpullover verschwand.

Beunruhigend war die seitliche Ausbuchtung unter diesem Pullover in Hüfthöhe. Der Fremde war bewaffnet.

„Und Sie sind?“ Torger reckte herausfordernd das Kinn und ärgerte sich, dass er seinen eigenen Revolver wieder weggeschlossen hatte.

„Ich bin der persönliche Assistent, Bodyguard und Freund von Wilfried van Doorn. Er hat mir gesagt, dass er heute Abend bei Ihnen ist, und wollte sich in regelmäßigen Abständen melden. Da er das während der letzten Stunde nicht getan hat, habe ich vergeblich versucht, ihn telefonisch zu erreichen.“

Torger war erleichtert, dass er dazu wahrheitsgemäß Auskunft erteilen konnte.

„Oh, ich denke, Sie müssen sich wirklich keine Sorgen machen! Er ist vor ca. einer halben Stunde hier weggefahren und wollte nach Hause. Wahrscheinlich hat er nur vergessen, Ihnen Bescheid zu geben.“

Obwohl das fast unmöglich schien, kniff der Fremde die Augen noch mehr zusammen und erwiderte gefährlich leise: „Ich weiß inzwischen, wo er sich aufhält, und auch, warum er sich nicht gemeldet hat. Und ich möchte jetzt von Ihnen wissen, warum mein Chef tot in seinem Wagen liegt, nachdem er zwei Leichen durch die Gegend kutschiert hat!“

Torger erschrak. Das war fatal! Noch schlimmer konnte es nun wirklich fast nicht mehr kommen! Doch er merkte rasch, dass das ein Irrtum war.

Der Bodyguard bewegte sich bedrohlich langsam vorwärts, ohne den Wissenschaftler dabei auch nur eine Sekunde aus den Augen zu lassen. Dabei drängte er ihn allein durch seinen breiten Thorax ins Haus zurück. Torgers Mund wurde trocken. Das war gar keine gute Entwicklung!

„Nun mal langsam! Damit habe ich so gut wie nichts zu tun! Ihrem Chef ist ein … äh ... kleines Malheur passiert. Einer der beiden Toten hat sich in Angelegenheiten eingemischt, die ihn nichts angingen und Wilfried musste ihn einfach aufhalten. Der andere wollte uns schaden und wusste einfach zu viel ... Ich selbst habe Ihrem Chef geraten, vom Tatort zu verschwinden, damit er aus der Schusslinie ist. Ich wollte ihm helfen! Ehrlich! Das müssen Sie mir glauben!“

Torger hasste sich dafür, dass seine Stimme zunehmend bettelnd klang.

Sein Gegenüber verzog keine Miene. „Das ist ja eine nette Geschichte! Sie sind der Gutmensch und Wilfried ein Mörder! Wie praktisch, dass er sich nicht mehr verteidigen kann!“

„Hören Sie. Wenn Sie so gut befreundet sind, wissen Sie doch bestimmt selbst, dass wir hier wichtige, aber nicht ganz legale Experimente durchführen und dass es in unser aller Sinn ist, diese auch mit allen Mitteln geheimzuhalten ...“

Der Bodyguard lauschte mit schief gelegtem Kopf, als würde er ein besonders ekliges Insekt betrachten. Wie in Zeitlupe hob er den rechten Arm.

„Ich weiß. Ich habe Wilfried von Anfang an gewarnt, dass ihr ihn über den Tisch ziehen würdet und nur sein Geld wollt. Es war ein großer Fehler, die Hand zu beißen, die euch füttert. Wilfried hat mich aus dem Sumpf gezogen und mir ein gutes Leben ermöglicht. Das scheint ja jetzt wohl vorbei zu sein." Die rechte Hand des Riesen krachte schwer auf Torgers Schulter und der zuckte zusammen.

„Aber euer kleines Abenteuer ist definitiv auch beendet! Ich habe bereits alle Dokumente, die der Chef mir übergeben hat, an die Presse geschickt. Trotzdem möchte ich mich nochmal persönlich von dem Mörder meines Freundes verabschieden!"

Es ging so schnell, dass Torger keine Zeit mehr fand, die Bedeutung dieser Worte zu erfassen. Die Pranke schoss von der Schulter zu seinem Nacken. Mit einem leisen Knacken brach sein Genick und er sank leblos zu Boden.

Ein leiser Aufschrei hinter ihm ließ den Bodyguard herum fahren. Er erhaschte noch einen kurzen Blick auf eine Frau im weißen Kittel, die hastig in einer Tür verschwand. Er erkannte Treppenstufen dahinter und war einen Moment lang unschlüssig, ob er ihr folgen sollte, als von weitem das Martinshorn zu hören war, das sekündlich lauter wurde. Anscheinend hatte nun auch die Polizei seinen Chef und die unbekannten Toten gefunden.

Damit war die Entscheidung gefallen und der schwarz gekleidete Mann verließ eilig das Haus, um in der Dunkelheit mit dem Wald zu verschmelzen.

Renata wollte nur noch raus. Hier war nichts mehr zu retten und sie wollte so schnell wie möglich so weit wie möglich weg. Die Ärztin überschlug in Gedanken, ob sie es noch bis zu ihrem Auto schaffen und mit dem Wagen fliehen konnte, bevor die Polizei eintraf. Da der aber vor dem Haus stand und nur eine Straße ins Dorf führte, würde sie das wohl nicht mehr schaffen. Deshalb entschied sie, durch den Hintereingang zu fliehen und sich erst einmal durch den Wald zu schlagen. Wie es dann weiterging, konnte sie klären, wenn sie der Gefahr entkommen war und wieder klar denken konnte. Mitwisser oder Verbündete gab es auf jeden Fall nicht mehr und wenn sie Torgers Mörder richtig verstanden hatte, würde die Presse ohnehin bald über sie herfallen. Das war das Ende ihrer Karriere in Deutschland.

Also sollte sie sich am besten unter fremdem Namen ins Ausland absetzen. Ein paar zwielichtige Kontakte waren ihr noch geblieben, bei denen sie einen neuen Pass in Auftrag geben konnte. Sie hatte ein paar Möchtegerngangster auf Bewährung unentgeltlich – wenn auch nicht uneigennützig – nach einer Schlägerei behandelt. Die waren ihr noch einen Gefallen schuldig. Mit diesem Plan ging es ihr schon viel besser und ihrer Persönlichkeit entsprechend hatte sie den eben erlebten Schrecken schnell wieder abgeschüttelt.

Vor der Hintertür stand *Hades*. „Hau ab!“, zischte sie dem humanoiden Roboter im Näherkommen zu. Die kleine elektronische Gestalt hielt die Kulleraugen unverwandt auf sie gerichtet und rührte sich keinen Millimeter.

Renata schnalzte ungeduldig mit der Zunge und bückte sich, um ihn zur Seite fegen.

Sie war mehr überrascht als erschrocken, als *Hades*‘ fünf pneumatischen Greifer, die einer menschlichen Hand erstaunlich ähnlich sahen, sich eisern um ihren Arm schlossen. Sie sah erstaunt in das runde Kunststoffgesicht. Sie hätte schwören können, dass die Augen für einen kurzen Moment aufleuchteten, als wären sie lebendig. Wahrscheinlich war das nur ein Wackelkontakt in den Photodioden oder was auch immer dafür verantwortlich war, dass dieses Ding sehen konnte. Trotzdem stellten sich die Härchen auf Renatas Armen auf. Irgendetwas war plötzlich anders an *Hades.* Er wirkte so feindselig, regelrecht bedrohlich.

Unsinn, schalt sie sich selbst. Sie hatte keine Zeit für solche Hirngespinste Dementsprechend heftig wollte sie der Maschine ihren Arm entziehen, doch die Greifer umklammerten ihn inzwischen wie ein Schraubstock. Langsam tat es weh. Außerdem klang das Martinshorn jetzt schon gefährlich nah.

Renata riss den Arm hoch und schleuderte den ganzen Roboter von sich weg mit Wucht an die Wand. Wütend und besorgt registrierte sie, dass *Hades* trotzdem noch immer nicht losließ. Stattdessen gab er kleine Zischlaute von sich. Wahrscheinlich hatte sie die Sprachfunktion zerstört. Vielleicht war die Mechanik verklemmt und sie würde die Greifer aufbrechen müssen. Während sie sich panisch nach einem geeigneten Werkzeug umsah, verfärbten sich die schwarzen Kulleraugen rötlich und das Acrylmaterial an ihrem Arm schien plötzlich enorme Hitze auszustrahlen.

Renata roch verbrannte Haut und im selben Moment setzte der Schmerz ein. Ihr Arm pumpte wie wild, um den überhitzten Roboter loszuwerden, jedoch vergeblich. Die gesamte Maschine schien zu glühen und die inzwischen rot leuchtenden Augen saugten sich an dem schmerzverzerrten, verschwitzten Gesicht der Ärztin fest.

Plötzlich floss ein starker Stromschlag durch den mechanischen Arm und suchte sich einen Weg über Renatas verschwitzte und verletzte Haut. Erst als ihr Körper zu Boden sank, lockerte *Hades* seinen Griff.

Innerhalb weniger Sekunden schienen seine Schaltkreise abzukühlen und die Augen in dem unbewegten Gesicht nahmen wieder die ursprüngliche Farbe an.

Als sich der Humanoide in Bewegung setzte, knirschte und krachte es in seinen Aktoren, aber immerhin war er in der Lage zu laufen. Zielstrebig bewegte er sich den Gang hinunter und bog Richtung Weinkeller ab. Dorthin, wo Haugen den schottischen Whiskey gelagert hatte.

Alexander war in einem Albtraum gefangen. Er fürchtete gleichzeitig, dass seine Peiniger zurückkamen und dass sie nicht zurück kamen.

Es zischte, knisterte und summte in der Dunkelheit. Verschiedenfarbige Lichter blinkten von Zeit zu Zeit an nur schemenhaft erkennbaren Apparaturen auf. Irgendwo vor ihm lag die tote Sonia, was ihn zusätzlich extrem aufwühlte und die Situation nicht besser machte. Bevor das Licht ausging, hatte er gesehen, dass der Raum fensterlos war. Der einzige Weg heraus führte durch die Wand und er hatte natürlich keine Ahnung, wie der Öffnungsmechanismus zu betätigen war.

Aber das spielte ohnehin keine Rolle, da er sich nicht bewegen konnte. Er hatte bereits mehrfach versucht, die Handgelenke aus den Kabelbindern zu lösen, doch der einzige Erfolg war, dass sich die Haut dort feucht anfühlte, weil er sie blutig gescheuert hatte. Den Oberkörper konnte er zwar nach vorne beugen, aber auch das nutzte wenig. Alexander hatte bereits versucht, das breite Seil nach oben über die Stuhllehne gleiten zu lassen, aber da er kein Schlangenmensch war, gelang das natürlich nicht.

Das schlimmste war das Warten. Das Warten darauf, dass sie ihn umbrachten, denn in dieser Hinsicht machte der Psychotherapeut sich keine Illusionen. Sie konnten sich gar nicht erlauben, ihn am Leben zu lassen! Er wusste viel zu viel.

Seinen Patienten erklärte er immer wieder, dass es fatal war, nur zu warten. Die Menschen, die sich in einer traumatischen Situation als selbstwirksam erlebten, die wenigstens versuchten, etwas gegen ihre Lage zu unternehmen, anstatt sich hilflos zu ergeben, hatten anschließend erwiesenermaßen weniger seelische Probleme.

Obwohl Alexander nicht an ein „anschließend" glaubte, beschloss er dennoch nicht aufzugeben. Er versuchte sich zu beruhigen und atmete tief ein, bis sich sein Herzschlag wieder etwas beruhigte. Welche Möglichkeiten hatte er noch, sich zu befreien?

Ganz plötzlich schoss ihm die klare Erinnerung an ein YouTube-Video in den Kopf, das er sich zusammen mit einem Patienten angesehen hatte. Der neurotische Mann hatte damals panische Angst davor gehabt, irgendwann entführt zu werden, und suchte immer wieder im Internet nach hilfreichen Tipps, wie man sich im Ernstfall aus bedrohlichen Situationen befreien konnte.

Ein einziges Mal hatte er seinem Therapeuten zum besseren Verständnis ein Beispielvideo gezeigt. Und unglaublicherweise war es darin tatsächlich ausgerechnet um eine Fesselung mit Kabelbindern gegangen. Alexander versuchte sich konzentriert zu erinnern. Der Mann in dem Film hatte sich mithilfe seiner Schnürsenkel befreit.

Alexander beugte sich mühevoll so weit wie möglich vor und nestelte an seinen Schnürsenkeln. Es war sehr anstrengend, die festen Knoten zu lösen, zumal ihm das Seil die Atmung abschnürte. Er musste sich immer wieder zwischenzeitlich aufrichten, obwohl er Angst hatte, dass er dadurch zu lange brauchte. Wider besseren Wissens versuchte er nach sich nähernden Schritten zu lauschen, aber Haugen hatte recht gehabt: Der Raum schien komplett schallisoliert und bis auf die Geräusche der Apparaturen war absolut nichts zu hören.

Nach einer gefühlten Ewigkeit lösten sich die Knoten und es gelang ihm, den einen Schnürsenkel zwischen seinen gefesselten Händen durchzuziehen. Den zweiten Schnürsenkel mit dem ersten zu verknoten dauerte erneut so lange, dass ihm der Schweiß in die Augen lief. Endlich waren die beiden Bänder verknotet und Alexander begann, seine Beine abwechselnd vor und zurück zu bewegen, sodass die Schnüre permanent an dem Kabelbinder scheuerten und Wärme erzeugten.

Das leise „Plopp“, als das Nylon auseinander fiel, war das schönste Geräusch, das er seit langem gehört hatte! Schwach vor Erleichterung zerrte er umgehend an dem Seil, das ihn an den Stuhl fesselte. Kribbelnd schoss das Blut in seine Hände und er stand zügig auf, während er Arme und Beine ausschüttelte.

Nun war er nicht mehr ganz so hilflos! Vielleicht hatte er ja Glück und fand in den zahlreichen Schränken an der Wand eine Waffe, mit der er sich verteidigen konnte. Er hätte zumindest das Überraschungsmoment auf seiner Seite!

Das war im wahrsten Sinne des Wortes das erste kleine Licht im Dunkel und Alexander begann vorsichtig, die Inhalte der Schubladen abzutasten. Dabei bewegte er sich ausschließlich entlang der Zimmerwände und nutzte das schwache Blinken der Apparaturen so gut es ging, um nicht zufällig gegen die Liege mit der Leiche zu stoßen.

Als könnte sie ihn hören flüsterte er ins Nichts: „Es tut mir sehr leid, dass wir anscheinend alle zu spät gekommen sind. Aber vielleicht können wir wenigstens deine Mörder überführen! Die Hoffnung stirbt bekanntlich zuletzt!“

„Ich habe Ihnen doch gesagt, dass Sie im Auto sitzen bleiben sollen!“, grollte der stämmige, kleine Polizist, einer der beiden Einsatzkräfte, die Serena vor wenigen Minuten aufgelesen hatten.

Sie hatte es gerade bis zum Audi geschafft, als der Polizeiwagen neben ihr zum Stehen gekommen war. Hastig hatte sie der erleichterten Maria berichtet, dass ein Krankenwagen in wenigen Minuten eintreffen würde, und gleichzeitig erfreut festgestellt, dass Dörte inzwischen wieder wach war. Maria hatte ihre Beine hochgelegt, sie in die verrutschte Decke eingewickelt und ihr schon wieder eine Wasserflasche in die Hand gedrückt.

Die Polizisten hatten nur kurz angehalten, um zu fragen, ob es allen dreien gut ging, und wollten dann zügig weiterfahren. Serena war jedoch kurzentschlossen in das Polizeifahrzeug eingestiegen und weigerte sich, bei Maria und Dörte zu warten.

Während der kurzen Fahrt hatte der ältere, etwas stämmige Polizist sich als Herbert Zweig vorgestellt und abgeklärt, was genau Serena über die beiden Toten in dem verunfallten SUV wusste. Serena hatte gegen das Martinshorn anschreien müssen, obwohl sie nicht viel dazu sagen konnte. Die Fahrt war sehr aufregend gewesen. Sobald sie in einer Wolke von aufwirbelndem Kies direkt vor Haugens Haus zum Stehen gekommen waren, stürzten die beiden Männer mit den Händen an der Waffe zur Tür. Ihr Versprechen, im Auto zu bleiben, hatte Serena sofort gebrochen, als sie sah, dass die Haustür des Wissenschaftlers weit offen stand. Da stimmte etwas ganz und gar nicht.

Sie musste wissen, was mit Alexander geschehen war. Der jüngere, sehr dünne Polizist war bereits im Inneren des Hauses verschwunden und sie hörte ihn rufen: „Hallo! Polizei! Ist jemand zuhause? Ach du Scheiße! Herbert! Schnell! Hier liegt einer! Ich glaube wir brauchen einen Krankenwagen und die Spusi!"

Serena steckte voller Angst den Kopf durch die Tür, erkannte aber erleichtert, dass der Mann auf dem Boden nicht Alexander war.

Herbert Zweig schob Serena wieder ein Stück zurück und warnte eindringlich: „Wenn Sie uns weder behindern noch gefährden wollen, sollten Sie auf jeden Fall hier draußen bleiben! Am besten gehen Sie zurück ins Auto!"

Sie nickte und lehnte sich für einen Moment mit klopfendem Herzen an die Hauswand. Einen Augenblick lang hatte sie befürchtet, dass ihre Geschichte mit Alexander schon zuende war, bevor sie richtig begonnen hatte. Sie kannte diesen Mann nur kurz und wenig und hatte doch das Gefühl, auf eine selbstverständliche Art mit ihm verbunden zu sein. War es das, was man gemeinhin Seelenverwandtschaft nannte?

Merkwürdigerweise war sie sich sicher, dass der Psychotherapeut sich hier auf dem Gelände befand. Ganz in ihrer Nähe. Hoffentlich fand die Polizei ihn bald!

Eine Stunde später wimmelte es im und um das Haus herum von Menschen. Serena fühlte sich, als wäre sie Teil eines Fernsehkrimis. Stimmen schwirrten durcheinander und sie schnappte viele Stichwörter auf, die sie bisher nur auf dem Sofa sitzend mit Chips in der Hand im Kontext eines fiktionalen Geschehens gehört hatte .

Die Spurensicherung kümmerte sich um den Tatort, denn es war eindeutig, dass der als Torger Haugen identifizierte Tote sich nicht selbst das Genick gebrochen hatte.

Man hatte im Untergeschoss eine offenbar durch einen Stromschlag schwer verletzte Frau gefunden und Serena konnte zur Klärung beitragen, indem sie ihre Vermutung äußerte, dass es sich dabei um Frau Dr. Renata Breuer handeln könnte.

Tragisch war allerdings, dass von Alexander Bonhaus keine Spur zu finden war. Man hatte das Haus und das Gelände gründlich durchsucht. Im Schuppen war Blut gefunden worden und das sollte nun analysiert werden. Wenn es zu dem vermissten Psychotherapeuten gehörte, konnte man ein Verbrechen nicht mehr ausschließen.

Auch Sonia Bartholdi war nicht auffindbar und es gab kein Indiz dafür, dass sie jemals hier gewesen war.

Eine Suchmannschaft mit Hunden und Scheinwerfern war in Richtung Wald aufgebrochen. Immerhin war es möglich, dass die Vermissten verletzt irgendwo im Dickicht lagen.

Etwas versteckt am Rande des Grundstücks hatte man einen blauen Seat gefunden, den Serena ebenfalls identifizieren konnte. Sie berichtete von dem Mann, der so teilnahmslos den verunfallten SUV begutachtet hatte.

Die Presse hatte inzwischen auch Wind von der immer größer werdenden Aktion bekommen und überschüttete die Anwesenden mit Fragen. Vor einigen Minuten hatte eine größere Tageszeitung hochbrisantes Material anonym zugeschickt bekommen, das sich mit ethisch mehr als fragwürdigen Experimenten auf diesem Grundstück beschäftigte. Die Journalisten überschlugen sich, um an Hintergründe für die heiße Story zu gelangen. Das Unglück im Shopping Castle rückte dadurch in den Hintergrund. Interessant war nur, dass man eine Verbindung zwischen Haugen, Breuer und der seit dem Unglück verschwundenen Sonia herstellen konnte.

Tobias Reuter war leider inzwischen von der völlig aufgelösten Dörte identifiziert worden. Sie litt unter einem Schädelhirntrauma und war schnellstens in die Klinik gebracht worden, allerdings leider erst, nachdem sie den toten Tobias erkannt hatte. Wer Tobias und den anderen Mann im SUV umgebracht hatte und vor allem warum, war noch nicht abschließend geklärt. Der Immobilienmogul van Doorn war eindeutig einem Herzinfarkt am Steuer erlegen und konnte sich nicht mehr dazu äußern, warum die Leichen in seinem Wagen gelegen hatten. Man hoffte darauf, dass Frau Dr. Breuer einige Antworten liefern konnte, wenn sie wieder vernehmungsfähig war.

Serena rührte sich nicht vom Fleck. Sie wies die Sanitäter zurück, die sie mitnehmen wollten, und lehnte es ab, von dem netten Polizisten nach Hause gebracht zu werden. Sie hoffte, bangte und wartete. Es konnte doch nicht sein, dass es so gar keinen Hinweis auf Alexanders Verbleib gab! Stunden später musste sie schließlich hilflos zusehen, wie nach und nach alle Beteiligten zusammenpackten. Leichenwagen und Krankenwagen waren längst weggefahren und ein paar Polizisten waren nun dabei, den Tatort mit dem berühmten gelben Band abzusperren.

Es war schon in den frühen Morgenstunden aber trotz der Müdigkeit und der Kälte wollte Serena noch nicht aufgeben.

Herbert Zweig hatte Mitleid mit ihr. Er legte ihr tröstend den Arm um die Schultern, was gar nicht so einfach war, da Serena den Polizisten um ein paar Zentimeter überragte. Der freundliche Ordnungshüter hatte wahrscheinlich nur sehr knapp die Mindestgröße für Polizeibeamte erreicht. Dafür hatte er ein großes Herz und duzte sie väterlich.

„Na, komm, Mädchen! Hier können wir erst mal nichts mehr tun! Herzaubern können wir deinen Freund ja nun auch nicht! Schlaf mal ne Nacht drüber und morgen sehen wir weiter, ob es nicht doch noch ein paar Hinweise gibt! Es nützt ja nichts, wenn du jetzt auch noch umkippst! Ich nehm dich jetzt mit und fahr dich nach Hause!"

Serena wollte protestierend den Kopf schütteln, merkte aber schnell, dass ihr das gar nicht bekam. Ihr wurde schwindelig und der Magen hob sich. Die Müdigkeit, die aufwühlenden Geschehnisse des Tages und die Blessuren durch die Unfälle setzten ihr schwer zu. Leise weinend nahm sie sie Herbert Zweigs dargeboten Hand und ließ sich zum Polizeiauto führen. Mit einem letzten Blick zurück auf das inzwischen dunkel und verlassen wirkende Haus ließ sie sich in den Sitz hineinfallen. Sie hätte schwören können, dass Alexander dort noch irgendwo war, aber wahrscheinlich hatte dieses Empfinden weniger mit Intuition als mit Erschöpfung zu tun. Sie lehnte den Kopf an die Nackenstütze und dachte noch einen kurzen Moment an Lucy, die hoffentlich geisterfrei durch den Abend gekommen war und Gott sei Dank keine Ahnung von dieser unglaublichen Katastrophenansammlung hatte. Dann schloss sie ergeben die Augen und blickte nicht mehr zurück.

Die Minuten tröpfelten dahin, wie Wasser aus einem undichten Hahn.

Vor ganzen acht Stunden war Alexander noch voller Adrenalin gewesen. Da hatte er den Brieföffner in einer der Schubladen gefunden, weil er sich beinahe daran geschnitten hätte. Das war eine gute Waffe! Damit könnte er eine Chance haben! Er hatte sich gegenüber des leeren Stuhls platziert, an dem noch das halbe Seil hing. Sie würden wahrscheinlich sofort in diese Richtung schauen und nicht damit rechnen, dass er sie von der anderen Seite her angriff. Je nachdem, wer zuerst den Raum betrat, konnte er ihn oder sie als Geisel benutzen und sich damit die Flucht ermöglichen. Fast zwei Stunden lang hatte er versucht, angespannt in Habachtstellung auf das Erscheinen seiner Entführer zu warten.

Irgendwann fing seine Hand an zu krampfen und seine Muskeln zu zittern. Immer wieder wollte ihn eine große Erschöpfung überrollen. Die Dunkelheit trug ebenfalls dazu bei. Als der Brieföffner schließlich klirrend aus seiner Hand fiel, weil er ihn nicht mehr halten konnte, gab er nach und ließ sich gegen die Wand gelehnt langsam auf den Boden sinken.

Seitdem saß er zunehmend verzweifelt in dem dunklen Raum mit all den blinkenden Geräten und einer toten Frau und versuchte, sich nicht von der Verzweiflung überwältigen zu lassen. Er bemühte sich darum, schöne Erinnerungen und Gedanken wieder aufleben zu lassen, um nicht wahnsinnig zu werden. Immer wieder sah er Serenas lächelndes Gesicht vor sich. Ob sie noch nach ihm suchte? Er musste sich Brücken der Hoffnung bauen und durfte nicht aufgeben. Kämpf gegen die Verzweiflung an, Alexander! Wenn du im wahrsten Sinne des Wortes „den Geist aufgibst“ kommst du hier nie mehr raus!

Die Entführer waren schon viel zu lange weg. Die Polizei musste doch längst da gewesen sein! Aber hier unten würden sie ihn niemals finden! Die Tür war so geschickt als Wand getarnt, dass keiner hier nach ihm suchen würde, wenn die beiden beschlossen hatten, ihn zurückzulassen. Wie lange dauerte es, zu verdursten? Er musste dringend noch einmal die Schränke absuchen. Er brauchte Flüssigkeit. Trotzdem blieb er wie erstarrt an derselben Stelle sitzen. Was wenn er sich durch den Raum bewegte und die beiden kamen doch zurück?

Irgendwann begann er mit Sonia zu reden. „Was ist nur mit dir geschehen? Hast du etwas ähnliches erlebt wie ich? Schade, dass du nicht mehr reden kannst. Aber mit dem kleinen Jungen konntest du doch sprechen? Oder war das alles nur ein Trick, um uns in die Falle zu locken. Ich glaube so langsam verstehe ich, wie sich *Wahnsinn* anfühlt ...“

Irgendwann hatte er die Starre tatsächlich überwunden und die Schränke durchsucht. Er hatte mehrere gefüllte Phiolen ertastet, sich aber natürlich nicht getraut, die Flüssigkeit zu trinken. Allerdings behielt er sich diese Option vor für den Fall, dass er hier tatsächlich langsam verdurstete und verhungerte. Er wäre eher dazu in der Lage, sich zu vergiften als zu erstechen. Danach hatte er sich viel Zeit genommen, um die Wände nach Lichtschaltern abzutasten. Aber auch das ohne Erfolg. Es war zermürbend.

Jetzt, nach über acht Stunden Gefangenschaft im Dunkeln, fühlte Alexander sich, als hätte man ihn auf einem unbewohnten Planeten ausgesetzt. Die Einsamkeit war erdrückend und im tiefsten Inneren wartete er schon auf die Halluzinationen, die in einer derartigen Situation nicht verwunderlich wären.

Wieder sprach er mit Sonia. „Meinst du, dass wir beide hier jemals wieder rauskommen? Ich glaube nicht, dass die beiden zurückkommen. Ich fürchte, wir sind uns selbst überlassen! Was denkst du?“

Das Licht war zunächst noch sehr blass. Es bildete einen Ring um eine bestimmte Stelle an der Wand.

Alexander war sprachlos. Wo kam denn das auf einmal her? Begannen jetzt die Halluzinationen? Vorsichtig bewegte er sich in Richtung des Lichts. Je näher er kam, desto intensiver wurde das Leuchten. Komischerweise machte ihm diese Vision keine Angst. Im Gegenteil. Er fühlte sich fast beschwingt und erleichtert. Er hatte den Eindruck, nicht mehr ganz allein zu sein.

Vorsichtig legte er die Hand auf die beleuchtete Stelle, aber nichts geschah. „Und nun?“, fragte er in die Stille hinein.

Der Lichtkreis begann zaghaft zu pulsieren. Er glaubte beinahe, davon ausgehende Wärme zu spüren. Noch immer verstand er aber nicht, was er tun sollte.

Eher entzückt als ängstlich beobachtete Alexander, wie eine weitere Wolke aus Licht sich neben ihm langsam zu einer Form verdichtete. Schließlich erkannte er die Umrisse einer Frau, so schön und gütig lächelnd wie ein Engel mit langen, lockigen Haaren.

Was für eine bezaubernde Halluzination! Er lächelte die Lichtgestalt selig an und sie nickte ihm zu. So mussten sich durstige Wanderer in der Wüste fühlen, wenn sie eine Fata Morgana entdeckten. Wenn das ein Traum war, wollte er so schnell nicht aufwachen!

Die Vision hob eine durchscheinende Hand und deutete auf den Lichtring an der Wand. Sie streckte einen Finger aus und tat, als würde sie mitten hinein drücken.

Alexander sah genauer hin und erkannte eine kaum wahrnehmbare Vertiefung. Die an sich weiße Wand war mit einer Bordüre aus silbrigen Ranken durchzogen und an dieser Stelle wirkte das Silber schon etwas abgenutzter und dunkler.

Vorsichtig legte Alexander den Finger auf diese Stelle und drückte. Zunächst zaghaft und, als nichts geschah, etwas kräftiger. Ungläubig beobachtete er, wie die beiden Wandhälften leise surrend auseinander glitten.

Schlagartig war er wieder hellwach. Freiheit! Er trat zügig durch den entstandenen Spalt und blickte sich dann nochmal zu der Lichtgestalt um. Sie stand tatsächlich noch immer liebenswert lächelnd an der selben Stelle und nickte ihm erneut zu. Schräg hinter ihr glaubte der Psychotherapeut für einen Sekundenbruchteil den Umriss eines Mannes zu erkennen. Dann verblasste das Licht und beide Gestalten verschmolzen wieder mit der Dunkelheit.

Alexander schüttelte sich, als müsste er sich selbst aufwecken. Was war das gewesen? Das würde ihm sicher niemand glauben! Aber dann überwog die Erleichterung, dem Gefängnis entkommen zu sein, und er rannte den Weg zurück, den er vor vielen Stunden mit seinen Entführern gemeinsam gegangen war.

Epilog

Es war ein herrlicher Abend im Frühling! In der Luft lag das Versprechen von Erneuerung, Wärme und Wachstum. Serena atmete all das tief ein und genoss den Spaziergang. Ihre Finger verschwanden fast in Alexanders Hand und das fühlte sich gut und richtig an. Sie passte ihren Rhythmus seiner Schrittlänge an und sah von Zeit zu Zeit sah strahlend zu ihm auf. Sie war angekommen. *Ja, Oma. Ich bin mir wieder etwas wert!*

Seit jener Nacht, als er wie durch ein Wunder den Weg aus dem Geheimlabor gefunden hatte, waren sie beinahe stündlich immer enger zusammengewachsen.

Herbert Zweig hatte sie damals gerade vor ihrem Haus absetzen wollen, als der Funkspruch kam. Ein Mann, der sich als Alexander Bonhaus ausgab und vom Haus des Torger Haugen anrief, hatte um Hilfe gebeten.

Serena hatte gleichzeitig gelacht und geweint und war natürlich sofort wieder mit Herbert zurückgefahren, der inzwischen auch zu ihrem Freundeskreis zählte.

Noch heute erschienen ihr und Alexander die Geschehnisse dieses Tages im Rückblick extrem unwirklich. Manchmal fragte sich Serena, ob das alles tatsächlich so passiert war, oder ob die Erinnerung ihr in Bezug auf Details einen Streich spielte. Eigentlich war das doch alles gar nicht möglich. Oder doch?

Ihr hatte Alexander auch von der Lichtgestalt erzählt, die ihn befreit hatte. Ihr und Dörte, die so verzweifelt war, als sie erfuhr, dass nicht nur Tobias, sondern auch Sonia nicht mehr lebte. „Alles umsonst! Warum nur? Sie haben perfekt zueinander gepasst und von einem Moment auf den anderen ist alles vorbei!“, hatte sie geschluchzt.

Das war der Moment, als Alexander entschieden hatte, sie in sein Geheimnis einzuweihen. Er hatte ihr geschildert, wie die lächelnde Lichtgestalt ihn gerettet hatte, und auch, dass er ziemlich sicher war, einen Mann hinter ihr gesehen zu haben, bevor sie verschwand. Wenn er dieses Erlebnis nicht als Halluzination abtat, durfte man durchaus glauben, dass der Pastor doch recht gehabt hatte und dass es auf der anderen Seite weiterging. Dörte hatte sich durch seine Geschichte getröstet gefühlt und auch der Psychotherapeut musste vor sich selbst zugeben, dass er nicht mehr nur ausschließlich an das Sicht- und Greifbare glaubte. Da war wohl doch noch mehr. Ein schöner Gedanke, der ihm einen stillen Frieden schenkte und die Trauer um die beiden noch so jungen Menschen etwas dämpfte.

Dennoch hatte er der Polizei und allen anderen gegenüber bisher behauptet, durch Zufall den Mechanismus ertastet zu haben. Alexander glaubte die Menschen doch ein bisschen zu kennen. Viele würden ihn für geistesgestört, überspannt oder süchtig nach Aufmerksamkeit halten.

Ohnehin hatte es einen großen Medienrummel um die Geschichte und alle Beteiligten gegeben. Frau Dr. Breuer stand nun tatsächlich sehr im Mittelpunkt des öffentlichen Interesses. Allerdings nicht so, wie sie es sich immer erträumt hatte. Noch immer litt die Ärztin unter Gedächtnisstörungen. Einige Hirnareale schienen durch den Strom in Mitleidenschaft gezogen worden zu sein. Selbst die Frage, ob ihr Leben nun noch lebenswert war oder nicht, hätte sie nicht mehr klar beantworten können. Falls sie jemals wieder in der Lage wäre, ihre Forschungen erneut aufzunehmen, würde sie es wohl im Gefängnis tun müssen. Ihr stand ein Prozess unter anderem wegen Mordes und Freiheitsberaubung bevor, sobald sie einer Verhandlung körperlich gewachsen war. Vieles hatte man sich anhand der Indizien und Aussagen der Beteiligten zusammenreimen können. Es war allerdings noch immer nicht nachvollziehbar, wodurch die Ärztin den starken Stromschlag erhalten hatte und auch den Mörder von Torger Haugen hatte man noch nicht gefasst. Allerdings stand der Bodyguard und langjährige Protegé des Medienmoguls van Doorn unter starkem Verdacht. Die Spur der brisanten Dateien über die illegalen Experimente, die anonym an die Presse geschickt worden waren, hatte man bis zu ihm zurückverfolgen können und auch der Seat war auf seinen Namen zugelassen.

Die freikirchliche Gemeinde, der Pastor Groß vorgestanden hatte, existierte inzwischen nicht mehr. Die Gemeindemitglieder waren in zwei Lager zerfallen, nachdem die Rolle des Pastors bei den skandalösen Experimenten bekannt geworden war. Die eine Hälfte verurteilte den ehemaligen Anführer als vom Satan besessen, die andere Hälfte sah in ihm den verkannten Helden, der Milliarden verirrter Schäfchen in Gottes Haus zurückgeführt hätte, wenn er seine Mission hätte erfüllen können.

Die beiden Einstellungen waren derart gegensätzlich und unvereinbar, dass die Jonathan-Groß-Gegner sich schließlich anderen Gruppierungen anschlossen und seine Anhänger, unter der Führung seiner vom heiligen Feuer beseelten Witwe, eine neue Gemeinde gründeten. Sein Konterfei schmückte nun den Altar und diente als Symbol der Bewegung *Lebendige Seele.*

Die öffentliche Diskussion um künstliche Intelligenz und damit verbundene Gefahren war noch immer nicht abgeebbt und das würde wahrscheinlich auch noch lange nicht der Fall sein. KI mit all seinen segens- und unheilbringenden Begleiterscheinungen war sicher ein Thema, das auch zukünftige Generationen immer wieder und immer mehr beschäftigen würde.

Das öffentliche Interesse hatte Alexander eine Flut neuer Patienten beschert. Seine Warteliste platzte aus allen Nähten. Der Psychotherapeut nahm aber auch an sich selbst Veränderungen wahr. Abgesehen von einem tiefgehend veränderten Welt- und Glaubensbild hatte er auch ein ganz neues Verständnis für seine Patienten entwickelt. Durch sein eigenes traumatisches Erlebnis und das Empfinden des nahenden „Wahnsinns" schien er sich noch besser und einfühlsamer in seine Klienten hineinversetzen zu können.

Serena erlebte ein ähnlich großes Interesse in ihrem Umfeld. Das Reisebüro in dem sie arbeitete, erfuhr einen deutlichen Kundenzuwachs. Viele dieser Kunden, aber auch Freunde und Bekannte, versuchten mehr oder weniger subtil, im Gespräch mit ihr brisante Details über die „Haugen-Experimente" zu erfahren.

Lucy war wirklich stolz auf ihre „coole Mum" und berichtete allen Mitschülern davon, dass sie selbst durch die Erwähnung des *Geister-Radios* einen entscheidenden Hinweis hatte geben können.

Serena und Alexander waren seit seiner Rettung wie selbstverständlich ein Paar. Immer wieder machten sie darüber Scherze, dass sie wohl die ungewöhnlichste Kennenlerngeschichte überhaupt vorweisen konnten.

Langsam schien der Frühlingshauch auch den Wunsch nach frischem Wind in der Berichterstattung mit sich zu bringen. Die Menschen spürten dankbar die Erneuerung überall in der Natur und damit erwachte auch das Bedürfnis, wieder nach vorn zu blicken und sich den schönen Dingen des Lebens zu widmen.

Alexander und Serena waren auf dem Heimweg von dem Gesprächskreis, den Alexander nicht ganz uneigennützig ein paar Wochen nach dem traumatischen Erlebnis gegründet hatte. Alle direkt oder indirekt Beteiligten hatten dort die Gelegenheit, sich auszutauschen und gegenseitig zu stützen. Das half ungemein. Jeder der dort Anwesenden kam gern und regelmäßig zu den Treffen.

Serena lächelte zufrieden vor sich hin. „Ich freue mich so, dass Sebastian und Nadim so viel zusammen unternehmen! Sebastian trainiert die Flüchtlingskinder richtig gut! Er nimmt sich wirklich viel Zeit dafür! Ich habe zwar nicht viel Ahnung vom Fußball, aber ich glaube, der Junge hat wirklich Talent! Und er ist so stolz, dass der Trainer sein Freund ist!“

Alexander lächelte ebenfalls. „Ja. Ich denke auch. Die beiden profitieren wirklich voneinander! Sybille hat vorhin noch gesagt, dass Sebastian völlig verändert ist, seitdem er Nadim kennt und ihn und die anderen Kids betreut.“

„Nadims Vater hat auch immer noch Arbeit auf der Baustelle. Er hat sogar eine Aussicht auf Festanstellung. Das hat zumindest Margarete vorhin erzählt. Und weißt du, was sie mir noch anvertraut hat? Herbert hat sie zum Essen eingeladen! Sie sind wohl darüber ins Gespräch gekommen, dass er früher selbst mal Hühner hatte!“

Alexander lachte. „Na, das sind ja gute Neuigkeiten! Das wäre dann das dritte Paar, das sich in all diesem Chaos und trotz – oder wegen – der Umstände gefunden hat! Das freut mich!“ Dann blieb er unvermittelt stehen und sah Serena ernst an: „Meinst du wirklich, dass es okay war, den anderen heute doch noch von meiner Lichtgestalt zu erzählen?“

Serena nickte nachdrücklich und nahm seine Hände. „Absolut! Ich bin wirklich froh, dass du dich endlich dazu durchgerungen hast! Deine Rettung schenkt Hoffnung! Und Nadim hat fast geweint vor Freude! Immerhin ist seine Geschichte eigentlich genauso unglaubwürdig! Wir alle haben doch damals Dinge erlebt, die wir uns vorher nicht vorstellen konnten. Als hätte sich für einen Tag eine Tür geöffnet und den Blick auf etwas freigegeben, was wir bisher nicht sehen konnten oder wollten. Aber die Dinge werden nicht weniger wahr, wenn wir einfach nicht hinsehen! Ich glaube, deine Vision von Sonia und Tobias, oder was immer es war, das dich gerettet hat, hilft auch den anderen, das Geschehen zu verarbeiten!"

Alexander nahm sie dankbar in den Arm und sie wärmten sich einen Moment lang aneinander, bevor sie die restlichen Meter bis zu seiner Wohnung gingen, in der sie inzwischen zu dritt lebten.

Kaum, dass sich die Haustür geöffnet hatte, hörten sie das vertraute Klackern auf dem PVC.

„Ich bin gespannt, ob er noch genauso schlecht gelaunt ist wie vorhin", meinte Serena grinsend, während sie ihre Straßenschuhe abstellte.

Alexander zuckte die Achseln. „Wann ist der mal nicht schlecht gelaunt! Ich fürchte, das lässt sich auch nicht mehr umprogrammieren!"

Hades erschien im Flur, zwei Paar Hausschuhe in den Greifern. Es quietschte noch immer zeitweilig sehr unschön in seinen Scharnieren beim Laufen. Alexander hatte schon zig mal erfolglos versucht, die Gelenke zu ölen, seitdem er den Androiden spontan aus Haugens Haus mitgenommen hatte.

Der Roboter war in jener Nacht plötzlich neben ihm aufgetaucht, als er endlich ein Telefon gefunden hatte, um die Polizei anzurufen. Alexander hätte schwören können, dass die kniehohe Maschine an seiner Jacke gezogen hatte, um Aufmerksamkeit zu erregen. Die schwarzen Kulleraugen hatten ihn so intensiv und beinahe menschlich flehend angesehen, dass er *Hades* ohne viel nachzudenken unter den Arm geklemmt und wenig später in Herberts Kofferraum geschmuggelt hatte.

Seitdem lebte die kleine Maschine bei ihnen. Davon wusste aber tatsächlich so gut wie niemand. Selbst Lucy war zum Schweigen verpflichtet. Wahrscheinlich war es nicht legal, ihn einfach zu behalten, aber Alexander wollte vermeiden, dass man *Hades* aufgrund der Experimente seines Schöpfers in seine Einzelteile zerlegte. Serena und Alexander waren sich einig, dass der Roboter irgendwie menschliche Züge besaß und sehr schnell lernte. Er machte sich nützlich, wenn nicht sogar unentbehrlich im Haushalt, aber die beiden amüsierten sich immer wieder darüber, dass er offenbar eine sehr mürrische „Persönlichkeit" besaß. Über den Kulleraugen schien sich trotz der Keramik eine Art Falte eingegraben zu haben, sodass sein Blick immer etwas skeptisch und genervt wirkte. Da seine gesamte Oberfläche aber ohnehin mit einigen Schrammen und Dellen übersät war, war dieser „Gesichtsausdruck" wahrscheinlich durch einen Unfall oder ähnliches begründet, bei dem *Hades* sich auch die anderen Blessuren zugezogen hatte. Alexander konnte sich auf jeden Fall nicht erinnern, dass der Roboter bei seiner ersten Begegnung mit ihm bereits so ramponiert gewirkt hatte.

Etwas anderes irritierte ihn und Serena allerdings noch mehr: Es gab nur ein einziges wirksames Mittel gegen das unangenehm lästige Quietschen der Scharniere. Auch wenn dieses Mittel immer nur für eine gewisse Zeit Wirkung zeigte.

Alexander seufzte und strich im Vorübergehen über den glatten runden Kopf des Androiden. „Na, mein Guter! Wird wohl mal wieder Zeit für deine Medizin!“

Während Serena das Abendessen zubereitete und ein herrlicher Frühlingstag sich mit einem prächtigen Farbenschauspiel am Himmel verabschiedete, ging der Psychotherapeut gefolgt von dem Roboter in das heimelige Wohnzimmer, um *Hades* seinen abendlichen Whiskey zu verabreichen.

Ende

Nachwort

Zunächst einmal möchte ich mich dafür bedanken, dass Sie hierher durchgehalten haben!

Wenn man etwas von sich gibt, gibt man auch immer etwas *von sich,* dementsprechend freue ich mich sehr über jeden Leser!

Die Geschichte ist natürlich frei erfunden, auch wenn ich bei meiner Recherche während des Schreibens sehr überrascht war, wie viel von dem, was ich für reine Fiktion gehalten habe, bereits tatsächlich möglich ist.

Künstliche Intelligenz ist sicher ein zukunftsorientiertes Thema, das wahrscheinlich noch wesentlich mehr an – zum jetzigen Zeitpunkt – unvorstellbaren Entwicklungen bietet.

Ich selbst bin Laie in Bezug auf dieses Thema und hoffe sehr, dass meine Beschreibung bestimmter Mechanismen und technischer Hintergründe keine Fehler enthalten. Falls doch, bitte ich um Entschuldigung.

Ich denke auch, dass die Reanimationswissenschaft unsere bisherigen Vorstellungen davon, bis wann Leben möglich und ab wann Tod unumgänglich ist, noch auf den Kopf stellen wird. Sam Parnias Buch „Der Tod muss nicht das Ende sein" hat mich jedenfalls sehr beeindruckt. Mir war nicht bewusst, wie weit Wissenschaft und Technik sich inzwischen schon entwickelt haben.

Als ich nach einer Möglichkeit gesucht habe, meine entführte Heldin um Hilfe rufen zu lassen, bin ich auf die tatsächlich existierende Geister-App, bzw. das Geister-Radio gestoßen. Inzwischen kann also auch per Handy-App versucht werden, mit dem Jenseits Kontakt aufzunehmen. Ich habe allerdings nicht ausprobiert, ob diese Versuche auch tatsächlich von Erfolg gekrönt sind.

Die Technik, die Handgelenke mit Hilfe von Schnürsenkeln von Kabelbindern zu befreien, stammt wie beschrieben aus einem YouTube-Video. Die Umsetzbarkeit wurde darin anschaulich demonstriert. Aber wahrscheinlich trägt man Schuhe mit Klettverschlüssen, falls man diesen Trick jemals gebrauchen könnte.

Insgesamt hatte ich viel Freude am Schreiben des Romans und danke Ihnen sehr dafür, dass Sie meinen Worten ein wenig Ihrer Lebenszeit geopfert haben!

Claudia Jelbke-Folkers, im Februar 2019